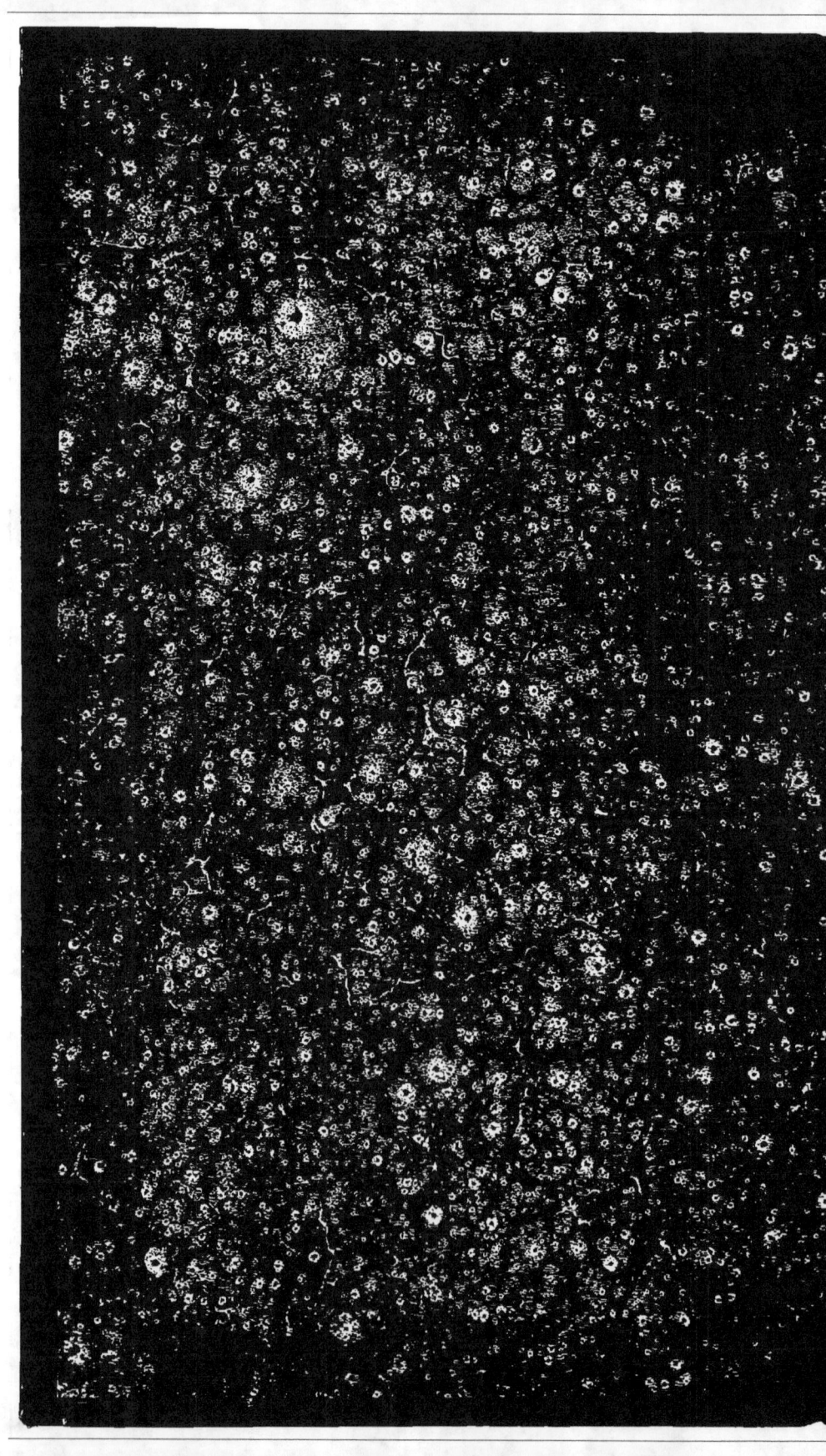

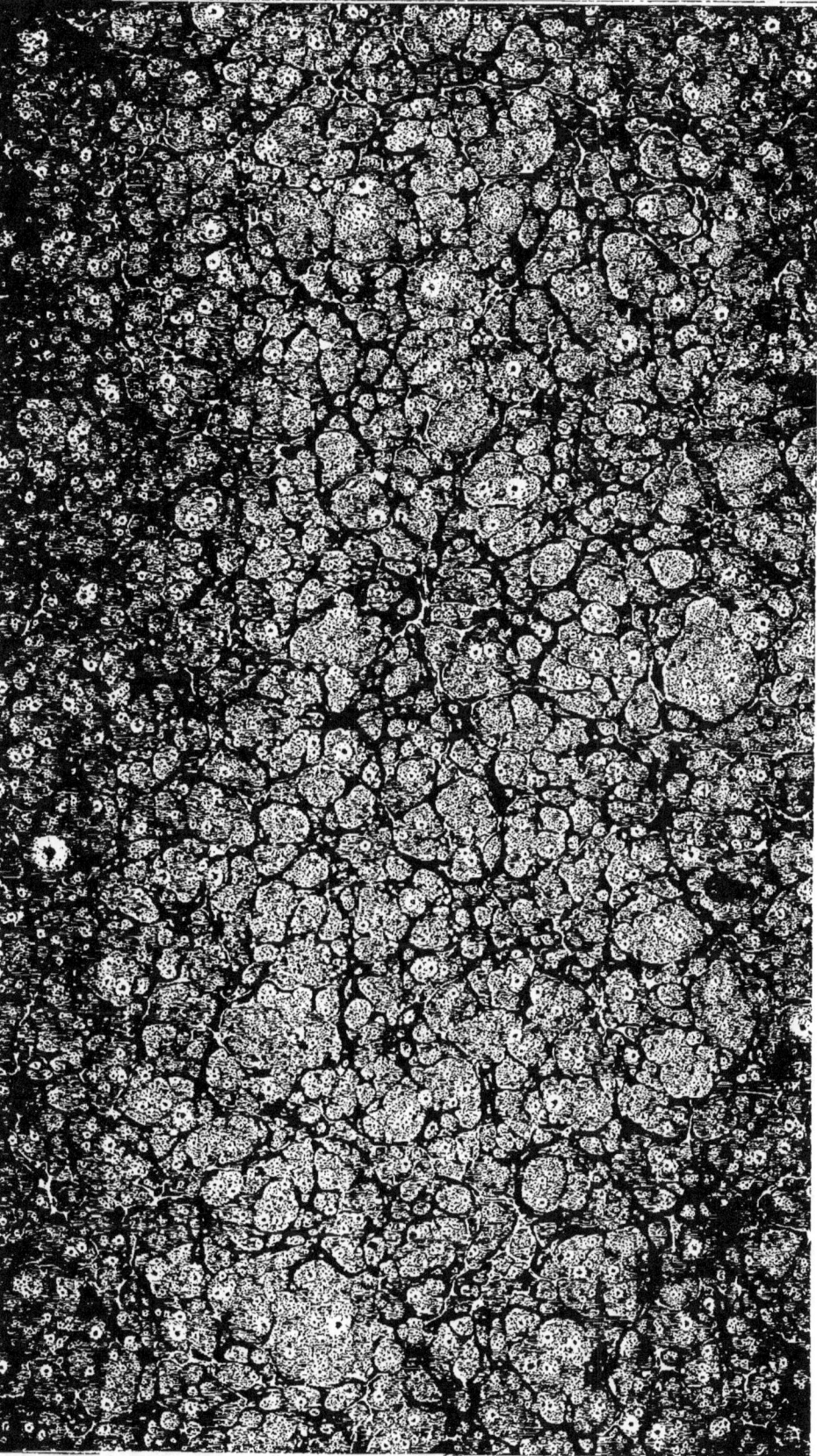

COURS

DE

DROIT CIVIL FRANÇAIS.

PARIS. — IMPRIMERIE DE RIGNOUX,
RUE DES FRANCS-BOURGEOIS-S.-MICHEL, N° 8.

PROGRAMME

DU

COURS DE DROIT CIVIL

FRANÇAIS

FAIT A LA FACULTÉ DE DROIT DE PARIS

PAR A. M. DEMANTE,

PROFESSEUR A LA FACULTÉ DE DROIT, AVOCAT A LA COUR ROYALE.

TOME DEUXIÈME.

PARIS.

ALEX-GOBELET, LIBRAIRE,

RUE SOUFFLOT, N° 4, PRÈS L'ÉCOLE DE DROIT.

1831.

COURS
DE
DROIT CIVIL FRANÇAIS.

LIVRE III.
DES DIFFÉRENTES MANIÈRES DONT ON ACQUIERT LA PROPRIÉTÉ.

1. Après avoir considéré en particulier chacun des deux objets du droit, et avoir réglé la nature et l'étendue des droits que les personnes peuvent avoir sur les choses ou biens, le législateur passe aux manières d'acquérir ces droits, qui sous un certain rapport se confondent tous dans l'idée de propriété.

DISPOSITIONS GÉNÉRALES.

2. Les manières d'acquérir la propriété peuvent être diversement classées et divisées.

Il en est qui confèrent la propriété des biens qui n'appartenaient auparavant à personne; il en est, et c'est le plus grand nombre dans l'état de civilisation, qui transmettent la propriété de l'un à l'autre. En d'autres termes, les moyens d'acquérir sont *originaires* ou *dérivés*.

3. La transmission des biens peut comprendre soit

l'universalité ou une quote part des biens d'une personne, soit seulement un ou plusieurs biens déterminés. La transmission par universalité n'a lieu qu'à la charge des dettes, qui grèvent et diminuent la masse, et par conséquent chaque quote part des biens. Mais les dettes n'affectent la propriété d'aucun bien en particulier; la transmission, au second cas, a donc lieu sans charge de dettes; sauf l'effet de l'hypothèque dont le bien transmis serait grevé (art. 2166), et sauf aussi l'action révocatoire des créanciers en cas d'aliénation frauduleuse (art. 1167).

4. La transmission des biens a lieu à titre gratuit ou onéreux. La transmission à titre gratuit est l'objet de règles toutes particulières (V. notamment art. 893).

5. Le Code, sans rappeler ces divisions, qu'il suppose connues, énumère cinq manières d'acquérir la propriété : succession, donation, obligations, accession ou incorporation, et prescription. V. art. 711, 712; et remarquez l'effet attribué ici par notre Code aux obligations, qui dans les anciens principes n'étaient jamais une manière directe de transmettre la propriété. (V. *Paul.*, L. 23, ff. *de obl.* Mais voyez art. 1138, 938, 1583.)

6. Nous avons parlé au livre précédent de l'accession, qui est l'effet d'une propriété antérieurement acquise. Les quatre autres comprennent tout le reste des matières qui doivent nous occuper. L'ordre dans lequel elles sont énumérées règle celui des titres du Code. Ainsi le titre premier traite des successions, le second des donations entre vifs ou testamentaires; les obligations font l'objet des titres III-XIX; le vingtième et dernier traite de la prescription.

7. Au nombre des manières d'acquérir la propriété, la loi ne relate ici ni l'occupation, la plus ancienne de toutes, puisque c'est par la prise de possession qu'ont commencé toutes les propriétés, ni la tradition, la plus naturelle des manières d'acquérir dites *dérivées*.

8. A l'égard de la tradition, il faut bien reconnaître que le principe de la transmission directe de la propriété par l'effet des obligations, rend aujourd'hui moins fréquent ce mode d'acquisition ; et toutefois, ce serait aller trop loin que de le déclarer absolument sans application dans notre droit.

9. Quant à l'occupation, il est évident qu'elle ne peut dans l'état de société civilisée s'appliquer qu'aux choses qui n'appartiennent à personne. Mais le Code civil paraît d'abord aller plus loin ; il semble la bannir entièrement de notre législation, en déclarant indistinctement que les biens qui n'ont pas de maître appartiennent à l'état. V. art. 713 et 539.

Cette proposition trop générale reçoit plusieurs modifications dans les articles suivans.

10. Et d'abord, la loi reconnaît des choses qui n'appartiennent à personne et dont l'usage est commun à tous. V. art. 714. Quoique la manière d'en jouir soit réglée par des lois de police, il est certain que l'usage qu'on en fait en se conformant à ces lois, est dans certains cas une véritable occupation. Ainsi, c'est certainement par occupation qu'on acquiert l'eau qu'on puise dans une rivière ou dans une fontaine.

11. C'est aussi par occupation qu'on devient propriétaire des bêtes sauvages prises à la chasse ou à la pêche,

même sur les fonds d'autrui. (V. *Just.*, *inst.*, §§ 12-16, *de rer. divis.*) La faculté de chasser ou de pêcher est, il est vrai, réglée par des lois particulières ; mais ces lois, qui tendent principalement à déterminer les temps et les lieux où ces facultés peuvent être exercées, et généralement à régler les conditions de leur exercice, ne laissent pas moins subsister dans toute sa force le principe du droit naturel sur l'effet de l'occupation du chasseur ou du pêcheur. V. art. 715 (1).

12. Le droit d'occupation s'applique encore au trésor, dont la moitié appartient à l'inventeur ; l'autre moitié appartient par accession au propriétaire du fonds qui le recélait. V. art. 716.

Une chose cachée ou enfouie sur laquelle personne ne peut justifier sa propriété, n'est-elle effectivement réputée trésor qu'autant qu'elle est trouvée par le pur effet du hasard ?

Quid si elle est trouvée par suite de recherches faites à dessein, soit par le propriétaire du fonds, soit par un tiers ? Voy. *Just.*, *inst.*, § 39, *de rer. div.*; *Leon*, L. unic., Cod. de thesaur.

---

(1) Voyez, en ce qui concerne la chasse, L. 22-30 avril 1790; Décr. 4 mai 1812 (IV, B. 434, n° 7983), etc. Voyez, au surplus, *Repert. jurispr.*, verbo *chasse*.

Pour la pêche dans les rivières, voy. Ord. de 1669, tit. 31; L. 14 floréal an 10 (4 mai 1802), tit. 5 (III, B. 187, n° 1590); Av. cons. d'ét., 30 pluv. an 13 (19 févr. 1805) (IV, B. 56, n° 932), etc.

Pour la pêche maritime, voy. Ord. de 1681 ; Décl. 23 avril, 2 septembre, 24 décembre 1726, et 18 mars 1727, etc.

Voyez, au surplus, *Repert.*, verbo *Pêche*.

Quid si le trésor est trouvé par des ouvriers travaillant pour le compte d'autrui?

13. Enfin le droit d'occupation modifié par des lois particulières, a lieu pour les effets que la mer rejette et pour les plantes et herbages qui croissent sur ses rivages. V. art. 717, al. 1 (1).

14. Quant aux choses perdues dont le maître ne se représente pas, le Code renvoie aussi à des lois particulières. V. art. 717, al. dernier. Quoi qu'il en soit, nous n'en connaissons d'autres, à cet égard, que les anciennes coutumes, qui attribuaient les *épaves* au seigneur, sauf dans quelques unes l'attribution d'une portion à l'inventeur. Il paraît que ces diverses coutumes doivent encore être suivies chacune dans son territoire, en substituant seulement l'état au seigneur.

TITRE PREMIER.

DES SUCCESSIONS.

15. Succéder c'est venir après un autre, dont on prend la place.

Sous ce rapport toutes les manières *dérivées* d'acquérir la propriété pourraient être appelées *succession*; mais la succession, considérée comme une manière spé-

---

(1) Voyez, à ce sujet, Ordonn. 1681, liv. 4, tit. 8, 9, 10; Ord. 1669, tit. 31.

ciale d'acquérir (art. 711), est la transmission des droits actifs et passifs d'un défunt à la personne survivante que la loi désigne, et qu'on appelle ordinairement *héritier*.

L'universalité de ces droits, considérée indépendamment de la transmission en la personne de l'héritier, s'appelle aussi *succession*.

16. La matière des successions, digne par son importance de fixer particulièrement l'attention du législateur, se compose d'un grand nombre de règles, réparties en six chapitres. Dans le premier, le législateur envisageant en lui-même le droit de succéder, fixe le moment où il prend naissance, et proclame la conséquence immédiate de son ouverture, la *saisine* des héritiers.

La loi détermine ensuite les personnes auxquelles ce droit est attribué; ce qui comprend les règles sur la capacité générale de succéder (chapitre 2), et les divers ordres de succession, régulière (chap. 3), ou irrégulière (chapitre 4).

Chacun étant maître d'user ou non du droit ouvert à son profit, le chapitre 5 indique les divers partis que peuvent prendre les appelés à la succession. Le sixième chapitre est relatif aux effets du droit recueilli, effets qui se compliquent lorsqu'une même succession est dévolue à plusieurs héritiers. Sous la rubrique incomplète *du partage et du rapport*, ce chapitre comprend les obligations des cohéritiers, soit entre eux, soit à l'égard des tiers.

CHAPITRE I.

DE L'OUVERTURE DES SUCCESSIONS ET DE LA SAISINE DES HÉRITIERS.

17. Le moment de l'ouverture des successions est important à fixer, puisque c'est à cette époque que doivent être envisagées la qualité et la capacité des successibles. Ce moment est celui de la mort naturelle ou civile. V. art. 718, 719; V. aussi art. 26 et 27.

18. La principale condition requise pour succéder étant de survivre à celui de la succession duquel il s'agit, et cette survie, ne fût-elle que d'un instant, donnant au survivant le droit de transmettre dans sa propre succession celle du prédécédé, on sent la nécessité de connaître le moment précis de la mort de deux personnes respectivement successibles, qui périssent dans un même événement. Il est permis alors de suppléer à la preuve positive de l'ordre des décès, par des présomptions.

De ces présomptions, les unes, abandonnées à la prudence des juges, se tirent des circonstances mêmes du fait. Les autres, établies subsidiairement par la loi, sont prises de la force de l'âge et du sexe. V. art. 720.

19. Pour apprécier la force de l'âge, la loi partage la vie humaine en trois époques. Au dessous de quinze ans, et au dessus de soixante, l'homme est réputé dans un état de faiblesse; mais la faiblesse de l'enfant tendant toujours vers la force, la présomption de survie, entre deux personnes au dessous de quinze ans, est né-

cessairement pour la plus âgée. C'est le contraire dans la vieillesse, où la foiblesse va toujours croissant. La probabilité de survie n'apparaît pas avec la même évidence entre l'enfant et le vieillard ; la loi, dans ce cas, se détermine uniquement par l'ordre de la nature, qui promet au plus jeune une plus longue vie. V. art 721 ; et remarquez que dans les trois cas prévus par cet article on n'a aucun égard au sexe.

20. Entre quinze et soixante ans, l'homme est considéré comme dans sa force : si l'âge est égal ou très rapproché, c'est-à-dire, s'il n'y a pas plus d'un an de distance, la présomption est pour le sexe le plus fort ; hors ce cas il faut suivre l'ordre naturel. V. art. 722.

21. Du reste, il n'y a aucune difficulté à décider, dans le silence de la loi, que l'homme dans la force de l'âge serait présumé avoir survécu à l'enfant et au vieillard.

22. Doit-on avoir recours aux présomptions ci-dessus, quoiqu'il n'y ait qu'une des deux personnes appelée à la succession de l'autre ?

Doit-on les appliquer aux successions testamentaires ou contractuelles ?

Quid si deux personnes sont mortes, non dans le même événement, mais le même jour, sans qu'on sache celle qui a survécu ?

23. La succession s'ouvre au profit des héritiers légitimes, c'est-à-dire des parens du défunt, dans l'ordre et suivant les conditions qui seront ci-après exposées (V. cependant art. 1006). A leur défaut, *les biens passent* aux successeurs irréguliers, qui sont les enfans naturels, le conjoint ou l'état. V. art. 723.

24. Les héritiers prennent immédiatement la place du défunt, dont ils continuent la personne; ses droits actifs et passifs (s'ils ne sont pas de nature à s'éteindre avec lui), sa possession même avec tous les avantages qui y sont attachés, se continuent en eux, sans aucun fait de leur part, et même à leur insu; sauf la faculté qu'ils ont de détruire l'effet de la saisine par une renonciation. C'est ce que nos anciennes coutumes exprimaient par ces deux maximes : *le mort saisit le vif, n'est héritier qui ne veut.*

Le droit des successeurs irréguliers s'ouvre bien aussi du moment de la mort, et nous pensons que dès ce moment ils acquièrent la propriété des biens et la faculté de transmettre; mais la possession du défunt ne se continue pas de plein droit en leur personne; ils doivent se faire envoyer en possession. V. art. 724.

Après l'envoi en possession obtenu, les successeurs irréguliers sont-ils réputés continuer la personne du défunt? Comment et à quel titre sont-ils tenus des charges?

CHAPITRE II.

DES QUALITÉS REQUISES POUR SUCCÉDER.

25. La loi, dans ce chapitre, traite à la fois des causes qui empêchent d'acquérir le droit de succession, et de celles qui l'empêchent de se réaliser ou de se conserver. Dans le premier cas, il y a incapacité, dans le second, il y a exclusion. Cette exclusion a lieu pour indignité.

§ I.

De la capacité.

26. La succession étant déférée à ceux qui sont capables au moment de son ouverture, et d'un autre côté le néant ne pouvant avoir aucun droit, il s'ensuit que, pour succéder, il faut exister au moment de l'ouverture de la succession, ce qui exclut également celui qui, à cette époque, n'avait point commencé à exister, et celui qui avait dès lors perdu l'existence. V. art. 725, al. 1.

27. L'existence de l'homme n'est parfaite qu'à la naissance, mais elle commence à la conception ; c'est donc la naissance seule qui rend capable de succéder, et néanmoins son effet remonte à l'époque de la conception, pourvu que l'enfant naisse vivant, et conformé de manière à pouvoir conserver la vie. Ainsi, l'enfant qui naît après l'ouverture de la succession peut être capable de succéder ; mais pour cela, il faut 1° que la conception soit antérieure à cette ouverture ; 2° qu'il naisse non seulement vivant, mais viable. V. art. 725, 1° et 2°.

28. A ce sujet, nous devons remarquer, que le fait de la conception antérieure, celui de la viabilité, celui même de la vie de l'enfant au moment où il est sorti du sein de sa mère, sont de nature à être contestés. On sent, à cet égard, combien il importe de savoir sur qui doit porter le fardeau de la preuve. Appliquant ici la règle : *ei incumbit probatio qui dicit, non qui negat* (*Paul*, L. 2, ff. *de prob.*), nous n'hésitons pas à décider que c'est à l'enfant ou à ses ayant cause à prouver son existance au moment de l'ouverture du droit (Voy. ar-

ticles 135, 136). C'est donc par eux, en général, que doit être fournie la preuve des faits divers qui constituent son existence.

Toutefois, s'il est constant que l'enfant a vécu, la viabilité ne doit-elle pas se présumer jusqu'à preuve contraire?

29. Il n'y aura point ordinairement contestation sur le fait de la vie, quand l'enfant aura été présenté vivant à l'officier de l'état civil. Il suffira de produire l'acte de naissance (V. art. 54). A défaut de cet acte, la preuve se fera en justice (V. Décr. 4 juillet 1806) (1).

30. C'est en justice aussi que se fera la preuve de la viabilité. On sent, au reste, que ce fait en lui-même n'est susceptible de s'établir que par le témoignage des gens de l'art.

31. Quant au fait de la conception, c'est par l'époque de la naissance qu'on parvient à en déterminer le temps. Nul doute conséquemment qu'on ne puisse s'aider ici des présomptions établies au titre de la paternité et de la filiation. Et toutefois, il ne paraît pas qu'elle doivent avoir, dans tous les cas, force de présomption légale.

Pour que l'enfant soit réputé conçu avant l'ouverture de la succession, suffit-il qu'il soit né dans les trois cents jours du décès?

Faudrait-il au contraire qu'il fût né dans les cent quatre-vingts jours?

Ne faudrait-il pas, à cet égard, faire plusieurs distinctions,

---

(1) IV, B. 104, n° 1744. V. tome I, n° 100.

distinguer notamment si la succession dont il s'agit est ou non celle de son père?

Les présomptions relatives à la légitimité ne peuvent-elles pas aussi servir de guide pour décider la question de viabilité?

Ainsi, la non viabilité résultant ordinairement de ce que le temps de la gestation n'a pas été accompli, ne pourrait-on pas, pour vérifier ce fait, s'attacher aux règles qui, dans l'intérêt de la légitimité, font supposer, tantôt la plus longue, et tantôt la plus courte gestation?

32. La vie civile n'est pas moins requise que la vie naturelle pour exercer un droit civil, tel que celui de succession. V. art. 725 3°.

33. Par la même raison, le Code n'admettait les étrangers à succéder qu'à la condition d'une réciprocité fondée sur les traités (art. 11), et qui, d'après les termes de l'art. 726, devait exister de personne à personne. V. art. 726. Mais cet article est abrogé par la loi du 14 juillet 1819 (1), et le principe de réciprocité n'a plus d'autre effet, en matière de succession, que de donner aux cohéritiers français le droit de prélever sur les biens de France, la valeur des biens situés en pays étrangers, dont ils sont exclus par leurs cohéritiers étrangers. Voy. ladite loi, art. 2.

---

(1) VII, B. 294, n° 6986.

§ II.
De l'indignité.

34. L'incapacité résulte de l'absence des qualités requises. L'indignité, au contraire, est une qualité de la personne, résultant de ses torts envers le défunt, et qui l'exclut de la succession dont elle est capable.

35. Les causes d'indignité ne sont plus aujourd'hui livrées à l'arbitraire; la loi les a réduites à trois :

1º L'attentat à la vie du défunt, en observant que cet attentat n'est légalement certain que par la condamnation du meurtrier. V. art. 727 1º.

L'héritier condamné comme complice du meurtrier, n'est-il pas également indigne? V. C. pén., art. 59.

Quid si l'héritier a donné la mort au défunt, par imprudence ou maladresse, et s'il n'est en conséquence condamné qu'à une peine correctionnelle. V. C. pén., art. 319.

Quid s'il est dans les cas d'excuse prévus par le Code pénal, art. 321-325? V. ibid., art. 326.

Quel serait l'effet de la grace obtenue par le condamné ou de la prescription de sa peine?

2º L'accusation capitale portée contre le défunt, lorsqu'elle a été jugée calomnieuse; c'est là une espèce de meurtre moral. V. art. 727 2º.

Qu'entend-on par accusation capitale? V. *Modest.*, L. 103, ff. *de verb. sign.*; *Paul*, L. 2, *de publ. jud.*

Faut-il que le dénonciateur ait été condamné de son vivant pour calomnie?

3º Enfin le défaut de dénonciation du meutre du défunt, pourvu que l'héritier soit majeur et instruit de ce meurtre; son indifférence alors est une injure grave à la mémoire du défunt. V. art. 727 3°.

36. Mais le silence de l'héritier cesse d'être coupable quand il a pour cause la crainte de livrer à la justice certaines personnes qui lui sont attachées par des liens intimes. La loi applique cette excuse aux ascendans et descendans du meurtrier, à son conjoint, et à ses parens collatéraux, seulement jusqu'au degré d'oncle ou tante, neveu ou nièce; elle l'applique, sans contredit, aux alliés en ligne directe, quel que soit leur degré. Il est même assez probable que dans l'intention du législateur, l'excuse accordée à tous les parens que la loi désigne devait comprendre les alliés au même degré. Voy. art. 728.

Dans quel délai doit-on faire la dénonciation, pour éviter l'exclusion?

Le pardon accordé par le défunt peut-il relever des effets de l'indignité?

37. Il est clair que dans le troisième cas de l'art. 727, l'indignité n'a pas lieu de plein droit; elle doit être prononcée sur la demande des parties intéressées; et jusque là, la saisine a lieu au profit de l'indigne.

Dans le premier et le deuxième cas d'indignité, l'exclusion ne résulte-t-elle pas, de plein droit, de la condamnation pour meurtre ou pour calomnie? si donc cette condamnation a précédé la mort du *de cujus*, la saisine n'est-elle pas empêchée, comme en cas d'incapacité?

Dans tous les cas où l'indignité a besoin d'être prononcée peut-elle l'être après la mort du coupable?

38. Au reste, l'héritier exclus pour indignité ne saurait, dans aucun cas, profiter en définitive de la saisine qui se serait opérée en sa faveur. Il ne peut être considéré que comme un possesseur de mauvaise foi. Voy. art. 746.

Les aliénations ou impositions de charges réelles, consenties par l'indigne avant son exclusion prononcée, devraient-elles être maintenues? V. art. 958.

Les droits que la confusion avait éteints dans la personne de l'indigne, ne doivent-ils pas revivre?

39. L'exclusion dont il s'agit est une peine qui ne doit frapper que le coupable; cependant les enfans de l'indigne ne peuvent le représenter. V. art. 739, 744. Mais ils peuvent succéder de leur chef, sans néanmoins que leur père profite indirectement, à titre d'usufruitier légal, des biens de la succession qui leur est déférée. V. art. 730.

Les enfans ne sont-ils privés du bénéfice de la représentation qu'en vertu de l'art. 744? *Quid* si celui qui s'est mis dans un des deux premiers cas d'indignité, est mort avant le *de cujus?*

Si l'indigne devenait par la suite héritier d'un de ses enfans, serait-il exclus des biens provenant de la succession dont il est indigne?

CHAPITRE III.

DES DIVERS ORDRES DE SUCCESSION, ajoutons RÉGULIÈRE.

SECTION I.
Dispositions générales.

40. C'est aux parens du défunt que la loi défère la succession. Les parens sont descendans, ascendans ou collatéraux. Ces trois classes forment autant d'ordres d'héritiers; ajoutez qu'il y a dans l'ordre des ascendans et dans celui des collatéraux des parens privilégiés qui forment véritablement un ordre à part. La vocation des héritiers dépend d'abord de l'ordre auquel ils appartiennent, ensuite de la place qu'ils y occupent. Voyez art. 731.

41. Il y a des règles communes à tous les ordres ou à plusieurs d'entre eux; elles sont exposées dans cette section et dans la suivante. Les trois autres règlent la vocation particulière des héritiers de chaque ordre.

42. Avant tout, il faut poser la base du système du Code civil sur les successions; ce système pris en partie dans celui du droit coutumier, en partie dans celui du droit écrit (*Just. nov.* 118), tient le milieu entre les deux.

Le droit coutumier s'attachant à la nature et à l'origine des biens, les distinguait en meubles et immeubles et les immeubles en *propres* et *acquêts*. La succession aux meubles et acquêts était en général dévolue en raison de la proximité du degré de parenté; mais l'on considérait l'origine des propres pour les attribuer aux parens du côté et ligne d'où ils procédaient, suivant la règle *paterna paternis, materna maternis*.

Au contraire, la novelle 118, sans distinction de l'origine des biens ni de la ligne de parenté, attribuait le tout aux plus proches parens de l'ordre auquel la succession était dévolue.

Notre législateur, entrant dans l'esprit du droit coutumier, n'a pas voulu qu'une seule ligne de parenté pût s'enrichir, exclusivement à l'autre ligne, des biens que le défunt tenait peut-être de celle-ci. Mais effrayé des difficultés auxquelles donnaient lieu les recherches sur l'origine des biens, il a remplacé la succession aux *propres* de chaque côté, par un partage égal de tous les biens, quels qu'ils fussent, entre les deux lignes. Il applique cette division à toute succession ascendante ou collatérale. V. art. 732, 733.

43. Nous remarquerons sur l'art. 732 que son principe souffre exception dans le cas de l'art. 747.

44. Sur l'art. 733 nous remarquerons, 1° que la division en deux lignes ne pouvait s'appliquer aux successions des descendans, puisqu'ils appartiennent tous et nécessairement aux deux lignes.

2° Que les autres parens peuvent aussi appartenir aux deux lignes, ce qui n'est point une raison pour les préférer aux parens d'un degré égal qui n'appartiendraient qu'à une seule; mais ils doivent prendre part dans les deux lignes, s'ils se trouvent dans toutes deux en rang utile pour succéder.

3° Nous observerons que la distinction des lignes s'applique bien aux frères et sœurs ou neveux entre eux, quand ils ne sont pas tous germains ou tous d'un seul et même côté, mais qu'elle n'a pas lieu quand il s'agit de régler leur concours avec le père ou la mère, ou d'appliquer le droit qu'ils ont d'exclure tous autres ascendans ou collatéraux (V. ci-après, n°ˢ 63 et 64).

4° Nous remarquerons enfin, que la division entre les deux lignes ne souffre pas d'autres exceptions, qu'elle a lieu, même lorsque les parens des deux lignes sont d'un ordre différent, et à plus forte raison lorsqu'ils ne sont qu'à degrés inégaux dans le même ordre. C'est seulement à défaut de successible dans une ligne qu'il se fait dévolution à l'autre.

45. La loi qui établit la *fente* entre les deux lignes proscrit au contraire la *refente* entre les diverses branches de la même ligne. Ainsi la moitié afférente à l'une d'elles ne se divise pas entre les parens paternels du père ou de la mère, et ses parens maternels. Elle est en général recueillie par le plus proche parent, ou par celui qui représente le plus proche, si la représentation est admise. V. art. 734.

Observons seulement que la proximité de parenté ne forme un titre de préférence qu'entre parens de même ordre, et sauf encore la prérogative des frères et sœurs ou descendans d'eux.

46. Le lien de parenté entre deux personnes résulte de ce que l'une tire de l'autre son origine, ou seulement de

ce qu'elles ont une origine commune. Il est clair que le lien doit être plus ou moins étroit, suivant le nombre de générations qui rattachent les personnes l'une à l'autre.

Pour rendre cette idée sensible, et calculer plus facilement la proximité de parenté, on s'est depuis long-temps habitué à figurer sur le papier l'auteur de la parenté par un point d'où partent une ou plusieurs lignes divisées par des degrés. De là les expressions de *ligne* et de *degré* appliquées à la parenté elle-même. Tous les parens qui descendent les uns des autres appartiennent à une même ligne directe; chaque génération y forme un degré par lequel on monte ou descend d'un parent à l'autre. Quant aux parens qui ont seulement une origine commune, ils appartiennent à deux lignes parallèles partant du même point, et qui ne peuvent se rejoindre qu'en remontant de l'une d'elles au point de départ, pour delà redescendre à l'autre. Mais par un abus de mots on a adopté la dénomination de *ligne transversale* ou *collatérale*, pour désigner la suite réunie des degrés qui divisent chaque ligne parallèle.

A l'aide de ces notions, il est facile de saisir le principe qui règle la proximité de parenté par le nombre des degrés ou générations; on saisit également la distinction des deux lignes, directe et collatérale, la première divisée en ascendante et descendante; enfin, il est aisé d'appliquer à chaque ligne le compte des degrés par générations. V. art. 735-738.

SECTION II.

De la représentation.

47. La règle générale qui attribue la succession au plus proche parent de l'ordre appelé à la recueillir, entraînerait souvent une injustice, si la mort prématurée d'un des héritiers présomptifs devait nécessairement priver sa descendance du droit qui n'a pu s'ouvrir à son profit. La loi prévient cette injustice en faisant revivre, dans certains cas, la personne prédécédée dans celle de ses descendans; c'est là, comme on voit, une espèce de fiction dont l'effet est de faire remplir la place vacante dans la famille, de faire monter un parent plus éloigné au degré supérieur, et de lui attribuer conséquemment les droits qu'aurait eus celui qui occupait cette place et remplissait ce degré. V. art. 739.

48. C'est surtout en ligne directe descendante que la représentation devait être admise; car il est naturel que les descendans plus éloignés prennent dans la famille la place des descendans intermédiaires prédécédés, comme ils la prennent dans l'affection du père de famille. Aucun des motifs qui ont fait introduire la représentation ne la rendait applicable dans la ligne ascendante. Aussi la loi ne l'y admet-elle pas. Au contraire, on conçoit parfaitement l'application qui en est faite dans la ligne collatérale, mais en faveur seulement des descendans de frères ou de sœurs. V. art. 740, 741, 742; et remarquez, sur les articles 740 et 742, 1° que la représentation dans les cas où elle est reçue a lieu à l'infini :

ainsi les descendans les plus éloignés de l'héritier présomptif prédécédé peuvent monter à sa place, en occupant successivement toutes les places intermédiaires. La même personne peut sous ce rapport en représenter plusieurs. Remarquez 2°, que l'application de la représentation n'est pas bornée au cas où cette fiction est nécessaire pour faire concourir les descendans de l'enfant ou du frère prédécédé, soit avec des enfans ou des frères survivans, soit avec des descendans d'un degré supérieur ; elle s'applique au cas même ou tous les descendans d'enfant ou de frère sont d'un degré égal. Son objet alors est d'introduire le partage par souche.

49. A cet égard, on sent bien que les enfans d'une même personne ne peuvent exercer, à eux tous, des droits plus étendus que ceux qu'aurait eus leur auteur immédiat, soit de son chef, soit par représentation ; ainsi toute la descendance dont l'héritier présomptif prédécédé est la souche, ne prendra que la part virile de cet héritier. La souche elle-même peut avoir produit plusieurs branches, qui à leur tour, peuvent être la souche de nouvelles branches. La part dévolue à la souche se subdivise entre les diverses branches qui en sortent immédiatement ; et ainsi de suite à l'infini. V. art. 743.

50. La loi n'attribuant aux représentans les droits du représenté qu'en tant qu'elle leur fait occuper la place et le degré de celui-ci (art. 739), il s'ensuit qu'ils ne peuvent entrer dans ces droits quand la place et le degré ne sont pas vacans. On ne represente donc pas les personnes vivantes, quoiqu'elles ne viennent pas à la succession. V. art. 744, et, à ce sujet, art. 730 et 787.

Si le successible prédécédé se trouvait dans un cas d'indignité, pourrait-il être représenté ?

51. Mais quand la place est vacante, c'est la loi seule qui y fait entrer le représentant; il ne tient pas ses droits du représenté, et peu importe qu'il soit ou non son héritier. C'est la différence principale de la succession par représentation et de la succession par transmission. V. art. 774, al. dernier.

Peut-on représenter celui de la succession duquel on est indigne ?

SECTION III.
Des successions déférées aux descendans.

52. Conformément au vœu de la nature, la loi appelle les descendans à succéder, à l'exclusion des ascendans et des collatéraux, même d'un degré plus proche. Mais entre les descendans, la préférence se règle uniquement par la proximité du degré que chacun occupe, soit de son chef, soit par représentation, sans distinction de lit, de sexe ou de primogéniture. Ainsi le partage se fait également, par tête ou par souche, suivant qu'il y a lieu ou non à représentation. V. art. 745.

Quand tous les descendans appelés de leur chef ne sont pas au premier degré, *puta* si tous les enfans du premier degré sont renonçans ou indignes, le partage se fait-il par souche ou par tête ?

SECTION IV.

Des successions déférées aux ascendans.

53. L'ordre des ascendans, toujours exclus par celui des descendans, n'exclut pour toujours de la même manière celui des collatéraux. Cette exclusion a bien lieu indistinctement pour la succession extraordinaire des ascendans aux choses par eux données. Mais s'il s'agit de la succession ordinaire, qui a lieu sans avoir égard à l'origine des biens, les droits des ascendans sont, suivant leur qualité, modifiés ou anéantis par ceux des frères et sœurs ou descendans d'eux.

§ I.

De la succession des ascendans aux choses par eux données.

54. L'ascendant qu'un sentiment louable et digne d'encouragement porte à donner de son vivant une partie de sa fortune à son descendant, serait doublement affligé si la mort prématurée de celui-ci, en lui enlevant l'objet de ses affections, lui causait encore le déplaisir de voir passer en des mains étrangères les biens dont il ne s'était dépouillé qu'en faveur de son enfant.

Ce principe, qui avait fait introduire dans le droit romain le retour légal de la dot profectice (*Pomp.* L. 6, ff. *de jur. dot.*), est aussi la base du droit de succession extraordinaire dont il s'agit.

55. Au reste, le droit accordé aux ascendans par l'article 747 ne doit pas être confondu avec le retour légal, tel qu'il avait lieu autrefois en pays de droit écrit. Ce

retour était considéré comme l'effet d'une condition résolutoire, qui remettait les choses au même état que si les biens n'étaient jamais sortis des mains du donateur. La condition de survie n'est plus sous-entendue par la loi actuelle, qui permet seulement, ici comme dans tous les cas, de l'ajouter à la donation (art. 951, 952). En l'absence d'une stipulation, l'ascendant est seulement appelé à succéder. C'est donc à titre d'héritier qu'il prend les biens par lui donnés. Il participe en conséquence à tous les droits, à toutes les obligations attachées à cette qualité.

56. Cette succession a cela de particulier qu'elle a lieu *in re singulari* au profit de l'ascendant, soit qu'il se trouve ou non en ordre de recueillir la succession ordinaire. Car il exclut tous autres, excepté pourtant la postérité du donataire, qui se trouvait tacitement comprise dans la libéralité.

L'ascendant, qui est d'ailleurs en ordre légal de succéder, pourrait-il renoncer à la succession ordinaire et accepter la succession privilégiée *aut vice versâ*?

L'existence de la postérité du donataire fait-elle obstacle au droit de l'ascendant, si elle ne vient pas à la succession?

Quid si le donataire a laissé des enfans naturels, ou des enfans adoptifs?

L'ascendant recueillerait-il les choses par lui données, dans la succession des enfans ou descendans du donataire morts eux-mêmes sans postérité?

57. L'ascendant n'étant appelé qu'à titre d'héritier doit prendre les choses dans l'état où elles sont. La loi dit expressément qu'il n'a droit aux biens qu'autant qu'*ils*

se retrouvent en nature dans la succession. Il est clair également qu'il les prend grevés des hypothèques ou charges réelles imposées par le défunt, qui était propriétaire incommutable.

Quid si le défunt a disposé des biens par testament?

L'ascendant donateur a-t-il droit, en cette qualité, à une réserve?

58. Au reste, l'ascendant n'étant privé des biens aliénés que parce qu'il doit respecter les dispositions du défunt auquel il succède, il s'ensuit qu'il peut exercer les droits qu'avait celui-ci relativement à ces biens, tels que l'action en paiement du prix de l'aliénation, l'action en reprise, ajoutez l'action en nullité ou en rescision de l'aliénation.

L'ascendant succèderait-il également aux biens acquis en emploi ou en remploi des choses données?

Succède-t-il aux biens aliénés qui sont rentrés à un autre titre dans la succession?

Si la donation consiste en argent comptant ou, en général, en choses fongibles, ces choses pourraient-elles jamais être réputées se retrouver en nature dans la succession?

L'ascendant doit-il indemnité pour les améliorations ou augmentations survenues aux biens par lui donnés?

§ II.

De la succession ordinaire des ascendans.

59. Ce n'est jamais qu'à défaut de descendans, et ce n'est en général qu'à défaut de frères, sœurs ou descendans d'eux, que la succession est dévolue à l'ordre des ascendans. Du reste, quel que soit leur degré, ils excluent

tous autres collatéraux; mais cette exclusion n'a lieu que dans leur ligne. D'où il suit que la succession peut être dévolue à la fois à l'ordre des ascendans, dans une ligne, et à l'ordre des collatéraux, dans l'autre.

60. La proximité du degré est la seule règle de préférence, entre les ascendans de la même ligne. V. art. 746.

61. Le privilége particulier des pères et mères est de concourir avec les frères et sœurs ou descendans d'eux. Dans ce concours, la loi attribue un quart à chacun des deux parens, sans que la part du survivant se trouve augmentée par le prédécès de l'autre. V. art. 748, 749.

SECTION V.

Des successions collatérales.

62. Les frères et sœurs, ou descendans d'eux, forment dans l'ordre des collatéraux une classe privilegiée qui exclut, même l'ordre des ascendans autres que le père ou la mère, et à plus forte raison les collatéraux qui ne sont pas de leur classe. V. art. 750.

63. Il est bien entendu, que la préférence entre eux se règle en général par la proximité du degré auquel chacun se trouve placé, de son chef ou par représentation. La loi n'a pas eu besoin non plus de rappeler ici que la succession dévolue exclusivement aux frères, sœurs ou neveux, se divise en deux lignes, s'ils sont de lits différens (art. 733, voy. d'ailleurs art. 752). Il en résulte que les frères et sœurs d'un seul côté ne pourraient recueillir la totalité, à l'exclusion des descendans des frères

ou sœurs de l'autre côté, lors même que ceux-ci seraient privés du bénéfice de la représentation.

64. Au contraire, il paraît résulter des termes de notre article 750, combiné avec les art. 746 et 752, que les frères, sœurs ou neveux d'un seul côté, excluraient toujours les ascendans et les collatéraux de l'autre ligne, nonobstant art. 733.

65. Il résulte encore de notre article combiné avec l'art. 746, que le droit d'exclure les ascendans ou collatéraux, quel que soit leur degré, appartient aux descendans de frères ou sœurs, lors même qu'ils sont privés du bénéfice de la représentation.

66. En déterminant les droits des pères et mères en concours avec des frères, sœurs ou descendans d'eux, nous avons suffisamment fait connaître les droits de ceux-ci. V. art. 751.

Faut-il, pour concourir avec les père et mère, que les descendans de frères ou sœurs jouissent de la représentation? Voy. art. 748, 749, 750.

67. Le droit de concourir avec les père et mère, et la part qui revient alors aux frères et sœurs ou descendans d'eux, sont réglés indépendamment du principe de la division en deux lignes, mais ce principe reprend sa force quand il s'agit de partager entre eux la portion qui leur est attribuée. V. art. 752.

68. De tout ce qui précède, il résulte que la classe des collatéraux ordinaires ne vient jamais qu'à défaut de descendans et de frères et sœurs ou neveux. Écartée aussi dans chaque ligne par les ascendans, elle ne l'est

pas par ceux de l'autre ligne. La proximité de degré règle la préférence des collatéraux entre eux, mais ici encore, ce n'est que dans leur ligne respective. Voy. art. 753; voy. aussi art. 733, 734.

69. Le droit qu'ont les collatéraux d'une ligne, de concourir avec les ascendans de l'autre, s'exerce même à l'égard du père ou de la mère du défunt. Seulement, dans ce cas, la loi accorde à l'ascendant privilégié le tiers en usufruit des biens attribués à l'autre ligne. Voy. art. 754.

70. La loi n'a pas dû borner l'ordre de succession directe, mais il était nécessaire de poser un terme au droit de succession collatérale, qui sans cela pourrait s'étendre à l'infini. Les parens au delà du douzième degré ne succèdent pas. A défaut de parens au degré successible dans une ligne, il se fait dévolution à l'autre. V. art. 755, 733 *in fin*.

CHAPITRE IV.

DES SUCCESSIONS IRRÉGULIÈRES.

71. Les successions irrégulières sont celles qui ne sont pas fondées sur le lien de famille. Il n'y a pour les personnes qui appartenaient à une famille, que trois ordres de succession irrégulière : la succession des enfans naturels, celle du conjoint survivant, et celle de l'état. L'ordre des enfans naturels, appelé le premier à défaut de parens légitimes, a cela de particulier qu'il concourt avec les trois ordres de succession régulière.

72. Le même principe qui empêche les enfans naturels d'être rangés dans la classe des successeurs réguliers s'oppose également à ce qu'ils puissent avoir eux-mêmes d'autres successeurs réguliers que les enfans ou descendans provenus d'un mariage légitime. Mais à leur égard, il existe, à défaut de cet ordre unique de succession régulière, plusieurs ordres de successeurs irréguliers qui précèdent le conjoint et l'état.

73. La loi règle à la fois dans la section première et la succession des enfans naturels, et la succession aux enfans naturels. La 2ᵉ section comprend les règles particulières à la succession du conjoint et à celle de l'état, elle contient de plus des règles communes à toutes les successions irrégulières.

SECTION I.

Des droits des enfans naturels sur les biens de leur père ou mère, et de la succession aux enfans naturels décédés sans postérité.

§ I.

Droits des enfans naturels.

74. Le mariage seul forme les familles, les enfans nés hors mariage ne font donc point partie de la famille ; mais la nature même impose à ceux qui leur ont donné le jour l'obligation de pourvoir à leur subsistance. C'est en considération de cette obligation que la loi, tout en refusant aux enfans naturels le titre d'héritiers, leur accorde sur les biens de leur père ou mère décédés, un

droit qu'elle a évité par une périphrase de qualifier *succession*, parce que ce mot indique le plus ordinairement *un droit héréditaire*. Il est clair que ce droit, quel qu'il soit, ne peut appartenir à ceux dont la filiation est incertaine, et nous le savons, c'est uniquement par une reconnaissance faite dans les formes légales que s'établit, en général, la filiation naturelle. Il faut donc que les enfans soient *légalement reconnus*. Au reste, l'obligation dont nous avons parlé étant entièrement personnelle au père et à la mère, il s'ensuit que les enfans naturels n'ont aucun droit sur les biens des parens de leur père ou mère. V. art. 756.

L'enfant naturel ne peut-il pas du vivant de ses père et mère réclamer d'eux des alimens?

L'enfant naturel n'est-il admis à succéder qu'en cas de reconnaissance volontaire de ses père ou mère? *Quid* s'il a été admis à la recherche, soit de la paternité, soit de la maternité, suivant les art. 340 et 341?

75. Quoique l'enfant naturel ne soit pas héritier, et qu'il ne puisse en conséquence, prétendre à la saisine ou autres prérogatives attachées à ce titre, la loi a pris pour base du règlement de ses droits, la portion héréditaire qu'il aurait eue s'il eût été légitime; elle lui en attribue une quote part plus ou moins forte, suivant la qualité des héritiers avec lesquels il concourt. A défaut d'héritiers, elle lui attribue le tout. V. art. 757, 758.

Faut-il, pour régler les droits des enfans naturels, considérer la qualité des parens *laissés* par le défunt, ou seulement celle des parens venant à la succession?

S'il y a plusieurs enfans naturels, doit-on, pour la détermination de la portion héréditaire, dont il revient à chacun une quote part, considérer cette portion grossie de ce que prennent de moins les autres enfans naturels en cette qualité? Ne doit-on pas au contraire considérer d'abord tous les enfans ensemble comme légitimes?

L'enfant naturel, en concours avec des descendans de frères ou de sœurs, doit-il avoir la moitié ou les trois quarts?

S'il y a dans une ligne des ascendans, et dans l'autre des collatéraux, quelle part doit prendre l'enfant naturel?

S'il n'y a de parens que dans une seule ligne, l'enfant naturel devra-t-il prendre la part afférente à l'autre ligne?

76. Du principe qui fixe les droits de l'enfant naturel à une quote part de la portion héréditaire d'un enfant légitime, il paraît raisonnable de conclure :

1° Que l'enfant naturel a droit à une part de biens en nature; qu'il peut donc intenter l'action en partage, et attaquer les ventes faites par les héritiers avant le partage;

2° Qu'il jouit du droit d'accroissement (art. 786);

3° Qu'il profite du rapport, nonobstant articles 843 et 857;

4° Enfin qu'il a droit à une réserve (art. 913).

77. Du reste, l'enfant naturel n'étant pas héritier (art. 756), et ne pouvant jamais être saisi (art. 724), nous pensons que s'il existe des héritiers, il devrait, comme un légataire, leur demander la délivrance.

78. Si l'enfant naturel est étranger à la famille de ses père et mère, ce n'est pas une raison pour que la famille dont il est le chef soit étrangère à ses père et mère. Ses droits de filiation naturelle se transmettent donc à sa postérité, et c'est pour cela qu'elle est admise à le représenter. V. art. 759.

Ce droit serait-il accordé à ses enfans naturels?

Les enfans légitimes de l'enfant naturel peuvent-ils succéder à défaut de leur père vivant, mais indigne ou renonçant?

79. Quoique la loi ne donne ouverture aux droits des enfans naturels qu'après le décès de leur père ou mère, elle n'empêche pas ceux-ci d'acquitter par avance tout ou partie de leur obligation; mais l'intérêt des mœurs ne permettant pas d'attribuer à ces enfans, à titre de libéralité, des droits plus étendus que ceux que la loi elle-même leur donne (art. 908), ils se trouvent tenus à imputer sur leur portion de succession le montant des dons qui leur ont été faits. V. art. 760, et à ce sujet art. 843, 852, 853, 854.

En quoi cette imputation diffère-t-elle du rapport?

80. L'avantage même que trouve l'enfant à recueillir plutôt, est susceptible d'être mis à prix pour diminuer d'autant le montant de ses droits. La loi pourtant n'a pas dû ordonner cette espèce de compensation; mais elle a permis de l'établir dans une certaine limite, pourvu toutefois, selon nous, que l'enfant ait consenti à recevoir sous cette condition. V. art. 761, et remarquez que l'article ainsi entendu contient pour ce cas particulier dérogation au principe qui défend tout pacte sur une succession future. (V. art. 791, 1130.)

Si le père ou la mère a épuisé en libéralités la quotité disponible, l'enfant peut-il être réduit à la moitié de sa réserve?

81. Les droits que l'indulgence de la loi accorde aux fruits de la faiblesse ne sauraient être communs aux

déplorables fruits de l'inceste ou de l'adultère. Cependant on n'a pas pu leur refuser des alimens. V. art. 762.

La loi prohibant également la reconnaissance et la recherche de la paternité ou de la maternité adultérine ou incestueuse, comment pourra-t-il y avoir lieu à appliquer notre article? V. tome I, n° 325.

82. Le montant de la somme ou pension alimentaire est fixé par les tribunaux, qui doivent prendre en considération, non seulement les facultés du père ou de la mère, mais aussi le nombre, et la qualité plus ou moins recommandable, des héritiers. V. art. 763.

83. Au reste, la loi laisse aux père et mère le moyen de débarrasser leurs héritiers de toute discussion avec des créanciers nécessairement odieux. Il suffit pour cela d'avoir mis l'enfant à même de gagner sa vie par le travail de ses mains, ou de lui avoir assuré des alimens. V. art. 764. Remarquez même que d'après les termes de la loi, il suffit que l'un des deux parens ait assuré des alimens à l'enfant, pour que celui-ci n'ait rien à réclamer dans la succession de l'autre.

En serait-il de même si l'un des parens lui avait fait apprendre un art mécanique?

§ II.

Succession aux enfans naturels.

84. La succession aux enfans naturels n'est soumise à aucune règle spéciale pour le cas où ils laissent des enfans légitimes ou même naturels : nul doute que leurs enfans et descendans légitimes ne soient leurs héritiers,

en vertu de l'art. 745; et comme ils ne peuvent avoir d'autres *parens au degré successible*, il est clair qu'à leur défaut, les enfans naturels sont appelés par l'art. 758.

Ne devrait-on même pas admettre ici à la succession, les enfans ou descendans naturels des enfans du défunt, nonobst. art. 756.

85. Mais, à défaut absolu de postérité, la loi a préféré, au conjoint survivant et à l'état, certains parens naturels. En première ligne, elle a dû placer les père et mère qui ont reconnu l'enfant. V. art. 765.

86. A leur défaut, elle appelle les frères et sœurs, mais avec une distinction. Les enfans naturels étant absolument étrangers à la famille de leur père ou mère, et n'étant, dans aucun cas, appelés à succéder aux enfans légitimes, ceux-ci se trouvent en général exclus par le principe de réciprocité. La loi leur attribue seulement les biens dont l'enfant naturel les avait privés dans la succession de leur père ou mère. Leur droit, sous ce rapport, a beaucoup d'analogie avec celui des descendans de l'adoptant (V. art. 351). Il est d'ailleurs renfermé dans les mêmes limites que celui de l'ascendant donateur (V. art. 747). Le surplus des biens appartient aux frères et sœurs naturels ou descendans d'eux, qui étaient avec le défunt dans une parfaite égalité de position. V. art. 766.

Les père et mère, frères et sœurs ou neveux sont-ils saisis, ou doivent-ils demander l'envoi en possession? V. art. 724.

Le père et la mère ont-ils droit à une réserve? succèdent-ils, à l'exclusion l'un de l'autre, aux choses par eux données?

Les enfans légitimes peuvent-ils recueillir les biens provenant de leur père ou mère prédécédé, à l'exclusion de l'autre parent survivant?

Le droit des enfans légitimes d'un des deux parens, n'est-il pas toujours borné aux biens provenant de ce parent?

Les descendans des frères ou sœurs légitimes peuvent-ils, à leur défaut, exercer le même droit qu'eux?

S'il y a concours de frères naturels germains, consanguins et utérins, doit-on appliquer les art. 733 et 752?

La représentation est-elle admise en faveur des descendans de frères et sœurs naturels?

SECTION II.

Des droits du conjoint survivant, et de l'état, ajoutons, et généralement des obligations imposées aux successeurs irréguliers, appelés à défaut de parens.

87. A défaut du lien de famille ou du simple lien du sang, la loi ayant égard à l'affection présumée du défunt, et aux rapports établis par le mariage, défère la succession au conjoint survivant. V. art. 767.

Le conjoint séparé de corps est-il admis à succéder?

Quid s'il y a eu seulement mariage nul, mais contracté de bonne foi? V. art. 201, 202.

L'enfant naturel que le défunt aurait reconnu pendant son mariage serait-il préféré au conjoint? V. art. 337.

88. A défaut d'héritiers, et d'autres successeurs irréguliers, le principe qui attribue à l'état les biens vacans et sans maître, (art. 539, 713) reçoit son application. V. art. 768.

89. Les successeurs irréguliers n'étant pas saisis de plein

droit, doivent, comme nous l'avons vu, se faire envoyer en possession par justice (art. 724); cet envoi en possession est subordonné à plusieurs conditions prescrites dans l'intérêt des héritiers, nous ajoutons ou de tous autres successeurs qui pourraient ultérieurement se présenter.

Ainsi : 1° il faut constater les forces de la succession par un inventaire, précédé d'une apposition de scellés. V. art. 769.

2° L'envoi en possession, qui se demande au tribunal de l'ouverture de la succession, ne peut être prononcé qu'après affiches et publications, et sur les conclusions du ministère public, spécialement chargé de veiller aux intérêts des absens (art. 114). V. art. 770.

Ces règles sont communes aux trois classes de successeurs irréguliers, appelés à défaut de parens (V. art. 769, 770, 773).

Comment se forme la demande d'envoi en possession? Faudra-t-il faire nommer un curateur à la succession vacante?

Est-ce aux demandeurs à prouver qu'il n'existe pas d'héritiers?

3° La restitution du mobilier ou de sa valeur doit être garantie, au moins pour les trois premières années, par un emploi ou par un cautionnement. V. art. 771, 773, et remarquez que cette précaution n'est pas exigée au cas de dévolution à l'état, dont le trésor est toujours solvable.

Les héritiers n'ont-ils que trois ans pour se représenter? V. art. 789 et 2262. Ne peuvent-ils après obtenir la restitution du mobilier? La caution, après ce délai, est-elle déchargée de plein droit?

Les envoyés en possession gagnent-ils les fruits perçus, soit dans les trois premières années, soit postérieurement?

Peuvent-ils valablement aliéner les immeubles?

Quid s'ils les ont dégradés?

90. Les diverses mesures ordonnées par la loi, l'étant, comme nous l'avons dit, dans l'intérêt des héritiers qui pourraient se représenter, il est clair que l'inobservation des règles ci-dessus prescrites assujettirait, suivant les cas, les contrevenans à des dommages-intérêts envers ces héritiers. V. art. 772, 773; voy. aussi 1382.

Toutes les règles qui viennent d'être exposées s'appliquent elles aux pères et mères, frères, sœurs ou neveux des enfans naturels, dans les cas des art. 765, 766?

91. Outre les successions irrégulières, établies par le Code civil, il en existe encore une, celle des hospices; elle est réglée par la loi du 15 pluviôse an 13 (4 février 1805)(1), et par l'avis du conseil d'état du 3 nov. 1809 (2).

---

(1) IV, B. 31, n° 526.
(2) IV, B. 248, n° 47, 48.

CHAPITRE IV.

DE L'ACCEPTATION ET DE LA RÉPUDIATION DES SUCCESSIONS.

92. La succession pouvant offrir plus de charges que de biens, la loi n'a pu refuser à l'héritier, qu'elle saisit à son insu et sans aucun acte de sa volonté (art. 724), la faculté de se dépouiller par l'acte d'une volonté contraire. L'héritier saisi a trois partis à prendre : accepter purement et simplement et consolider ainsi dans sa personne les effets de la saisine, renoncer, et par là se soustraire entièrement à cette saisine; enfin accepter sous bénéfice d'inventaire, et se dérober ainsi à tous les risques, sans se priver des avantages que la succession peut lui offrir (V. art. 774, 775).

Chacun de ces trois partis étant en général irrévocable, au moins sous certains rapports, la loi a dû fournir à l'héritier, pour se décider, les moyens de connaître les forces de la succession, et le temps de délibérer.

93. Le moyen de s'éclairer sur les forces de la succession consiste dans la faculté de faire inventaire, et dans la jouissance de certains délais, tant pour faire cet inventaire que pour délibérer sur le parti à prendre. Les délais pour faire inventaire et délibérer sont réglés, plus bas, sous la rubrique du bénéfice d'inventaire (articles 795-799).

Pour le présent, il suffit de savoir, 1° que la jouissance de ces délais ne détruit point le principe de la saisine qui soumet immédiatement l'héritier à l'action des créanciers; elle lui fournit seulement une exception dilatoire (C. pr., art. 174).

2° L'expiration de ces délais expose bien l'héritier a subir condamnation en qualité d'héritier pur et simple; elle peut surtout la soumettre à supporter personnellement les frais des poursuites dirigées contre lui (art. 797, 799). Mais, du moins, n'est-il point, par le seul fait de cette expiration, déchu de la faculté, soit de renoncer, soit même de se porter héritier bénéficiaire, en remplissant d'ailleurs les conditions prescrites par la loi (V. art. 789, 800 et C. pr. 174.)

SECTION I.

De l'acceptation.

94. L'acceptation est l'acte par lequel l'héritier saisi manifeste l'intention de conserver son titre; cette expression est plus exacte que celle *d'adition d'hérédité* employée comme synonyme par quelques auteurs et par le législateur lui-même (art. 779). L'héritier saisi de plein droit n'a pas, en effet, besoin d'aller trouver l'hérédité, *adire hereditatem.*

Du reste, on ne s'accorde pas sur la nature et le principe de l'acceptation combinés avec le principe de la saisine. Quelques uns s'attachant strictement à la maxime *n'est héritier qui ne veut*, considèrent la volonté comme nécessaire pour faire un héritier. Selon eux, la saisine qui s'opère au profit de l'habile à succéder, à son insu, n'a qu'un effet conditionnel, subordonné à la manifestation postérieure de la volonté. Dans ce système, on voit qu'il pourrait importer à l'habile à succéder, de faire dans un certain délai une acceptation. Quant à nous, qui considérons la saisine comme pure et simple, quoique résoluble sous la condition d'une volonté contraire, exprimée légalement et en temps utile (voyez art. 724, 784); nous regardons, en général, et sauf le cas de l'art. 790, l'acceptation comme n'ajoutant rien au droit de l'héritier; nous ne lui reconnaissons conséquemment d'autre effet que de fermer pour l'avenir la voie à la renonciation.

Il est facile de voir que ces deux systèmes opposés amènent dans l'application des résultats très différens, et l'on sait combien il importe de se fixer sur une question qui domine toute la matière. Voyez sur ce point art. 724, 777, 784, 785, 789, 790.

95. Quoi qu'il en soit, il y a, comme on l'a vu, deux sortes d'acceptation. V. art. 774. L'une comme l'autre doit être l'acte d'une volonté libre. V. art. 775.

96. La volonté même est insuffisante, si elle n'émane d'une personne capable.

Ainsi, l'acceptation emportant toujours aliénation de la faculté de renoncer, celle d'une succession échue a une femme mariée, à un mineur, émancipé ou non, à un interdit, ne peut être valablement faite que sous certaines conditions et dans certaines formes. La femme mariée doit être autorisée (art. 217, 219). Le mineur émancipé ne peut accepter par lui-même; le tuteur, son représentant légal, ne peut même accepter pour lui sans autorisation; l'acceptation ne peut avoir lieu que sous bénéfice d'inventaire (art. 461). La même autorisation et le même mode d'acceptation sont évidemment exigés pour le mineur émancipé, qui agit par lui-même (voy. art. 484). Enfin, tout ce qui est dit pour le mineur non émancipé, s'applique également à l'interdit qui lui est assimilé (art. 509). V. art. 776.

Suit-il de là que l'acceptation faite par un incapable soit absolument nulle? Ne doit-on pas appliquer par analogie les articles 1125 et 1304?

97. Sous quelque point de vue qu'on envisage la saisine qui s'opère au moment de la mort, il est évident que c'est à dater de ce moment que la succession acceptée appartient à l'héritier. V. art. 776; et remarquez que dans notre système, il n'est pas besoin pour arriver à ce résultat de faire remonter l'effet de l'acceptation (voy. cependant art. 790).

98. La volonté d'être héritier, qui constitue l'acceptation, est clairement manifestée par celui qui prend ce titre dans un *acte*, c'est-à-dire, ici, dans un écrit destiné à constater un fait quelconque. Il y a alors acceptation expresse. L'intention peut aussi s'induire de certains *actes*, c'est-à-dire, là, de certains faits, qui constituent l'acceptation tacite. Mais pour trancher à cet égard toute difficulté, le Code civil veut que le fait suppose *nécessairement* cette intention, et que l'héritier n'ait pas eu le droit d'agir ainsi à un autre titre. V. art. 778.

La qualité d'héritier, prise dans un écrit quelconque, *puta* dans une lettre, emporte-t-elle acceptation?

Cette qualité, prise dans un acte, ne serait-elle pas susceptible de s'interpréter suivant les circonstances, de manière à ne pas emporter acceptation ?

Faut-il absolument, pour constituer l'acceptation tacite, la réunion des deux circonstances indiquées par la loi? L'acte ne pourrait-il pas supposer nécessairement l'intention d'accepter, quoique l'héritier eût droit de le faire à un autre titre, ou quoiqu'il n'eût pas droit de le faire, même à titre d'héritier? N'est-ce pas surtout à l'intention qu'il faut s'attacher? V. à ce sujet, *Papin.*, L. 84, et *Paul*, L. 88, ff. *de acq. vel om. her.*; voy. aussi *Alex.*, L. 2, *Cod. de jur. delib.*

99. Les actes conservatoires ou autres du même genre pouvant, en général, être faits par toute personne qui a un intérêt, même éventuel, à la conservation de la chose, ne sauraient, d'après les principes posés, être considérés comme actes d'héritier. V. art. 779 (V. aussi art. 796₂).

100. Mais tout acte par lequel on dispose de l'hérédité en tout ou en partie, soit en la faisant passer à ceux qui n'y avaient aucun droit, soit en s'en faisant payer le prix par ceux qui ont droit à défaut du disposant; soit enfin en l'attribuant à qui que ce soit, à titre de donation, est évidemment un acte de propriétaire, qui constitue conséquemment une acceptation. V. art. 780.

101. Au reste, la succession n'étant déférée à l'héritier que par la mort de son auteur, il ne peut évidemment accepter auparavant. V. *Pomp.*, L. 27, ff. *de acq. vel om. hered*. Il suit même de là qu'il ne peut être réputé faire acte d'héritier, tant qu'il ignore le décès. V. *Papin.*, L. 76, *de reg. jur; Paul*, L. 19 ; *Ulp.*, L. 32, ff. *de acq. vel om. hered.*

102. Quoique l'acceptation d'une succession soit un

acte entièrement dépendant de la volonté, notre droit français ne considère pas la faculté d'accepter ou de répudier comme exclusivement attachée à la personne de l'appelé à la succession. Si donc il meurt avant d'avoir pris parti, les effets de la saisine qui s'est opérée en sa personne, se transmettent à ses héritiers, sous la même faculté de répudier. V. art. 781.

Mais comme, dans ce cas, ses héritiers, entre eux tous, ne forment jamais que la continuation d'une seule et même personne qui ne pouvait tout à la fois être héritière et ne l'être pas, il faut qu'ils s'accordent sur le parti à prendre. Sinon la loi les oblige à prendre le parti le plus sûr, celui de l'acceptation bénéficiaire. V. art. 782.

Quid si la majorité des cohéritiers avait de bonnes raisons pour préférer la renonciation à l'acceptation, même bénéficiaire, *puta* pour éviter le rapport (V. art. 845)?

103. Quand une personne capable a sciemment accepté l'hérédité qui lui était effectivement déférée, elle se trouve liée par cet acte de sa volonté, comme elle le serait par un contrat, contre lequel on n'est en général restitué que pour erreur, violence, dol, et quelquefois pour lésion (V. art. 1109, 1118). La loi permet expressément d'attaquer l'acceptation pour dol, et sous ce nom il paraît qu'on doit comprendre ici le cas de violence. Quant à l'erreur, elle se confond dans l'espèce avec la lésion, et l'on ne doit y avoir égard qu'autant que la lésion est considérable, et qu'elle résulte d'un événement imprévu; ce que la loi applique uniquement au cas de

découverte d'un testament inconnu qui absorbe, au moins en majeure partie, la succession. Selon nous le principe de la restitution, dans ce dernier cas, repose sur ce raisonnement : l'héritier qui peut ne pas connaître exactement le montant des charges héréditaires, ne s'est soumis, par son acceptation pure et simple, à les acquitter toutes, que parce qu'il a compté sur la totalité de l'actif. Dès lors, il a paru juste au législateur, lorsque la majeure partie de la succession lui échappe, de ne pas le laisser exposé aux poursuites des créanciers; danger qui serait d'autant plus grand pour l'héritier, que ces poursuites pourraient ne survenir qu'après l'acquittement des legs. V. art. 783.

De qui doit émaner le dol pour donner lieu à la restitution? Cette restitution s'opère-t-elle à l'égard même de ceux des créanciers, légataires ou cohéritiers qui n'auraient point participé aux manœuvres frauduleuses? V. art. 1116.

Faut-il conclure de la restitution accordée pour découverte de testament, que l'acceptation pure et simple oblige *ultrà vires* envers les légataires?

Si les dispositions contenues au testament nouvellement découvert, sont à titre universel, l'héritier a-t-il quelque intérêt à réclamer? a-t-il ce droit?

L'héritier pourrait-il également réclamer, en cas de découverte d'une dette considérable?

SECTION II.

De la renonciation à la succession.

104. La renonciation ou répudiation est l'acte par lequel le successible déclare sa volonté de n'être pas héritier. Il va sans dire que cet acte est subordonné aux mêmes conditions de capacité que l'acceptation. Du reste, la renonciation ayant pour effet de détruire la saisine légale, ne saurait jamais se présumer. La loi règle la forme de la renonciation, de manière à ce qu'elle puisse être facilement connue de tous les intéressés. V. art. 784.

105. Cet acte anéantit entièrement la saisine. Son effet, à cet égard, est celui d'une condition résolutoire. Voy. art. 785.

106. De là, il suit que cette saisine est réputée s'être opérée exclusivement, dès le principe, en faveur des cohéritiers du renonçant, ou en faveur de ceux qui étaient appelés à son défaut. V. art. 786. Dès lors, l'hérédité ne pouvant être acceptée ou répudiée pour partie, il est évident que les cohéritiers du renonçant, s'ils ont accepté pour leur part, ne sauraient se soustraire aux effets de l'accroissement.

L'accroissement est-il également forcé, en cas de restitution d'un cohéritier contre son acceptation? V. *Macer*, L. 61, ff. *de acq. vel. om. her.*; voy. cependant *Scev.*, L. 98, *eod.*

107. Quoique le renonçant soit censé n'avoir jamais été héritier, il ne remplit pas moins sa place et son degré dans la famille; il ne peut donc être représenté. Voy. art. 787, 744.

108. La répudiation d'une succession étant en réalité l'abandon d'un droit dont la loi avait investi le successible; et nul ne pouvant, en fraude de ses créanciers, renoncer à ses droits (V. art. 2093, 1167, et à ce sujet, art. 622, 1053, 1464); la loi a dû ouvrir aux créan-

ciers, mais dans leur seul intérêt, un recours contre la renonciation qui leur préjudicie.

L'effet de ce recours sera l'annulation de la renonciation, en ce qui concerne les créanciers, qui pourront se faire payer sur la part répudiée par leur débiteur, sans que celui-ci puisse d'ailleurs profiter de cette annulation. V. art. 788.

Faut-il, pour que les créanciers puissent attaquer la renonciation, qu'il y ait eu, de la part de leur débiteur, intention de les frauder?

La renonciation conservant d'ailleurs ses effets à l'égard des cohéritiers ou des héritiers du degré subséquent, ceux-ci peuvent-ils se faire tenir compte par le renonçant, de la valeur des biens absorbés par ses créanciers?

L'acceptation pourrait-elle, comme la renonciation, être attaquée par les créanciers?

109. La loi, par une faveur qu'elle n'avait d'abord accordée qu'au mineur (art. 462), permet au renonçant lui-même de se ressaisir, sous certaines conditions, de la succession d'abord répudiée (art. 790). Du reste, la première condition, pour jouir de cette faveur, étant relative à la prescription, il convient, avant d'entrer à cet égard dans aucun détail, de se fixer d'abord sur le principe de la prescription, qui en cette matière, est l'objet de graves difficultés.

110. La loi qui saisit l'héritier permet bien à la volonté de l'homme de déranger l'ordre de transmission qu'elle avait provisoirement établi. Mais l'incertitude indéfiniment prolongée étant ici de nature à compromettre beaucoup d'intérêts, il était juste de soumettre

à la prescription le droit d'option qui produit cette incertitude. Seulement il convenait, vu l'importance de ce droit, d'appliquer la prescription la plus longue (voy. art. 2262). Quant au résultat de la prescription, qui porte, dit la loi, sur *la faculté d'accepter ou de répudier*, il semblerait absurde que ce résultat pût aboutir à refuser en même temps à la même personne et la faculté d'accepter, et celle de répudier. L'effet naturel de la prescription paraît être uniquement d'enlever l'option. D'où la conséquence, que l'héritier saisi ne pourra plus se dépouiller par une renonciation, et demeurera héritier ; tandis que celui qui s'étant d'abord dépouillé par une renonciation, pouvait encore, aux termes de l'art. 790, se ressaisir par une acceptation, aura perdu ce droit, et demeurera dépouillé. V. art. 789.

111. Venons maintenant à la faveur que la loi accorde à tout héritier renonçant. On conçoit d'abord que cet héritier, dépouillé par un simple acte de sa volonté, puisse, sans violer aucun principe, ressaisir, par l'effet d'une volonté nouvelle, ce qu'il avait d'abord rejeté ; mais pour cela il faudrait que les choses fussent entières, et qu'aucun droit ne fût né de sa renonciation. Et toutefois la loi, malgré la saisine rétroactivement opérée dans la personne des cohéritiers ou dans celle des héritiers du degré subséquent, permet au renonçant, si la prescription du droit d'accepter n'est pas acquise contre lui, de se ressaisir de la succession tant que les autres héritiers ne se sont pas approprié, en quelque sorte, par une acceptation, les effets de sa renonciation. Sous tout autre rapport, au reste, les droits des tiers sont respectés, soit

qu'ils résultent de la prescription ou des actes valablement faits avec le curateur à la succession vacante. Voy. art. 790; V. aussi, art. 462, et remarquez seulement que dans cet article il n'est pas question de prescription, parce qu'il s'applique à l'héritier mineur, contre lequel la prescription, en général, ne court pas (art. 2252).

L'héritier renonçant pourra-t-il encore accepter, si, à son défaut, des successeurs irréguliers ont demandé l'envoi en possession?

Les tiers n'ont-ils pas pu acquérir des droits par prescription, quand le renonçant qui accepte par la suite était mineur?

112. Les considérations morales qui proscrivent, en général, tout pacte sur la succession d'un homme vivant (art. 1130), et aussi la crainte qu'une renonciation anticipée ne soit pas l'œuvre d'une volonté libre et éclairée, font absolument prohiber toute renonciation, gratuite ou intéressée, à une succession non ouverte. V. art. 791; voy. cependant art. 761 et 918.

113. La bonne foi ne permet pas au successible qui veut se débarrasser des charges héréditaires en abdiquant le titre d'héritier, de retenir tout ou partie des biens que ce titre lui attribue. Le seul fait du divertissement ou du recel rend donc le successible incapable de renoncer valablement. La loi ajoute même à cette peine de son dol, celle d'être privé de toute part dans les objets divertis ou recélés. V. art. 792.

L'héritier peut-il attaquer lui-même sa renonciation, et réclamer la succession acceptée par d'autres?

Si le coupable est seul héritier, son recel a-t-il d'autres effets que ceux d'un acte d'héritier?

Si le coupable est mineur, lui appliquera-t-on notre article?

L'appliquera-t-on au recel commis postérieurement à la renonciation? Le coupable, dans ce cas, ne devrait-il pas plutôt être poursuivi comme voleur? V. *Ulp.*, L. 71, § 9, ff. *de acq. vel. om. her.*

SECTION III.

Du bénéfice d'inventaire, de ses effets et des obligations de l'héritier bénéficiaire.

114. On appelle bénéfice d'inventaire l'avantage accordé à un héritier, en faisant constater par un inventaire les biens qui composent la succession, de n'être tenu des charges qui la grèvent, que sur les biens ainsi constatés.

115. Tout héritier peut jouir de ce bénéfice, si telle est sa volonté (art. 774); mais cette volonté étant contraire à la présomption légale (art. 724), elle doit être manifestée de la même manière que celle de renoncer. V. art. 793.

116. Il est bien évident que la déclaration resterait sans effet s'il n'était pas fait un inventaire régulier (V. C. pr. art. 941-944), fidèle et exact. Du reste, la déclaration peut précéder ou suivre l'inventaire, pourvu que cet acte soit fait dans les délais. V. art. 794.

117. A l'occasion de l'inventaire exigé ici comme condition essentielle de l'acceptation bénéficiaire, le Code considère l'inventaire sous un point de vue plus général, comme moyen pour l'habile à succéder de s'éclairer sur les forces de la succession, avant de prendre un des

trois partis qui lui sont offerts. La loi, dès lors, ne se borne pas à indiquer le délai accordé pour la confection de l'inventaire, elle détermine aussi le délai pour délibérer (art. 795); en outre elle entre dans quelques détails tant sur les actes que peut faire l'habile à succéder avant l'expiration des délais (art. 796), que sur les effets de l'exception dilatoire dont elle le fait jouir. (art. 797-799).

118. Le délai pour faire inventaire est de trois mois; le délai pour délibérer est de quarante jours; le premier court à partir de l'ouverture de la succession, le second commence au plus tard à l'expiration du premier ; car si l'inventaire n'est pas fait alors, c'est à l'héritier à se l'imputer ; mais il commence plutôt si l'inventaire est fait plutôt, car dès que l'inventaire est achevé, l'héritier se trouve à même de délibérer utilement. V. art. 795 et C. pr. art. 174.

119. Il est clair que pour profiter des délais, l'héritier doit scrupuleusement s'abstenir, pendant ce temps, de tout acte de propriétaire, qui emporterait acceptation (art. 778); mais il peut faire des actes conservatoires (art. 779), et dans cette classe il faut évidemment ranger la vente des objets susceptibles de dépérir ou dispendieux à conserver. Toutefois, l'autorisation de justice est nécessaire pour la vente; l'héritier n'y doit faire procéder qu'en qualité d'habile à succéder; la vente d'ailleurs doit avoir lieu dans les formes réglées par la loi. V. art. 796 et C. pr. 986.

120. On a déja dit que les délais accordés à l'héritier, n'ôtent pas aux créanciers le droit de diriger leurs

actions contre lui; mais, en proposant l'exception dilatoire, il se dispense de prendre qualité jusqu'à l'expiration des délais, et évite jusque là toute condamnation. Bien plus, la renonciation faite, avant ou après l'expiration, détruisant entièrement l'effet de la saisine, les frais légitimement faits par l'héritier, c'est-à-dire ceux qu'entraîne la proposition de l'exception, ne sont point à sa charge et sont supportés par la succession. Voyez art. 797, C. pr. 174. (Voyez cependant C. pr. art. 130).

121. Les délais peuvent être prolongés par les juges, d'après les circonstances; mais cette prolongation ne soustrait l'héritier présomptif aux frais de poursuite, qu'autant qu'il justifie de l'insuffisance du délai légal. V. art. 798, 799; C. pr. 174, al. 2.

122. Revenons à l'acceptation bénéficiaire, dont la loi subordonne l'effet à la confection de l'inventaire dans les délais (art. 794): cela veut bien dire que les créanciers, après l'expiration des délais accordés par la loi ou prolongés par les juges, peuvent, si l'inventaire n'est pas achevé, faire condamner le successible comme héritier pur et simple, nonobstant sa déclaration. Mais, tant que cette condamnation n'a pas eu lieu, bien plus, tant qu'elle n'est point passée en force de chose jugée, l'héritier n'est point déchu de la faculté de faire inventaire et de se porter héritier bénéficiaire. V. art. 800; C. pr., art. 174.

L'héritier qui, ayant fait d'abord sa déclaration, n'aurait fait l'inventaire qu'après les délais, serait-il obligé de la renouveler?

4.

Il est bien clair que l'habile à succéder, contre lequel il n'est point intervenu de condamnation passée en force de chose jugée, pourrait également renoncer après l'expiration des délais, puisque cette faculté ne se prescrit que par trente ans (art. 789).

L'héritier aurait-il cette faculté, s'il avait fait la déclaration prescrite par l'art. 793 ?

Les effets du jugement passé en force de chose jugée qui condamne l'habile à succéder en qualité d'héritier pur et simple, se bornent-ils aux parties entre lesquelles il est rendu ? Faut-il distinguer, à cet égard, entre le jugement qui décide en fait que l'héritier s'est immiscé, et le jugement qui le condamne faute d'avoir pris qualité ? V. art. 1351.

123. L'existence d'un inventaire fidèle et exact étant la condition principale du bénéfice d'inventaire, il s'ensuit naturellement que tout recel, toute omission frauduleuse en emporterait déchéance. V. art. 801; voy. aussi art. 792.

124. L'héritier bénéficiaire conserve tous les avantages de la saisine, mais il n'est tenu des charges héréditaires que sur les biens de la succession. N'étant donc pas obligé personnellement, mais seulement comme détenteur, il peut toujours se débarrasser par un délaissement. V. art. 802 1°; et à ce sujet, art. 2167, 2172.

En quoi ce délaissement diffère-t-il d'une renonciation ?

125. Les biens de la succession et ceux de l'héritier formant ainsi deux patrimoines distincts, il ne peut y avoir lieu à l'application de l'art. 1300, sur la confusion. Si donc l'héritier est en même temps créancier, il

ne perd pas le droit de réclamer sa créance. Voy. art. 802 2°. Le même principe conserve certainement l'existence aux créances de la succession contre l'héritier. Il n'est pas moins évident que l'acceptation bénéficiaire empêcherait les effets de la confusion ou consolidation, à l'égard de l'usufruit ou autres droits réels.

Contre qui l'héritier dirigera-t-il ses actions. V. C. pr., art. 996; et remarquez que cet article devrait nécessairement servir de règle pour les actions que la succession aurait à diriger contre l'héritier.

126. L'héritier bénéficiaire est vraiment propriétaire des biens qui composent la succession; conséquemment toute disposition qu'il en ferait, à quelque titre que ce fût, serait nécessairement valable. Mais ces biens étant le gage commun des créanciers et légataires, il est tenu, à l'égard de ceux-ci, de plusieurs obligations, dont l'inexécution pourrait lui faire perdre le bénéfice dont il jouit.

Toutes ces obligations sont contenues dans celle d'administrer les biens de la succession et de rendre compte de son administration. A défaut de ce compte, qui seul peut fournir aux créanciers les moyens de distinguer le patrimoine du défunt et celui de l'héritier, il est naturel que ceux-ci puissent le contraindre indéfiniment sur ses biens personnels; seulement ils doivent auparavant le mettre en demeure. Le compte rendu et apuré, l'héritier est personnellement débiteur du reliquat, mais il ne doit que cela. V. art. 803.

La faculté de poursuivre sur ses biens personnels l'héritier en demeure de rendre son compte, équivaut-elle à une déchéance du bénéfice d'inventaire?

127. Tout administrateur comptable répond de ses fautes; mais l'héritier étant appelé à l'administration par sa seule qualité, on ne devait pas exiger qu'il apportât aux affaires de la succession plus de soin ou de diligence qu'il n'en apporte à ses propres affaires. Il ne répond donc que des fautes graves. V. art. 804.

128. L'héritier, considéré comme administrateur, ne peut, à peine de déchéance, aliéner à l'amiable les meubles ou les immeubles. A l'égard des meubles, il peut en général, à son choix, ou les conserver en nature, auquel cas il ne répond que de sa négligence, ou les faire vendre dans les formes prescrites. V. C. civ., art. 805; C. pr., art. 989. Quant aux immeubles, il ne peut les vendre sans ordonnance de justice, et en outre sans observer les formes requises. V. C. civ., art. 806; Cod. pr., art. 987, 988.

A l'égard des rentes sur l'état. V. Av. du cons. d'ét. du 11 janv. 1808 (1).

129. Le prix des meubles se distribue entre les créanciers qui se sont fait connaître par une opposition; cette distribution se fait par contribution, sauf, bien entendu, la préférence due aux créanciers privilégiés (art. 2094, 2099), et sauf aussi celle qui appartient aux créanciers sur les légataires. V. C. pr., art. 990; et à ce sujet, art. 656-672.

---

(1) IV, B. 175, n° 2946.

Le prix des immeubles appartient, comme de raison, en première ligne, aux créanciers ayant privilége ou hypothèque (art. 2094, 2166). A cet effet le Code civil prescrivait une délégation à ceux d'entre eux qui se seraient fait connaître (art. 806). Mais cette formalité n'ayant plus d'objet, dans le système hypothécaire adopté depuis la publication de ce titre, le Code de procédure se borne à ordonner la distribution suivant l'ordre des priviléges et hypothèques. V. C. pr., art. 991; et à ce sujet, art. 749-779. Il est, au reste, évident, qu'à défaut de créanciers hypothécaires., le prix des immeubles se distribue comme celui des meubles.

130. Il convient ici de remarquer que le droit de préférence conféré par l'hypothèque sur le prix des immeubles qui en sont l'objet, n'ôte pas aux hypothécaires le droit de participer, comme tout créancier, à la distribution du prix du mobilier, au prorata du montant de leur créance, tel qu'il se trouve fixé à l'époque de cette distribution. On sent, d'après cela, combien il importerait aux créanciers chirographaires, que l'ordre, qui doit désintéresser en tout ou en partie un certain nombre de créanciers hypothécaires, précédât la distribution. D'un autre côté, il conviendrait aux créanciers hypothécaires d'un rang inférieur, que les créanciers qui les priment, payés en partie dans la distribution par contribution, et absorbant d'autant moins sur le prix des immeubles, leur permissent ainsi de venir utilement à l'ordre. Leur avantage serait donc que la distribution précédât. Ce conflit d'intérêt, qui se fait sentir toutes les fois qu'il s'agit de répartir entre les

créanciers le patrimoine d'un insolvable, a appelé l'attention du législateur, dans le cas de faillite. Pour le faire cesser, il a établi des règles, dont l'effet est d'assurer en définitive aux créanciers des diverses classes, quelle que soit l'opération qui précède, le même résultat que si l'ordre avait précédé. V. C. com., art. 539-543; et n'hésitez pas d'en faire ici l'application.

131. A défaut de créanciers opposans, le prix des meubles et des immeubles est versé entre les mains de l'héritier bénéficiaire. Au reste, la faculté de conserver les meubles, et celle de toucher le prix des ventes, pouvant entraîner des abus, la loi, pour y obvier, permet aux intéressés d'exiger de l'héritier une caution solvable, à défaut de laquelle les meubles sont vendus, et les deniers déposés, pour être employés à l'acquit des charges de la succession. V. art. 807; et C. pr., 992-994.

132. L'héritier resté en possession des deniers de la succession est chargé, comme administrateur, d'acquitter les charges héréditaires, qui consistent principalement dans les dettes et les legs. Cet acquittement ne devant avoir lieu que jusqu'à concurrence de l'actif, il importe aux créanciers qui veulent être compris dans la distribution, de se faire connaître, comme on l'a vu ci-dessus, par une opposition, et d'empêcher par là qu'il ne soit procédé à aucun paiement hors de leur présence. Nul doute, au reste, que la faculté de former opposition n'appartienne également aux légataires. En cas d'opposition, l'intervention du juge est nécessaire; là s'applique ce que nous avons dit pour la distribution du prix des biens vendus. A défaut d'opposition, l'héritier

paie chacun, à mesure qu'il se présente, sans distinction entre les créanciers et les légataires. V. art. 808.

133. Du reste, nous savons que l'héritier est entièrement quitte en rendant compte et payant son reliquat (art. 803). Si donc des créanciers non opposans ne se présentent qu'après le compte apuré et soldé, ils n'ont rien à demander à l'héritier; seulement la loi leur accorde un recours, non contre les créanciers payés, *qui certant de damno vitando*, mais contre les légataires, *qui certant de lucro captando*. V. art. 809, al. 1. A plus forte raison ce recours appartiendrait-il à ceux qui se présenteraient avant l'apurement du compte et le paiement du reliquat, si ce reliquat se trouvait insuffisant pour les payer : au quel cas la première rédaction discutée au conseil d'état accordait recours subsidiaire même contre les créanciers (1).

Ce recours, au surplus, étant, sous certain rapport, exorbitant du droit commun, est assujetti à une prescription particulière; il ne dure que trois ans, à partir du paiement du reliquat. V. art. 809, al. 2; et remarquez que les termes de la loi appliquent cette disposition à deux cas, quoique la première partie de l'article n'en comprenne plus qu'un seul.

Ne doit-on pas considérer comme maintenue dans la pensée du législateur la disposition du projet qui accordait aux créanciers, s'ils se présentaient avant l'apurement du compte, un recours subsidiaire contre les créanciers payés à leur préjudice?

---

(1) Voy. Procès-verbal du Conseil d'état, séance du 16 niv. an XI, prem. rédaction, art. 97.

Cette proposition ne résulte-t-elle pas, *à contrario*, de ce que la loi applique uniquement aux créanciers qui se présentent après le paiement du reliquat, la disposition qui borne leur droit au recours contre les légataires ?

Quid à l'égard du créancier opposant au préjudice duquel des paiemens auraient été faits, soit qu'il réclame avant ou après l'apurement du compte et le paiement du reliquat?

134. Le compte de l'héritier se rend dans la forme ordinaire (C. pr., art. 995 ; v. *ibid.*, art. 527-542). On y alloue à l'héritier tous les frais dans lesquels il a été légitimement induit par son acceptation bénéficiaire, et qui ont été faits dans l'intérêt de tous ; ce qui comprend les frais de scellés, ceux de l'inventaire et du compte. V. art. 810.

SECTION IV.

Des successions vacantes.

135. D'après le principe de la saisine, il semble d'abord qu'une succession ne puisse être vacante qu'à défaut absolu de parens du défunt, soit qu'il n'en existe effectivement aucun, soit qu'ils aient tous successivement renoncé. Mais comme l'existence des héritiers peut être inconnue, et comme il importe à tous ceux qui ont des droits à exercer contre cette succession, qu'il soit pourvu légalement à son administration, la loi répute vacante une succession qui peut ne pas l'être effectivement. Il suffit pour cela qu'il n'y ait pas d'*héritiers connus*, ou que ceux-ci aient renoncé. Seulement, la loi exige que les délais généralement accordés aux héritiers pour prendre qualité se soient écoulés sans

que la succession ait été réclamée ; ce qui suppose absence de successeurs tant réguliers qu'irréguliers. Voy. art. 811 ; C. pr. 998.

Après la renonciation des héritiers du premier degré, si les héritiers des degrés ultérieurs sont connus, doit-on attendre leur renonciation pour réputer la succession vacante?

136. La succession vacante est pourvue d'un curateur par le tribunal de l'ouverture de la succession ; la nomination est requise par les intéressés ou par le ministère public. V. art. 812 ; C. pr. 998, 999.

137. L'administration de ce curateur est en général soumise aux mêmes règles que celle de l'héritier bénéficiaire. V. art. 813 et 814 ; C. pr. 1000-1002. Remarquons toutefois, 1° que le curateur ne peut, comme l'héritier bénéficiaire, conserver les meubles en nature (C. pr., art. 1000); 2° qu'il n'a pas le maniement des deniers ; il doit les faire verser dans une caisse publique (art. 813) : c'est aujourd'hui la caisse des consignations (ord. 3 juillet 1816 (1), art. 2, 13°) ; 3° l'inobservation des formes requises pour la vente des meubles ou des immeubles entraînerait nécessairement la nullité de ces ventes, puisqu'elles seraient faites alors sans pouvoir. Nous n'hésitons pas au contraire à décider que tout acte légalement fait avec le curateur serait valable et devrait être respecté par les héritiers qui se présenteraient ultérieurement, quoi-

---

(1) VII, B. 98, n° 876.

qu'il n'y eût pas eu de leur part, comme au cas des articles 462 et 790, une renonciation antérieure.

Le curateur ne répondrait-il, comme l'héritier bénéficiaire, que de ses fautes graves ?

CHAPITRE VI.

DU PARTAGE ET DES RAPPORTS.

138. Il arrive le plus souvent que la succession est dévolue à plusieurs héritiers. Il y a lieu alors à régler les droits, tant actifs que passifs, qui doivent compéter à chacun. Ce règlement, quant aux biens corporels, se fait par un partage; le partage comprend même les biens qui ne se trouvent point en nature dans la succession, mais qui doivent y être rapportés. Quant à la division des dettes et des créances, elle a lieu, en général, de plein droit. Quoi qu'il en soit, sous la rubrique du partage et des rapports, qui font l'objet des sections 1, 2, 4, 5, la loi comprend aussi les dispositions relatives au paiement des dettes; elles sont contenues dans la section 3.

SECTION I.

De l'action en partage et de sa forme.

§ I.

Quand a lieu l'action en partage.

139. Tous les héritiers deviennent copropriétaires par indivis des biens héréditaires. L'indivision forcée offre les plus graves inconvéniens; aussi nul ne peut-il être contraint à y demeurer. Ce principe est d'ordre public, et les particuliers ne peuvent, en général, y déroger. Cependant la volonté des copropriétaires peut en suspendre l'application pendant le temps fixé par la loi : ce temps est borné à cinq ans, sauf renouvellement. V. art. 815.

Le renouvellement pour cinq ans peut-il être fait d'avance?
Un testateur ne pourrait-il valablement prohiber le partage de la succession pendant cinq ans? Faut-il à cet égard distinguer si les héritiers ont droit ou non à une réserve?

140. L'indivision ne peut cesser que par un partage, qui doit avoir lieu de gré à gré ou par autorité de justice. Dans l'un et l'autre cas, la preuve devrait en résulter d'un acte écrit, ajoutons, ou de l'aveu des parties intéressées.

Cela posé, il est clair que la possession séparée de certains biens par un des cohéritiers ne constituant de sa part qu'une usurpation, n'empêche pas de provoquer le partage; à moins pourtant que cette possession ne soit suffisante pour acquérir la prescription : car la prescription, qui ne pourra jamais tendre à maintenir l'indivision, peut au contraire la faire cesser. V. art. 816 (nonobstant art. 2231). Du reste, il est évident que la prescription ne peut s'acquérir que par trente ans (art. 2262).

Quid si tous les cohéritiers ont possédé chacun séparément une partie de biens correspondante à leur part héréditaire?

Le cohéritier qui seul a joui séparément d'une partie de la succession, pendant le temps requis pour prescrire, pourrait-il demander le partage contre les autres qui sont restés dans l'indivision?

Si l'un des cohéritiers avait seul joui de la totalité de la succession, aurait-il prescrit l'action en partage, ou même l'action en pétition d'hérédité?

§ II.

De la capacité requise pour procéder au partage.

141. La question de capacité est envisagée dans les articles 817 et 818, principalement sous le rapport de l'exercice de l'action en partage, quand il s'agit de la diriger au nom d'un incapable. Il convient de reconnaître d'abord le principe qui a dicté les dispositions de la loi, et d'en faire l'application à la question générale de capacité pour procéder au partage, soit en demandant, soit en défendant. On se fixera en même temps sur quelques cas d'incapacité, que la loi n'a pas rappelés ici.

142. Le principe de notre droit français, qui répute le partage simplement déclaratif du droit antérieur de chaque copropriétaire dans la masse commune (art. 883),

n'empêche pas que cette opération ne constitue en réalité une sorte d'échange, et par conséquent une aliénation. Du moins est-il certain que le partage peut, en déterminant plus ou moins exactement la part de chacun, faire éprouver aux parties un préjudice semblable à celui qui résulterait d'une aliénation. Sous ce rapport, il en est du partage comme d'un jugement qui statue sur une question de propriété; et, d'après cela, il paraît raisonnable d'exiger, pour procéder au partage, la même capacité que pour plaider sur la propriété. Outre ces considérations, qui s'appliquent en général à la faculté de partager, il en est de particulières à celle de provoquer cette opération, dont l'opportunité n'est pas la même en toute circonstance. A cet égard, la loi, sans doute, peut être moins sévère que lorsqu'il s'agit de mettre en vente un bien, qui, de sa nature, était destiné à être conservé; mais on conçoit pourtant qu'elle peut exiger, pour la provocation du partage au nom d'un incapable, des conditions qui ne s'appliqueraient point au cas où l'incapable serait, au contraire, provoqué.

143. Cela posé, il est évident que le mineur non émancipé ou l'interdit, doit être ici, comme dans tous les actes, représenté par son tuteur (art. 450); d'où la nécessité, lorsque plusieurs mineurs, placés sous la même tutelle, ont dans le partage des intérêts opposés, de donner à chacun un tuteur spécial (art. 838, *in fin.*). En outre, s'il s'agit de provoquer le partage au nom du mineur ou de l'interdit, le tuteur devra être autorisé. V. art. 817, al. 1; art. 465; voy. aussi art. 840, où la

distinction ci-dessus doit être suppléée. Remarquez, au reste, que la délibération du conseil n'a pas ici, comme lorsqu'il s'agit d'aliéner, besoin d'être homologuée.

A l'égard du mineur émancipé, il procède par lui-même, mais avec l'assistance de son curateur (art. 840; voy. art. 482).

Le mineur émancipé ne devrait-il pas en outre obtenir, pour provoquer le partage, l'autorisation du conseil de famille? V. art. 484 et 465; voy. cependant, art. 840.

Si la succession est toute mobilière, le mineur émancipé ne pourrait-il pas procéder sans assistance? V. art. 482.

Dans le même cas, le tuteur du mineur ou de l'interdit ne pourrait-il pas provoquer le partage sans autorisation? Voy. art. 464.

144. D'après les principes exposés, on ne peut douter que la personne pourvue d'un conseil judiciaire, n'ait besoin de son assistance pour procéder au partage (Voy. art. 599, 513).

145. Les absens (bien entendu lorsqu'ils sont appelés à succéder, c'est-à-dire, lorsque leur existence au moment de l'ouverture de la succession est reconnue, V. art. 136), ont besoin, comme les mineurs ou les interdits, d'être représentés.

L'absent déclaré est représenté par les envoyés en possession, soit provisoire soit définitive, ou par l'administrateur légal (V. art. 134; nonobstant art. 128). Du reste, la loi accordant ici textuellement l'action aux envoyés en possession et par conséquent à l'administrateur légal, il n'est pas douteux que ceux-ci ne puissent aussi bien provoquer le partage que répondre à la demande dirigée contre eux. V. art. 817, al. dernier.

Quant aux présumés absens, nous savons qu'ils doivent être, dans les opérations relatives aux successions, et notamment dans le partage, représentés par un notaire (art. 113).

Le notaire pourrait-il provoquer le partage au nom du présumé absent?

146. A l'égard des successions échues aux femmes mariées, une distinction est nécessaire. Le mari, en sa qualité de chef de la communauté (art. 1421), peut, sans difficulté, procéder seul au partage des biens échus à sa femme, lorsque ces biens tombent dans la communauté. Quant aux biens de la femme qui ne tombent pas en communauté, il peut bien encore, en raison du droit qu'il a d'en jouir pour lui ou pour la communauté (art. 1401 2°, 1530), procéder à un partage provisionnel. Mais, pour faire un partage définitif, il faut le concours des deux époux. V. art. 818 ; voy. aussi articles 215, 217, 218, 219.

Quid si le mari refuse de procéder avec sa femme au partage des biens dont la jouissance appartient à la communauté ou au mari?

Sous le régime de la communauté, le mari ne pourrait-il pas procéder seul en justice au partage définitif d'une succession toute mobilière exclue de la communauté? V. art. 1428

Pourrait-il consentir seul, à l'amiable, le partage de cette succession?

En cas de séparation de biens, il est clair que la femme pourrait procéder seule, à l'amiable, au partage d'une succession mobilière. Que si la succession est immobilière, comme aussi dans tous les cas de partage judiciaire, la femme doit procéder sous l'autorisation du mari ou de justice (V. art. 1449, 1538, 215). La même règle s'appliquerait sans difficulté sous le régime dotal, si la succession était paraphernale (V. art. 1576).

Sous le régime dotal le mari ne peut-il pas procéder sans le concours de sa femme, au partage d'une succession dotale? V. art. 1549.

Si la succession est immobilière, le mari pourrait-il consentir au partage, ou le provoquer, sans permission de justice? V. art. 1554, *Gord.*, L. 2, Cod. *de fund. dot.* Mais voyez surtout art. 1558.

§ III.

Forme du partage.

147. Le partage en lui-même n'est assujetti à aucune forme particulière. Il peut s'opérer par une simple convention entre les copropriétaires. V. art. 819, al. 1.

Mais, 1° si quelqu'une des parties refuse de partager, ou si elles ne s'accordent pas toutes sur le mode de procéder au partage, et sur la manière de le terminer; 2° si parmi les parties il y a des mineurs, des interdits ou des non-présens, la loi prescrit l'emploi des formes nécessaires pour assurer autant que possible l'égalité qui doit régner entre les copartageans (art. 823, 838; et C. pr., art. 966, 984, 985).

Remarquons, à ce sujet, que l'emploi des mêmes formes pourrait paraître utile dans tous les cas où les copropriétaires n'ont pas la libre disposition de leurs biens (V. art. 499, 513, 1554); mais les inconvéniens d'un partage en justice, les frais et les lenteurs qu'il entraîne, ne permettent pas d'en admettre la nécessité, hors des cas expressément prévus.

148. Le partage, proprement dit, n'est que l'attribution à chaque cohéritier du lot qui doit lui revenir; mais l'action en partage comprend plusieurs opérations préliminaires qui trouvent ici naturellement leur place. A ce sujet, même, le législateur remontant jusqu'à l'ouverture de la succession, indique l'emploi de certaines mesures propres à assurer les droits, tant des copartageans que des autres intéressés.

149. Nous ne parlons ici qu'en passant de l'apposition des scellés et de l'inventaire, dont l'utilité et même la nécessité peuvent se faire sentir indépendamment de tout partage à faire, et qui en précèdent ordinairement la demande.

150. L'apposition de scellés peut, sous certaines conditions, être requise au moment même de l'ouverture de la succession, par tous ceux qui ont intérêt à la conservation des biens, et qui veulent prévenir les divertissemens; elle peut devenir nécessaire dans les cas où l'incapacité des héritiers exige l'emploi des formes judiciaires pour le partage. V. art. 819, 820; C. pr., art. 909, 910 et 911; et remarquez que l'apposition d'office requise par le Code civil, dans l'intérêt de tout mineur, ne l'est plus, et n'est pas même permise par le Code de procédure, si le mineur est pourvu de tuteur (C. pr. art. 911 1°).

Quid si le mineur est émancipé?

151. L'apposition de scellés entraîne, en général, la nécessité de faire inventaire, puisque les scellés ne sont levés sans description qu'autant que la cause d'apposition a cessé (C. pr., art. 937 et 940).

152. Les parties intéressées à la conservation des biens ont droit d'assister à la levée des scellés et par suite à l'inventaire. La loi désigne les personnes qui doivent y être appelées (C. pr., art. 931 3°). Tout créancier peut s'assurer, par une opposition, qu'il n'y sera pas procédé en son absence. V. C. civ., art. 821 ; et à ce sujet, C. pr., art. 932, 933, 934.

153. Il peut être également procédé, indépendamment de tout partage, et conséquemment avant comme après la demande, à la vente du mobilier et à celle des immeubles de la succession. Quoi qu'il en soit, nous suivrons ici le législateur, qui range ces ventes parmi les opérations du partage, et nous verrons plus bas quand et comment elles doivent avoir lieu.

154. La demande en partage s'introduit dans la forme ordinaire, et se porte devant le tribunal de l'ouverture de la succession, dont la compétence embrasse, non seulement toutes les opérations du partage, toutes les contestations qui peuvent survenir pendant leur cours, mais, en général, toutes les actions relatives à la succession indivise, et même celles qui se rattachent au partage fait. V. art. 822 ; C. pr., art. 59, al. 6.

155. Si le tribunal est saisi seulement de quelque contestation survenant dans un partage amiable, il n'y a point de formes particulières ; la loi se borne à prescrire que l'affaire soit jugée sommairement ; mais lorsque le

partage entier doit se faire en justice, c'est le cas de nommer un commissaire pour présider aux opérations qui s'y rattachent, et faire le rapport des contestations. V. art. 823. La forme de procéder est, au surplus, réglée par le Code de procédure, art. 966-985.

156. Les opérations préparatoires du partage qui suivent la demande comprennent, 1° la visite et l'estimation des immeubles (art. 824); 2° l'estimation des meubles (art. 825); 3° la vente des meubles et des immeubles, s'il y a lieu (art. 826 et 827); 4° les diverses opérations comprises sous le nom de liquidation, lesquelles sont renvoyées devant un notaire (art. 828).

157. La visite des immeubles se fait par experts choisis par les parties ou nommés par le juge. Cette visite ne tend pas seulement à en constater la valeur pour la formation de la masse, elle a encore pour objet de reconnaître si et comment ces biens peuvent être partagés; on jugera d'après cela s'il faut les comprendre en nature dans la masse partageable, ou les vendre par licitation. C'est dans cette vue que doit être rédigé le procès-verbal des experts. V. art. 824; C. pr., article 971.

158. L'estimation des meubles se trouve ordinairement dans l'inventaire qui précède la demande en partage (C. pr., art. 943, 3°). A défaut d'inventaire régulier, il est nécessaire de faire cette estimation pour le partage; dans tous les cas, il y est procédé par *gens à ce connaissant* (commissaires-priseurs ou experts); elle doit être faite *à juste prix*, ce qui tend à exclure la

pratique vicieuse de la *crue*. V. art. 825; v. aussi C. pr., art. 935 et 943 3°.

159. La vente des biens de la succession n'est pas toujours nécessaire. Il est naturel, en effet, que chacun des cohéritiers puisse exiger sa part en nature. Toutefois ce principe s'applique moins strictement aux meubles qu'aux immeubles. Les meubles doivent être vendus dans deux cas : 1° s'il y a des créanciers saisissans ou opposans, car la saisie amènerait toujours la vente; 2° indépendamment même de cette circonstance, la vente doit avoir lieu si la majorité la juge nécessaire pour l'acquit des charges. Dans les deux cas, la vente se fera publiquement. V. art. 826; et, à ce sujet, C. pr., art. 945-952.

A l'égard des immeubles, il ne suffit pas que la majorité veuille vendre. La vente ne peut, en général, avoir lieu que du consentement unanime des parties toutes capables, auquel cas elle n'est assujettie à aucune forme (C. pr., art. 953). Si les cohéritiers sont mineurs, il est clair qu'il faut, pour suppléer à leur volonté, l'observation des conditions généralement requises pour l'aliénation des biens de mineurs (C. pr., art. 954; v. C. civ., art. 457, 458). En outre, la vente doit se faire dans la forme réglée par le Code de procédure, art. 955-965. Mais le consentement des parties n'est pas nécessaire pour la vente, lorsque les immeubles ne peuvent se partager commodément. Il y a lieu alors à licitation devant le tribunal, ou, ce qui revient au même, devant un notaire à ce commis (v. art. 459). Il est clair, au surplus, que si les parties sont majeures, elles pourront, au lieu de faire commettre le notaire, s'entendre sur son choix. V. art. 827; v. aussi art. 1686, qui indique un second cas de licitation; mais ce cas, qui rentre absolument dans celui de vente par la volonté commune de tous les intéressés, ne fait point exception au principe de l'art. 826.

160. Après les estimations et les ventes, la masse se trouvant composée, soit des meubles ou immeubles en nature, dont la valeur est connue, soit du prix provenant de leur vente, il n'y aurait plus qu'à former les lots, et à en faire l'attribution à chacun, si les droits des intéressés étaient *liquides*. Aussi, en pareil cas, les experts qui procèdent à l'estimation d'immeubles à partager, doivent-ils procéder en même temps à la composition des lots qui est suivie du tirage au sort. V. C. pr., art. 975, qui sert à concilier l'article 466 avec l'article 838.

161. Mais il est possible que la masse, avant d'être partagée, doive subir quelque augmentation ou réduction, à cause des prestations dont les cohéritiers seraient tenus les uns envers les autres; ces prestations auraient pour cause les indemnités respectivement dues à raison de l'administration des biens indivis, les rapports auxquels les successibles donataires sont, en général, assujettis, les dettes et les créances que chacun pouvait avoir envers le défunt. Il y a lieu alors à faire une liquidation; ce qui comprend les comptes, rapports, formation de masses, prélèvemens, composition de lots et fournissemens. On renvoie pour cela les parties devant

un notaire choisi par elles, ou nommé d'office. V. art. 828 ; C. pr., 976.

162. Le compte établi, chacun fait rapport réel ou fictif des dons qu'il a reçus, ou des sommes dont il est débiteur. V. art. 829.

Le rapport fictif s'opère par un prélèvement au profit des autres héritiers. On sent que ce prélèvement doit être l'équivalent exact de la chose à rapporter. Voy. art. 830.

163. Les droits de chacun se trouvant ainsi ramenés à l'égalité, on procède à la composition des lots, dont le nombre doit égaler celui des têtes ou des souches copartageantes. V. art. 831.

Quid si les droits héréditaires des copartageans ne sont pas égaux?

164. Les règles sur la composition des lots tendent à y maintenir la plus stricte égalité, même relativement à la nature des biens qui doivent y entrer. On évite cependant le morcellement des héritages et la division des exploitations. V. art. 832. On atteint ce but par le moyen des soultes ou retours de lots. V. art. 833 ; et à ce sujet, art. 2103 3° et 2109.

165. Les lots composés, soit par un cohéritier, soit par un expert (V. C. pr., art. 978, 979), sont tirés au sort. V. art. 834. Mais préalablement chacun des intéressés doit être admis à proposer ses réclamations. Voy. art. 835. Et dans tous les cas il doit être rendu un jugement homologatif qui ordonne ce tirage (C. pr., articles 981, 982).

166. Les règles qui viennent d'être exposées pour le partage s'appliquent naturellement à la subdivision du lot échu à chaque souche, entre les diverses branches qui la composent. V. art. 836.

167. Formes à suivre en cas de contestations élevées dans le cours des opérations renvoyées devant un notaire. V. art. 837 ; C. pr., 977.

168. L'emploi des formes ci-dessus n'est, comme nous l'avons dit, nécessaire entre parties capables, qu'autant que celles-ci ne s'accordent pas sur le mode de procéder au partage. Du reste, elles peuvent également, et s'abstenir, dès le principe, des voies judiciaires, et les abandonner en tout état de cause, si elles viennent à s'accorder (C. pr., art. 985). Mais ces formes sont indispensables pour les mineurs, les absens et les interdits. V. art. 838, nonobstant art. 466.

169. Pareillement, à l'égard des mêmes incapables, la licitation, dans les cas où elle doit être ordonnée (voy. art. 827), est assujettie à toutes les formes et conditions requises pour l'aliénation des biens des mineurs; seulement il faut distinguer, quant à la nécessité de l'autorisation, si la licitation est provoquée au nom des incapables, ou contre eux (V. art. 460 ; C. pr., 954). Du reste, l'admission des étrangers, que tout colicitant peut en général exiger pour prévenir les fraudes, est ici de droit. V. art. 839, 460, 1687.

170. Les formes prescrites par la loi offrant une garantie suffisante pour suppléer, dans l'intérêt des copartageans, à la capacité qui pourrait manquer à tous ou à quelques uns d'eux, la loi déclare définitifs les par-

tages faits de cette manière avec des incapables dûment représentés ou assistés (V. ci-dessus, n°s 143-145). *Ils ne sont que provisionnels si les règles prescrites n'ont pas été observées.* V. art. 840, 466 et 1314.

En déclarant provisionnels les partages dans lesquels les formes n'ont pas été observées, la loi rend-elle inapplicables aux partages les principes ordinaires en matière de minorité ou interdiction?

Les parties capables qui ont volontairement partagé avec un incapable, seront-elles toujours reçues à demander un nouveau partage (nonobst. art. 1125)?

L'incapable ne pourra-t-il pas obtenir la nullité entière de ce qui aura été fait contre le prescrit de la loi?

§ IV.

Du droit appelé par quelques auteurs retrait successoral.

171. Le partage d'une succession est une opération de famille, dans laquelle il importe de ne pas laisser pénétrer des spéculateurs avides, qui, poussés par un esprit de cupidité, viendraient souvent y porter le trouble. De là le droit accordé par la loi aux héritiers, d'écarter, en les désintéressant, les cessionnaires de droits successifs. V. art. 841; et remarquez,

1° Que pour être dans le cas de cette exclusion, il faut, d'après les termes de la loi, n'être pas successible du défunt, être cessionnaire d'un cohéritier, et cessionnaire d'un droit à la succession;

2° Que pour pouvoir exercer le retrait successoral, il faut être cohéritier du cédant;

3º Que ce droit, commun à tous les cohéritiers, peut être exercé par un seul ;

4º Enfin, que la loi ne permet d'écarter le cessionnaire que par le remboursement effectif du prix de la cession.

Le mot *successible* et le mot *cohéritier* ne doivent-ils s'entendre ici que des parens appelés à la succession *ab intestat?*

L'héritier qui exerce seul le retrait doit-il en communiquer le bénéfice à ses cohéritiers, en se faisant tenir compte par eux du prix qu'il a remboursé?

Le cessionnaire écarté n'a-t-il droit qu'au prix principal de la cession? V. art. 1699.

Quid si la cession est à titre gratuit?

Quid si le prix de cette cession ne consiste pas en argent?

Quid si le prix déclaré dans l'acte de cession est de beaucoup supérieur à la valeur réelle? Peut-on prouver que le prix déclaré n'est pas le prix véritable de la cession?

§ V.

De l'exécution du partage.

172. Le partage se termine par le tirage des lots au sort; l'exécution consiste dans leur délivrance, qui doit suivre immédiatement (C. pr., art. 982). Cette délivrance comprend la remise à faire à chacun, des titres et papiers qui le concernent. Quant aux titres communs à plusieurs ou à tous les cohéritiers, il faut bien en attribuer la garde à un seul, mais l'usage doit en appartenir à tous les intéressés. Le gardien est indiqué par la loi à raison d'un intérêt plus grand, si non il est choisi par tous, ou nommé par justice. V. art. 842.

SECTION II.
Des rapports.

173. Le rapport est, comme nous l'avons vu, une des opérations préparatoires du partage (art. 829). Il a deux objets différens : 1° les dons faits à l'un des cohéritiers par le défunt ; 2° les sommes dont chacun peut être débiteur. C'est uniquement sous le premier point de vue qu'il est envisagé dans cette section.

§ 1.
Du rapport en général, et quand il est dû.

174. Le rapport tire son origine du droit romain, où le préteur l'avait introduit pour rétablir l'égalité entre les enfans restés dans la famille et les enfans émancipés. L'émancipation ayant procuré aux uns l'avantage d'acquérir pour eux-mêmes, tandis que leurs frères restés en puissance avaient acquis pour le défunt et enrichi la succession, il avait semblé juste, en accordant aux émancipés la possession de biens *contrà tabulas* ou la possession *undè liberi*, de leur faire rapporter à la masse tout ce dont ils l'auraient enrichie s'ils étaient restés dans la famille. Ils rapportaient donc, dans le principe, non seulement ce qui leur avait été donné par le père de famille, mais généralement tout ce qu'ils avaient acquis depuis leur émancipation jusqu'à la mort de l'émancipateur. V. *Ulp.*, L. 1, ff. *de coll. bon.*

175. Dans les mêmes vues d'égalité, la fille émancipée

ou non, venant à la succession *ab intestat*, ou à la possession de biens, était obligée de rapporter la dot qu'elle avait reçue du père de famille (V. *Ulp.*, L. 1, ff. *de dot. coll.*; *Diocl.* et *Max.*, L. 12, *Cod.*, *de coll.*). Successivement cette obligation fut étendue à la fille dotée par un ascendant quelconque; elle s'appliqua même aux enfans mâles qui avaient reçu d'un ascendant une donation *propter nuptias* (V. *Léon*, L. 17, *Cod.*, *de coll.*). Enfin ce rapport des dots et des donations *propter nuptias*, entraîna, pour les autres enfans ou descendans, l'obligation réciproque de rapporter ce qu'ils avaient reçu à un autre titre (V. *Just.*, L. 20, § 1, *Cod.*, *de coll.*) Justinien étendit même le rapport de la dot et des donations, à la succession testamentaire, si le testateur n'avait exprimé une volonté contraire (Nov. 18, chap. 6).

176. Ces dispositions, suivies en pays de droit écrit, furent diversement appliquées, étendues ou modifiées par les coutumes. La plupart d'entre elles fondaient l'obligation du rapport sur la nécessité de maintenir l'égalité entre les enfans ou descendans (Cout. de Paris, art. 303). Dès lors l'obligation du rapport, bornée dans son application à la ligne directe descendante (*ibid.*, art. 301), comprenait en général les donations entre-vifs, quelle que fût leur nature, nonobstant toute volonté contraire (*ibid.*, art. 304), sauf seulement pour l'enfant ou descendant donataire la faculté de renoncer à la succession pour s'en tenir à son don (*ibid.*, art. 307). En outre, un grand nombre de coutumes, sans distinguer entre les lignes directe et collatérale, établis-

saient en principe l'incompatibilité des titres d'héritier et de légataire (*ibid.*, art. 300).

177. Le rapport, dans notre Code, a un principe différent. Aujourd'hui, en effet, la volonté de l'homme peut toujours, dans de certaines limites (V. art. 913-916), intervertir l'ordre légal des successions; elle peut conséquemment établir des préférences entre les parens que la loi plaçait sur la même ligne (V. art. 919), comme elle pourrait substituer à ces parens des successeurs entièrement étrangers; mais cette volonté, du moins, ne doit pas facilement se présumer; et la loi voit toujours de bon œil le maintien de l'égalité entre les héritiers appelés par elle.

C'est d'après ce vœu d'égalité, qu'elle suppose, en général, que les dons ou legs faits par un parent quelconque à l'un des successibles, n'ont pas dû, dans l'intention du donateur ou testateur, se cumuler avec la portion héréditaire, mais qu'ils ont été considérés par lui, ou comme une simple avance sur ce qui doit revenir un jour à l'héritier dans le partage général, ou comme devant tenir lieu à ce parent de sa portion héréditaire. De là le principe qui oblige tout héritier venant à une succession à rapporter à ses cohéritiers les dons entre-vifs qu'il a reçus du défunt, même indirectement. Le même principe prive l'héritier du droit de réclamer les legs à lui faits; le tout, bien entendu, s'il n'y a dispense, mais dispense expresse du donateur ou testateur. V. art. 843. Cette dispense, au surplus, peut être accordée par un acte postérieur; mais c'est alors une nouvelle libéralité, soumise aux règles établies sur la forme des dispositions à titre gratuit (art. 919).

178. La faculté de dispenser du rapport son héritier légitime, reposant sur le droit qu'on aurait de disposer irrévocablement de ses biens au profit même d'un étranger, est nécessairement renfermée dans les mêmes limites. Cette dispense ne saurait donc empêcher la réduction à la quotité disponible et le rapport de l'excédant. V. art. 844.

179. En l'absence même de dispense, la loi, respectant le caractère de l'acte, ne va pas jusqu'à refuser à la libéralité, soit entre-vifs, soit testamentaire, dont le successible a été l'objet, l'exécution dont elle serait susceptible au profit d'un étranger. Seulement elle ne suppose pas cette libéralité destinée à se cumuler avec la part héréditaire. Il est donc toujours permis au successible de demeurer donataire ou légataire, en renonçant à la succession; mais, bien entendu que le don ou legs ne peut jamais valoir que jusqu'à concurrence de la quotité disponible. V. art. 845.

Ne faut-il pas, pour que le don ou legs soit réductible, qu'il excède tout à la fois, et la quotité disponible, et la part qui appartiendrait au renonçant dans la réserve? V. art. 924.

§ II.
Par qui est dû le rapport et à quelle succession.

180. Le rapport est dû par l'héritier donataire, et n'est dû que par lui.

188. Il est dû par l'héritier donataire, lors même que

n'étant pas héritier présomptif au jour de la donation, il ne pouvait alors être réputé recevoir en avancement d'hoirie. On présume que la donation n'aurait pas eu lieu, ou n'aurait été faite qu'à ce titre, si l'on eût prévu qu'il deviendrait héritier. V. art. 846.

182. Le rapport n'est dû que par l'héritier donataire ; de là, plusieurs conséquences.

183. 1° Quoique le don fait au fils puisse facilement être présumé fait en considération du père ou même en son acquit, le père successible ne rapporte pas le don fait à son fils. C'est en ce sens que l'on dit que le don est réputé fait *avec dispense de rapport*. Il est évident que cette dispense ne peut s'appliquer qu'au père, puisque le fils, qui n'est pas successible, n'en a pas besoin. V. art. 847.

184. 2° Quoique le fils profite, comme héritier de son père, du don fait à celui-ci, il ne rapporte pas ce don à la succession du donateur, s'il y vient de son chef. Mais lorsqu'il représente le donataire, il doit dans tous les cas le rapport, comme le devrait le représenté s'il vivait. Il le doit, conséquemment, dans le cas même où sa renonciation à la succession de son père l'aurait empêché de profiter du don. V. art. 848.

Quid si le petit-fils ou neveu donataire vient à la succession par représentation du fils ou frère qui n'a rien reçu ? Doit-il alors le rapport ?

L'arrière-petit-fils ou le petit-neveu venant à la succession par représentation de son grand-père qui n'a rien reçu, doit-il rapporter ce qui a été donné à son père prédécédé ?

185. 3° Le conjoint ne rapporte pas ce qui a été

donné à son conjoint. En effet, quand on devrait le considérer comme étant lui même donataire par son époux, le don lui serait réputé fait avec dispense de rapport. Mais le don fait conjointement au successible et à son époux, ou au successible seul, doit être, par celui-ci, rapporté pour moitié ou pour la totalité. Voy. art. 849.

186. Le rapport n'est dû qu'à la succession du donateur. V. art. 850. Concluez de là que le donataire, venant à la succession de l'héritier du donateur, ne sera pas tenu au rapport.

Faut-il en conclure aussi qu'une dot constituée ou fournie par un seul des deux parens mariés en communauté, doive toujours être rapportée exclusivement et en totalité à la succession de ce parent? V. art. 1438, 1439.

§ III.

De quoi est dû le rapport.

187. Le principe général est que l'héritier doit rapporter tout ce qu'il a reçu directement ou indirectement (art. 843). Ainsi il n'est pas nécessaire qu'il y ait eu donation entre-vifs proprement dite. Cette expression, employée dans l'art. 843, doit s'entendre de tout avantage direct ou indirect conféré au successible par le défunt, de son vivant.

Dans quels cas l'héritier sera-t-il censé avoir reçu indirectement?

Quid si le défunt a fait un prêt à son successible?
Quid s'il l'a cautionné?

Quid s'il a renoncé à son profit à une succession avantageuse ?

Quid à l'égard des donations prétendues faites par personnes interposées, ou déguisées sous la forme d'un contrat onéreux, lorsqu'elles n'excèdent pas la quotité disponible ?

188. Au reste, la règle posée par l'article 846 est sujette à plusieurs exceptions ou modifications.

Et d'abord, toute dépense faite par le défunt dans l'intérêt du successible ne constitue pas un avantage sujet à rapport. Il semble raisonnable de distinguer celles de ces dépenses qui, par leur nature, doivent être réputées prises sur le capital, et celles qui doivent au contraire avoir été acquittées sur le revenu. Cette distinction, appuyée sur la disposition contenue en l'article 856, nous paraît consacrée par les articles 851 et 852.

Ainsi, on doit considérer, en général, comme pris sur le capital, ce qui a été employé pour l'établissement d'un successible, ou pour le paiement de ses dettes. La loi en ordonne donc avec raison le rapport. C'est, au contraire, selon nous, parce que les diverses dépenses énumérées dans l'art. 852, se prennent ordinairement sur le revenu, qu'on n'y voit point un avantage sujet à rapport. V. art. 851, 852.

Faut-il conclure de l'article 851 que toute somme fournie pour l'établissement d'un successible, ou payée en son acquit, soit réputée donnée en avancement d'hoirie, qu'elle ne puisse conséquemment être réclamée avant l'ouverture de la succession, et que le successible puisse en renonçant se dispenser d'en tenir compte ?

Le rapport serait-il dû pour les intérêts, arrérages, loyers, payés en l'acquit du successible ?

Quid à l'égard des sommes payées pour racheter le successible du service militaire ?

Les frais d'étude dans les facultés sont-ils tous considérés comme frais d'éducation ?

Doit-on, pour appliquer l'article 852, distinguer si les dépenses dont il s'agit sont ou non proportionnées à la fortune de celui qui les fait ?

189. Il ne faut pas confondre avec les dons faits au successible les bénéfices dont le défunt aurait pu lui procurer l'occasion sans rien lui donner du sien. Ainsi, les conventions entre une personne et son successible étant en général valables, les profits retirés par suite de ces conventions ne constituent pas des libéralités sujettes à rapport. Il en peut être autrement lorsque c'est la convention elle-même qui présente l'avantage. Voy. art. 853.

Ces principes s'appliquent aux associations entre le défunt et son héritier. Les gains qu'aura pu faire l'héritier associé ne sont pas rapportables, si l'association a été faite sans fraude. Mais ce fait ne peut être vérifié que par l'examen des conditions sous lesquelles l'association a été souscrite ; c'est pour cela que la loi exige qu'elles aient été réglées par acte authentique. V. art. 854 ; voy. aussi art. 1840.

Si le défunt n'a pas laissé d'héritiers à réserve, l'association faite avec l'un de ses successibles peut-elle jamais être attaquée par les autres comme frauduleuse ?

La convention qui présente un avantage indirect frauduleux, doit-elle être annulée pour le tout, ou l'avantage seulement qu'elle contient est-il sujet à rapport?

Toute association non prouvée par acte authentique est-elle par là même réputée frauduleuse, et les profits doivent-ils être rapportés?

190. Le principe même de l'obligation du rapport, qui ne tend qu'à attribuer à tous les héritiers les droits qu'ils auraient eus, s'il n'avait été fait aucun avancement d'hoirie, ne permet pas d'assujettir au rapport l'immeuble péri par cas fortuit. V. art. 855.

La règle s'appliquerait-elle au cas où l'immeuble péri avait été vendu par l'héritier?

Ne devrait-on pas distinguer alors si la perte de l'immeuble est antérieure ou postérieure à l'ouverture de la succession? V. art. 860.

191. Le même motif qui fait affranchir du rapport les avantages qui n'ont coûté au défunt qu'un sacrifice de revenus (V. art. 852), s'oppose à ce qu'on y soumette les fruits naturels ou civils produits par la chose donnée, du vivant du donateur. On peut, en effet, raisonnablement supposer que si le défunt avait perçu lui-même ces fruits, il les aurait dépensés, et que sa succession n'en serait pas plus riche. V. art. 856.

Quid si la donation consiste dans un usufruit?

Quid si elle consiste dans une rente perpétuelle ou viagère constituée par le donateur sur lui-même? L'héritier donataire ne peut-il pas, dans ce dernier cas, réclamer même les arrérages échus du vivant du défunt qui ne lui ont pas été payés?

§ IV.
A qui est dû le rapport.

192. Le rapport n'a d'autre but que de maintenir l'égalité entre les héritiers ; c'est uniquement dans l'intérêt de cette égalité que les dons sont réputés n'avoir eu lieu qu'en avancement d'hoirie. A l'égard de toutes autres personnes les dons faits à un successible ne doivent donc pas être moins irrévocables que s'ils étaient faits a un étranger. Ainsi le rapport n'est dû que par le cohéritier à son cohéritier. Il n'est pas dû aux créanciers et légataires. V. art. 857.

Les créanciers personnels d'un des héritiers ne peuvent-ils pas demander le rapport du chef de leur débiteur? Voy. article 1166.

Le même droit n'appartient-il pas aux créanciers de la succession devenus créanciers de l'héritier par son acceptation pure et simple?

De ce que le rapport n'est pas dû aux créanciers et légataires, faut-il conclure seulement qu'ils ne peuvent le demander, ou faut-il dire également qu'ils ne profitent même pas du rapport effectué?

Si les légataires ne doivent pas profiter du rapport, ne s'ensuit-il pas que les dons faits aux héritiers à réserve, quoiqu'ils soient effectivement rapportés, doivent s'imputer sur la quotité disponible, qui par là sera le plus souvent insuffisante pour l'acquittement des legs? V. art. 922, 925.

Les légataires universels peuvent-ils se contraindre respectivement au rapport?

§ V.

En quoi consiste l'obligation du rapport. — Comment s'opère le rapport. — Quels sont ses effets.

193. L'obligation du rapport a pour but de replacer la succession à laquelle le rapport est dû dans le même état que si l'avancement d'hoirie n'avait pas eu lieu. On peut arriver à ce résultat d'une manière plus ou moins exacte, soit en forçant le successible donataire à remettre dans la masse partageable le don qu'il a reçu, c'est le rapport en nature, soit en l'obligeant à précompter sur sa portion héréditaire le montant de ce don, c'est le rapport en moins prenant, qui, comme nous l'avons vu, s'exécute ordinairement par un prélèvement accordé aux autres héritiers. V. art. 858.

La loi détermine les cas où le rapport a lieu en nature, et ceux où il a lieu en moins prenant; mais avant d'entrer dans aucun détail à cet égard, il convient de se fixer sur la nature et l'objet de l'obligation du rapport.

194. En combinant avec les anciens principes les diverses dispositions du Code sur le mode et les effets du rapport, on arrive à cette théorie, à l'aide de laquelle tout nous paraît pouvoir s'expliquer.

L'obligation du rapport se contracte au moment même de la donation, sous la condition suspensive que le donataire viendra à la succession du donateur. Cette condition, d'après les principes adoptés, doit être réputée accomplie du moment même où le donataire est saisi par l'ouverture de la succession, pourvu, bien entendu, qu'il ne détruise pas par une renonciation les effets de la saisine. Ainsi, jusqu'à l'ouverture de la succession, le donataire est débiteur conditionnel; il est véritablement débiteur du jour de l'ouverture de la succession. Il s'acquitte de son obligation au moment du partage.

Quant à l'objet de l'obligation, il diffère suivant que les biens donnés sont meubles ou immeubles. Le donataire d'immeubles contracte, en général, sous la condition ci-dessus, l'obligation de rapporter la chose même qu'il reçoit. Par conséquent sa dette a pour objet un corps certain. Au contraire, le donataire de mobilier contracte dès le principe, toujours sous la même condition, l'obligation de rapporter, non les effets mobiliers eux-mêmes, mais leur valeur actuelle. Sa dette, par conséquent, a pour objet une quantité : cette différence est surtout importante quant à la question des risques.

195. Il semble résulter de ce qui précède que les immeubles devraient toujours être rapportés en nature.

Mais, d'une part, les cohéritiers n'y ont pas d'intérêt quand ils trouvent dans la succession d'autres immeubles pour leur former des lots aussi avantageux; ils n'ont donc pas le droit de l'exiger. V. art. 859.

D'autre part, et indépendamment de cette circonstance, l'intérêt qu'ont les cohéritiers à recouvrer la chose en espèce plutôt qu'en équivalent, n'a pas paru assez puissant pour balancer celui des tiers acquéreurs, que la loi est toujours disposée à favoriser, ni celui du cohéritier donataire, que l'éviction de ces acquéreurs exposerait à des recours en garantie. Ainsi, le rapport de l'immeuble aliéné avant l'ouverture de la succession n'a lieu également qu'en moins prenant. V. art. 859, et 860, *ppio*.

Les tiers acquéreurs pourraient-ils être attaqués si l'immeuble aliéné excédait la portion héréditaire de leur vendeur, comme ils le pourraient certainement s'il excédait la quotité disponible?

196. Du reste, l'aliénation faite par l'héritier n'ayant pu détruire ni changer son obligation, ce n'est point le prix de l'aliénation qui doit être rapporté, c'est la valeur réelle du bien. V. art. 860, *in fin*. Mais remarquez que, contrairement au principe posé en l'article 1245, la loi considère cette valeur, non pas au temps du partage, mais au moment de l'ouverture de la succession.

Ne faut-il pas conclure de là qu'au cas prévu d'aliénation de l'immeuble sujet à rapport, l'obligation conditionnelle de corps certain se réalise, au moment de l'ouverture de la succession, en une obligation de quantité.

Lorsque l'immeuble non aliéné se rapporte en moins prenant, la valeur à précompter doit-elle également se régler sur l'époque de l'ouverture de la succession? n'est-ce pas plutôt la valeur au temps du partage?

197. De quelque manière que s'opère le rapport, la succession devant être remise au même état que si le bien fût resté entre les mains du défunt, il est clair qu'il doit être fait compte, de part et d'autre, des impenses, améliorations, dégradations ou détériorations, provenant du fait de l'héritier qui rapporte ou de ses ayant-cause (art. 861-864).

Ainsi, l'on tient compte à l'héritier des impenses utiles, mais seulement jusqu'à concurrence de la plus-value existante *au temps du partage.* V. art. 861.

Il lui est tenu compte, indépendamment de toute plus-value, des impenses nécessaires, qui améliorent toujours, en tant qu'elles empêchent la détérioration. V. art. 862.

De son côté il doit compte des dégradations ou détériorations provenant de son fait ou de sa négligence. V. art. 863.

Dans ces comptes respectifs, on fait entrer les améliorations ou détériorations provenant du fait des acquéreurs de l'immeuble aliéné; en ce sens, que le rapport ayant toujours pour base la valeur réelle de l'immeuble à l'époque déterminée par la loi, on augmente cette valeur du montant des dégradations, ou la diminue de celui des améliorations, soit qu'elles proviennent du fait de l'héritier, ou du fait de ses acquéreurs. Voy. art. 864.

Comment concilier l'art. 861 qui ne fait tenir compte des améliorations qu'en égard à la plus value existante au temps du partage, avec l'art. 860 qui fixe le montant du rapport de l'immeuble aliéné, à sa valeur, à l'époque de l'ouverture?

Dans tous les cas, la succession qui a droit aux fruits du jour de l'ouverture (art. 856), ne devrait-elle pas tenir compte des améliorations existantes à cette époque, lors même que l'augmentation de valeur ne subsisterait plus à l'époque du partage?

198. L'obligation du rapport se contractant dès le principe sous la condition que le donataire deviendra héritier du donateur, et le rapport des immeubles étant dû en essence et en espèce, l'événement de la condition

doit naturellement résoudre la propriété du donataire, et avec elle doivent s'évanouir tous les droits qu'il a pu conférer sur le bien (V. art. 1179, 1183, 2125). La loi, il est vrai, déroge à cette règle en maintenant les aliénations, et dispensant, à cet effet, de rapporter en nature le bien aliéné, mais elle n'a pas attaché la même faveur à la conservation des charges et hypothèques. Elle autorise seulement les intéressés à intervenir au partage pour s'opposer à un rapport en nature qui ne serait pas nécessaire (V. art. 859), et pour se préserver par là du grave préjudice que ce rapport leur causerait. V. art. 865; et, à ce sujet, art. 1166 et 882.

L'usufruit et les servitudes constitués par le donataire s'éteignent-ils par le rapport en nature?

Si le bien rapporté en nature tombe ensuite dans le lot du cohéritier qui l'a rapporté, les hypothèques revivent-elles?

199. Si l'intérêt même des créanciers n'est pas assez puissant pour dispenser l'héritier du rapport en nature, dans le cas où ce rapport peut d'ailleurs être exigé, à plus forte raison, l'intérêt de l'héritier lui-même, qui par suite d'une disposition par préciput est autorisé à conserver une partie du bien donné, dans les limites de la quotité disponible, n'est-il pas un motif suffisant pour le préserver du retranchement en nature de l'excédant. Il faut seulement, pour que ce retranchement ait lieu, qu'il puisse s'opérer commodément.

Dans le cas contraire, le bien, au lieu d'être licité, est retenu ou rapporté en totalité, sauf indemnité de part ou d'autre, suivant que l'excédant dû à la succession est plus ou moins considérable que la portion qui doit rester à l'héritier donataire. V. art. 866; et remarquez que dans le cas même où le retranchement peut s'opérer commodément, il ne peut cependant être exigé en nature, s'il existe dans la succession d'autres immeubles pour former les lots des autres cohéritiers (V. art. 924; et, à ce sujet, art. 859).

Quid si l'excédant et la quotité disponible sont de valeur égale?

Quid, au cas de l'art. 924, si l'excédant à retrancher, plus fort que la quotité disponible, est plus faible que cette portion réunie à la portion héréditaire que le donataire a droit de retenir?

200. Une dernière règle relative au rapport en nature se fonde sur le principe d'équité qui, dans tous les cas d'obligations réciproques procédant d'une même cause, ne permet pas à l'une des parties de contraindre l'autre à l'exécution, si de son côté elle ne remplit son engagement. L'obligation du cohéritier donataire envers la succession, et celles de la succession envers lui, rentrant précisément dans cette catégorie, il est juste que le cohéritier puisse retenir la possession du bien sujet à rapport jusqu'au paiement effectif des indemnités. V. art. 867.

201. Nous avons vu que le donataire de mobilier ne contracte pas l'obligation de rapporter en essence et en espèce les objets mêmes qu'il reçoit; il en devient au contraire propriétaire incommutable, sous l'obligation conditionnelle d'en rapporter la valeur. Ce principe,

fondé en partie sur la dépréciation que les meubles subissent par l'usage, en partie sur ce qu'ils sont en général, plus que les immeubles, susceptibles de se remplacer en argent, produit deux conséquences : 1° le rapport du mobilier ne se fait qu'en moins prenant ; 2° il se fait sur le pied de la valeur lors de la donation. Cette valeur, au reste, doit être fixée par un état estimatif (art. 948). A défaut de cet état il y a lieu à estimation par experts. Dans ce cas comme dans tous, l'estimation doit être faite à juste prix. V. art. 868.

La règle de l'art. 868 s'applique-t-elle au mobilier incorporel? Une rente, une créance, ne pourraient-elles pas être rapportées en nature, ou sur le pied de leur valeur, soit au temps de l'ouverture de la succession, soit au temps du partage?

Quid à l'égard d'un office, *puta* d'une charge d'avoué ou de notaire? Si l'office a été supprimé serait-il dû rapport?

202. Le principe qui met le mobilier donné en avancement d'hoirie aux risques du donataire, souffrirait exception à l'égard de la dot mobilière, constituée par le père à sa fille. V. art. 1573, qui sera expliqué et analysé en son lieu.

203. Il n'y a aucune difficulté pour le rapport de l'argent comptant. Il est clair qu'il peut se faire en nature ; mais la loi ne l'exige jamais, ainsi elle laisse au donataire le droit d'abandonner à ses cohéritiers, à défaut de numéraire, d'abord du mobilier, et subsidiairement des immeubles jusqu'à due concurrence. Voy. art. 869, nonobst. art. 830.

L'héritier donataire de mobilier ne doit-il pas être réputé

débiteur de numéraire, et ne faut-il pas dès lors lui appliquer l'art. 869?

SECTION III.

Du paiement des dettes.

204. L'universalité des biens se diminue de plein droit de l'universalité des dettes. D'un autre côté, l'héritier, continuateur de la personne, ne continue pas seulement la propriété et les droits du défunt; il continue également ses obligations. Ces principes reçoivent leur application aussi bien quand l'universalité est dévolue à plusieurs que quand elle l'est à un successeur unique; leur force est la même, soit qu'un seul héritier continue la personne, soit que le défunt laisse un nombre quelconque d'héritiers. En effet, chaque portion de l'universalité se trouve diminuée d'une portion correspondante de dettes; et chaque héritier continuant en quelque sorte une fraction de la personne, continue par là même une fraction de ses obligations. Du reste, c'est ici le lieu de rappeler la différence déjà indiquée entre les biens corporels de la succession, et les dettes actives et passives qui en font partie. Ces dernières, à moins qu'elles n'aient pour objet une chose ou un fait indivisible, ne sont jamais communes entre les héritiers. Chacun devient immédiatement créancier ou débiteur d'une part déterminée dans chacune (art. 1220); conséquemment, les dettes n'ont pas besoin d'être comprises dans le partage (*Gord.*, L. 6, *Cod., fam. ercisc.*). Cependant les cohéritiers peuvent les y comprendre (V. art. 832); mais alors le partage n'a pas pour effet de rendre chacun personnellement créan-

cier ou débiteur de la dette entière tombée dans son lot. L'héritier auquel échoit la dette ou la créance n'est toujours, pour ce qui excède sa portion, que l'ayant-cause de ses cohéritiers. V. *Ulp.*, L. 2, § 5, *Gaius*, L. 3, ff. *fam. ercisc.* Nonobstant art. 883.

Après ces notions préliminaires, il s'agit d'abord de déterminer la part de chaque héritier dans les dettes et charges de la succession. A cet égard, il y a deux choses à considérer : 1° la contribution des héritiers entre eux, c'est-à-dire la part que chacun doit supporter en définitive, respectivement à ses cohéritiers et co-successeurs; 2° la manière dont chacun est tenu envers les créanciers de la succession.

205. Quant à la contribution, chaque-quote part de biens devant être chargée de la même quotité de dettes, il s'ensuit que tout successeur universel, soit héritier, soit légataire, doit contribuer au passif proportionnellement à sa part dans l'actif. V. art. 870, 871; voy. aussi art. 1009, 1012, 612. Du reste, c'est, selon nous, avec intention que le législateur, pour rendre cette idée, emploie deux expressions différentes : l'héritier tenu *ultrà vires* contribue *à proportion de ce qu'il prend* (art. 870); tandis que la contribution du légataire, qui ne doit jamais excéder son émolument, est réglée *au prorata de cet émolument* (art. 871).

206. A l'égard du successeur particulier, le bien auquel il succède ne peut l'obliger à aucune contribution, puisque la charge des dettes ne pèse sur aucun bien déterminément. Seulement le légataire subirait réduction en cas d'insuffisance du patrimoine. Il est bien entendu

qu'il subirait également, dans tous les cas, l'effet ordinaire de l'hypothèque. V. art. 871 *in fin.*, 1024, 611.

Le recours réservé par l'art. 809 aux créanciers non payés contre les légataires, est-il borné au cas de bénéfice d'inventaire?

207. Le mode de contribution aux dettes peut, au reste, être changé par les clauses du partage, en telle sorte, qu'un seul, par exemple, des copartageans soit obligé envers les autres à l'acquittement de la dette entière, cette obligation pourra notamment être imposée pour le service d'une rente à laquelle des immeubles de la succession seraient affectés par hypothèque spéciale.

Dans ce cas, le législateur, frappé des inconvéniens auxquels l'hypothèque pourrait exposer l'héritier dans le lot duquel tomberait l'immeuble grevé, donne d'abord à chacun le moyen de s'y soustraire en exigeant le remboursement avant la formation des lots. Mais si personne n'exige ce remboursement, qui d'ailleurs n'est pas toujours possible (art. 530, 1911), la loi elle-même indique un autre moyen d'atteindre le même but, c'est de charger seul du service de la rente l'héritier dans le lot duquel tombera l'immeuble, en le désintéressant à l'avance, par la déduction du capital de la rente sur la valeur estimative pour laquelle l'immeuble sera compris dans le partage. V. art. 872.

Quid si l'immeuble n'est pas grevé d'une rente, mais d'une dette exigible actuellement ou à terme?

Quid si tous les immeubles sont grevés d'une hypothèque générale pour le service de la rente?

208. La contribution aux dettes ainsi fixée, nul doute, dans notre droit, que chacun des contribuables ne puisse être directement actionné par les créanciers pour le montant de sa portion contributoire (V. art. 1009, 1012). Mais cette faculté, accordée aux créanciers, n'est nullement exclusive des actions qu'ils peuvent, à d'autres titres, diriger contre les héritiers, soit comme continuateurs de la personne, soit comme détenteurs de biens hypothéqués. V. art. 873.

209. Comme continuateurs de la personne, les héritiers sont personnellement tenus des engagemens du défunt. Cette obligation pèse sur chacun, non en raison de la part qui lui revient effectivement dans les biens, mais en raison de celle qu'il a dans la représentation de la personne (art. 1220). A cet égard, nous pensons que les héritiers saisis sont seuls continuateurs de la personne, et que chacun la représente pour sa portion héréditaire, qui reste toujours la même, quoiqu'une partie, et peut-être la totalité des biens, soit dévolue, suivant les cas, à d'autres successeurs à titre universel. C'est donc pour cette portion héréditaire que chacun doit être tenu des dettes, sauf son recours contre les contribuables. Voilà sans doute ce que la loi a voulu exprimer, en déclarant les *héritiers* tenus pour leur *part et portion virile* (art. 873); c'est-à-dire, qu'on ne s'attachera, pour la computation des parts, qu'au nombre des têtes d'héritiers, sans égard à celles des légataires ou autres successeurs à titre universel. Du reste, cette expression, qui indiquerait pour chacun une part égale, manquera d'exactitude dans les cas fré-

quens où les héritiers sont appelés à succéder inégalement. Aujourd'hui, en effet, que les parts égales ou inégales, sont immédiatement déterminées par la loi, les créanciers ne peuvent évidemment, comme ils le pouvaient dans l'ancien droit, jusqu'à la détermination des parts, actionner chaque héritier pour sa portion virile (V. au surplus art. 1220).

L'ascendant donateur succédant, en vertu de l'art. 747, ou les autres successeurs appelés par les art. 351, 352, 766, peuvent-ils, tant que leur portion contributoire dans les dettes n'est pas fixée, être actionnés par les créanciers de la succession? Quelle part alors pourrait-on leur demander? Pour quelle part l'action, dans ce cas, serait-elle dirigée contre les héritiers ordinaires appelés concurremment avec eux à des parts égales ou inégales?

210. Chaque héritier ne représentant la personne que pour sa part, s'acquitte entièrement envers le créancier en payant sa portion dans la dette. Si donc l'un des cohéritiers manque à payer sa part, celui qui a payé la sienne ne peut, sous prétexte qu'il retient une partie de l'actif du défunt, qui était tenu sur tous ses biens, être obligé à parfaire le paiement.

Ce principe s'appliquerait-il en cas d'acceptation bénéficiaire?

211. L'obligation des héritiers a pour objet les charges de la succession, tout aussi bien que les dettes du défunt (art. 724, 873); mais sous ce nom de *charges*, qui s'appliquerait, par exemple, aux frais funéraires, il ne paraît pas qu'on doive ici comprendre les legs, que

les héritiers ne peuvent devoir comme continuateurs de la personne. L'obligation personnelle de les délivrer ne paraît fondée que sur la succession aux biens, et dès-lors elle doit naturellement se répartir entre tous les successeurs universels au prorata de leur émolument (V. art. 1017).

Ne faut-il pas conclure du même principe que les héritiers ne sont pas tenus des legs *ultrà vires?*

212. Indépendamment de leur obligation personnelle, les héritiers peuvent, par l'effet de l'hypothèque, être poursuivis pour le tout sur les biens grevés qui tomberaient dans leur lot. V. art. 873. Il est, du reste, évident qu'ils ne peuvent être ainsi poursuivis et condamnés que comme détenteurs (V. art. 2168, 2169, 2170, 2172). Lors même donc qu'ils détiendraient tous des biens hypothéqués à la dette, ce ne serait pas une raison pour les condamner solidairement.

La loi, qui déclare les héritiers tenus hypothécairement pour le tout, accorde-t-elle par là même une hypothèque aux créanciers de la succession, comme elle l'accorde aux légataires par l'art. 1017?

213. Au reste, l'hypothèque n'est pas la seule cause qui puisse soumettre les héritiers à payer les dettes au delà de leur portion héréditaire. Évidemment le principe de la division ne peut s'appliquer lorsque l'obligation est indivisible (V. art. 1217, 1218, 1222-1225). Il reçoit encore exception dans les divers cas prévus par l'art. 1221.

214. Il est bien entendu que toute personne qui, par l'effet de l'action hypothécaire ou autrement, se trouve forcée à payer au delà de sa portion contributoire, a son recours contre les contribuables. V. art. 873, 1221 *in fin.*, 1225. Elle est même, en général, subrogée aux droits du créancier payé (V. art. 1251 3°).

215. Cette subrogation est formellement accordée au légataire particulier, tenu comme détenteur, contre les successeurs universels, personnellement obligés. V. art. 874.

Le serait-elle également contre tout autre détenteur d'un bien hypothéqué ?

216. La subrogation a bien lieu aussi en faveur des successeurs universels qui paient au delà de leur part contributoire (V. art. 1251 3°); mais, soit pour éviter le circuit d'action; soit à cause des rapports de bienveillance qui doivent exister entre des cohéritiers ou co-successeurs, assimilés en ce point à des associés; soit enfin à raison de la garantie que les copartageans se doivent respectivement, la loi ne permet pas à celui qui a payé, de diriger contre les autres la poursuite rigoureuse dont il a lui-même été l'objet. Encore bien donc que ceux-ci détiennent des biens hypothéqués à la même dette, le recours ne peut être exercé contre chacun au delà de sa portion contributoire. Cette règle ne fléchirait pas même devant une subrogation expresse. Mais elle est sans application à l'héritier bénéficiaire, que sa qualité ne prive personnellement d'aucun des droits qu'un étranger pourrait exercer contre la succession (art. 802 2°). Si donc il a payé de ses deniers

le créancier héréditaire, il peut, comme le pourrait tout autre, se faire consentir une subrogation pleine et entière ; et l'on ne voit pas pourquoi l'on attribuerait moins d'effet à la subrogation légale qui lui est formellement accordée (art. 1251 4°). V. art. 875.

217. Au reste, les mêmes motifs qui défendent l'exercice du recours *in solidum* ne permettent pas de laisser uniquement à la charge du cohéritier ou successeur qui a fait l'avance, la portion contributoire des insolvables. Cette part doit naturellement se répartir entre tous. V. art. 876.

Les articles 875 et 876 ne devraient-ils pas s'appliquer également aux cas où, pour toute autre cause que l'hypothèque, l'un des successeurs aurait été forcé de payer au delà de sa part (art. 1222-1225, 1221)?

L'héritier, même pur et simple, créancier personnel du défunt, peut-il agir hypothécairement pour le tout contre chacun de ses cohéritiers ?

Quid si l'un des cohéritiers, légataire par préciput d'un bien hypothéqué, a été, par l'effet de l'hypothèque de ce bien, obligé à payer toute la dette? lui appliquera-t-on l'art. 874 ?

218. Le même principe qui oblige l'héritier au paiement des dettes du défunt dont il continue la personne, rend exécutoires contre lui les titres qui l'étaient contre son auteur. Et toutefois, la saisine opérée par la loi n'empêchant pas que l'héritier ne puisse ignorer en fait l'existence de ces titres, la bonne foi ne permet pas d'en faire usage sans qu'ils lui aient été notifiés. La loi

veut, à cet effet, qu'ils lui soient signifiés, dans la forme ordinaire, huit jours d'avance. V. art. 877.

La signification peut-elle avoir lieu pendant les délais pour faire inventaire et délibérer?

L'art. 877 s'appliquerait-il aux successeurs universels qui ne continueraient pas la personne?

219. L'héritier étant, comme on l'a dit, la continuation de la personne du défunt, il en résulte une confusion de ses propres biens et de ses propres dettes avec les biens et les dettes de la succession. Toutefois nous avons vu déjà comment il pouvait, en acceptant bénéficiairement, mettre ses biens propres à l'abri de l'action des créanciers de la succession. Il n'est pas moins équitable que ceux-ci puissent soustraire les biens du défunt, dont l'universalité est de plein droit diminuée de l'universalité des charges, à l'action des créanciers personnels de l'héritier. Tel est l'objet de la demande en séparation de patrimoines, qu'ils peuvent, en général, former *dans tous les cas, et contre tout créancier.* V. art. 878; et remarquez que le droit accordé ici aux créanciers du défunt est commun aux légataires (V. art. 2111).

220. *Dans tous les cas :* Ainsi il suffit, pour former cette demande contre les créanciers de l'héritier, d'être créancier du défunt, soit pur et simple, soit à terme ou sous condition (*Papin.*, L. 4, ff. *de Separ.*), et ce, lorsque l'on serait soi-même héritier pour partie (*Diocl. et Maxim.*, L. 7, Cod., *de bon. auct. jud. possid.*). Mais il faut n'avoir pas volontairement abdiqué la qualité de créancier du défunt, en suivant, par une espèce de no-

vation, la foi de l'héritier. V. art. 879, et à ce sujet, art. 1271 ; V. aussi *Ulp.*, L. 1, §§ 10, 11, 15, 16, ff. *de Separ.*

221. Il faut encore, pour que cette demande puisse produire quelque effet, que la distinction des biens soit possible. Elle l'est toujours pour les immeubles tant qu'ils n'ont pas été aliénés. Mais, quant aux meubles, dont la propriété est fugitive, la loi borne la durée de l'action à trois ans. V. art. 880.

Quid s'il y a confusion avant les trois ans, *puta* si les meubles n'ont pas été inventoriés, s'ils ont été aliénés, ou s'il s'agit de l'argent comptant trouvé dans la succession?

La séparation des patrimoines ne peut-elle pas être utilement demandée, même après l'aliénation des biens meubles ou immeubles, tant que le prix n'en est pas confondu avec les autres biens de l'héritier?

222. La séparation peut être demandée *contre tout créancier*. Ainsi le simple chirographaire se fera, par ce moyen, préférer aux créanciers hypothécaires ou privilégiés de l'héritier. Et cependant l'héritier étant réellement propriétaire des biens, et pouvant conséquemment les hypothéquer, comme il peut les aliéner, la loi a dû borner à une courte durée le privilége dont il s'agit. Les créanciers du défunt doivent donc, pour en user dans toute sa latitude, s'inscrire dans les six mois de l'ouverture de la succession ; sauf le droit qu'ils ont toujours de s'inscrire plus tard, auquel cas ils primeraient encore les créanciers de l'héritier inscrits après eux (art. 2111, 2113).

L'inscription ne peut-elle pas précéder la demande en séparation des patrimoines?

L'inscription prise en vertu de l'art. 2111 établit-elle quelque préférence entre les créanciers et légataires de la succession? *Quid* si quelques uns seulement s'étant inscrits dans les six mois, il a été pris inscription par des créanciers de l'héritier?

Quid si le bien a été aliéné avant les six mois?

En cas de séparation des patrimoines, les biens rapportés doivent-ils être comptés dans le patrimoine du défunt?

En cas d'acceptation bénéficiaire, peut-il y avoir lieu à demande en séparation de patrimoines et à inscription aux termes de l'art. 2111?

223. Le motif d'équité qui a fait accorder aux créanciers de la succession le bénéfice de séparation des patrimoines, n'a pas paru applicable aux créanciers de l'héritier, qui ne pouvant empêcher leur débiteur de contracter de nouvelles dettes, n'ont conséquemment aucune préférence à réclamer contre ceux envers lesquels celui-ci s'est engagé postérieurement par l'acceptation de la succession. V. art. 881.

Mais ne peuvent-ils pas au moins demander la nullité de l'acceptation en vertu de l'art. 1167?

Ne peuvent-ils pas aussi, quand la séparation est demandée par les créanciers du défunt, se faire payer par privilége sur les biens de l'héritier?

224. Au reste, la loi accorde aux créanciers de l'héritier un moyen de se mettre à l'abri de la fraude que leur débiteur voudrait pratiquer contre eux dans le partage; ils peuvent s'assurer, par une opposition, qu'il

n'y sera pas procédé sans les appeler. Ils peuvent même s'y rendre parties par une intervention ; mais s'ils négligent ces moyens, la loi leur refuse la ressource ordinaire d'attaquer comme frauduleux le partage consommé. V. art. 882, 865 ; et, à ce sujet, art. 1166, 1167.

SECTION IV.

Des effets du partage et de la garantie des lots.

225. Le partage, en réalité, n'est qu'un échange que chaque cohéritier fait de son droit indivis dans la totalité, contre la propriété exclusive d'une portion déterminée. C'est sous ce point de vue qu'il était considéré par le droit romain comme translatif de propriété. Il résultait de là que les copartageans, respectivement successeurs et ayant-cause les uns des autres, se trouvaient tenus des charges imposées, durant l'indivision, du chef de leurs copartageans. C'est pour remédier à cet inconvénient qu'a été introduite par notre droit français la fiction du partage déclaratif ; fiction que la loi applique même aux licitations. V. art. 883.

Quid si le bien licité est adjugé à un étranger ?

Si l'un des cohéritiers vend aux autres ses droits à la succession ou à certains biens de la succession, cette vente a-t-elle le même effet qu'un partage ou qu'une licitation ?

226. Au surplus, et sous quelque point de vue que l'on considère le partage, il est certain que le droit attribué ou reconnu à chacun sur les biens qui composent

son lot, a pour fondement et pour cause le droit pareil appartenant à chacun des autres. Si donc le droit de l'un se trouve, par événement, ne reposer que sur une apparence trompeuse qui vienne à s'évanouir, l'équité ne permet pas que les droits des autres restent entiers. Tel est le principe de la garantie que les cohéritiers se doivent respectivement, garantie qui a pour objet les simples troubles comme les évictions, mais, bien entendu, quand la cause en est antérieure au partage. V. art. 884, al. premier.

227. Toutefois le principe de la garantie reçoit exception dans deux cas : 1° lorsque la cause d'éviction a été prévue et formellement exceptée; c'est alors une chance de perte qu'on a voulu courir, et qui a dû être compensée par une chance de gain; 2° lorsque c'est par sa faute que le cohéritier souffre l'éviction, car il n'a tenu qu'à lui de conserver le bien qui lui avait été assigné. Dans l'un ni dans l'autre cas, on ne peut dire que le droit des cohéritiers reste sans cause. V. art. 884, al. dernier.

Les copartageans pourraient-ils convenir, d'une manière générale, qu'ils ne se devraient réciproquement aucune garantie?

228. L'éviction d'un des copartageans rendant vraiment sans cause l'assignation des biens compris dans les autres lots, il y aurait lieu, ce semble, à refaire le partage. Mais trop d'intérêts seraient froissés si l'on remettait ainsi en question tous les droits que la première opération avait fixés. Il vaut donc bien mieux maintenir

le partage en indemnisant le cohéritier évincé. Il paraît même que l'indemnité se calcule, non sur ce que l'évincé aurait dû avoir si le bien dont il est dépossédé n'avoit pas été mal à propos compris dans la masse, mais sur ce qu'il aurait effectivement si l'éviction n'avait pas eu lieu. La loi, en effet, veut qu'il soit indemnisé *de la perte que lui a causée l'éviction.*

On sent bien, au reste, que cette indemnité est une charge qui pèse sur la succession tout entière; chacun dès lors, et le garanti lui-même, doit en supporter sa part, en proportion de son droit héréditaire.

Que si l'insolvabilité de quelqu'un des copartageans rend contre lui le recours inefficace, c'est là une nouvelle perte qui a toujours son principe dans l'éviction, et que le garanti ne doit pas, plus que la première, supporter seul. Cette nouvelle perte se répartit encore proportionnellement entre le garanti et les cohéritiers solvables. V. art. 885.

229. Pour sûreté de l'action en garantie, la loi accorde aux cohéritiers un privilége sur tous les immeubles de la succession (art. 2103 4°).

Suit-il de là que chaque cohéritier soit tenu de la garantie hypothécairement pour le tout?

230. Le même principe qui fait admettre la garantie pour troubles et évictions a dû la faire accorder au cohéritier dans le lot duquel aurait été comprise une rente sur un débiteur insolvable. Mais la rente, comme tout autre bien, étant pour l'avenir aux risques de celui qui en est devenu propriétaire par le partage,

il n'est dû garantie que pour l'insolvabilité qui existait à cette époque. La loi, du reste, borne ici, par une disposition particulière, la durée de l'action à cinq ans. V. art. 886.

Quant à la durée ordinaire de l'action en garantie, V. art. 2262, 2257.

SECTION V.

De la rescision en matière de partage.

231. Les partages peuvent, comme toute convention (art. 1109), être rescindés pour dol ou violence. Mais, en outre, le partage n'étant point une opération de commerce dans laquelle chacune des parties se propose un bénéfice, il doit avoir l'égalité pour base. Il est conséquemment du petit nombre d'actes contre lesquels la loi accorde, même aux majeurs, la rescision pour lésion (V. art. 1118 et 1313). Il suffit pour cela que l'un des cohéritiers soit lésé de plus du quart. Mais la lésion qui résulterait pour tous de l'omission d'un ou plusieurs objets à partager, pouvant être réparée sans qu'on détruise le partage, elle ne donne point ouverture à la rescision. Il y a lieu alors à un supplément à l'acte de partage. V. art. 887.

Pourquoi l'erreur n'est-elle pas, comme le dol et la violence, mise au nombre des causes de rescision du partage? (V. art. 1111.)

Quid si cette erreur a porté sur l'existence ou la quotité des droits héréditaires de chacun?

Quid si dans un partage fait à l'amiable l'un des cohéritiers avait accepté son lot, dans la croyance qu'il comprenait certains biens qui n'y étaient pas effectivement compris?

232. L'égalité entre copartageans étant considérée en quelque sorte comme d'ordre public, la loi n'a pas pu permettre de soustraire les partages à la rescision pour lésion, en les déguisant sous une autre forme. Cette action est donc admise, en général, contre tout acte qui a pour objet de faire cesser l'indivision, de quelque manière d'ailleurs qu'il soit qualifié. V. art. 888, al. 1.

233. Du reste, on ne peut réputer partage que le premier acte entre cohéritiers. Conséquemment, la transaction intervenue sur les difficultés réelles que présentait cet acte, soit qu'elle ait pour objet de prévenir ou de terminer un procès, reste, suivant la règle générale, inattaquable pour cause de lésion. V. art. 888, al. dernier; et, à ce sujet, art. 2044 et 2052.

Quid si le premier acte entre cohéritiers est une véritable transaction, *puta*, si cet acte, en réglant les droits respectifs des parties, termine ou prévient une contestation sur leur qualité, ou sur la quotité de leurs droits héréditaires?

234. La vente de droits successifs, étant vraiment un contrat aléatoire, à cause de l'incertitude sur la consistance des biens et la quotité des dettes, n'est pas sujette à rescision pour lésion, pourvu qu'elle soit faite sans fraude et aux risques et périls de l'acheteur. V. art. 889.

235. La lésion ne peut se reconnaître que par une estimation générale des biens de la succession; et comme il ne s'agit que de vérifier jusqu'à quel point l'égalité

aurait été violée par le partage, l'estimation doit avoir lieu sur le pied de la valeur au temps de ce partage. V. art. 890.

236. Le droit de faire rescinder le partage ou l'acte qui en tient lieu est sujet à quelques limitations. Ainsi, 1° le but principal de l'action en rescision étant de rétablir entre les copartageans l'égalité, la loi a dû laisser au défendeur la faculté de prévenir les embarras d'un nouveau partage en fournissant au demandeur le supplément de sa portion héréditaire. V. art. 891 ; V. aussi art. 1681.

Cette faculté ne doit-elle pas se borner au cas où le partage est attaqué pour lésion?

2° Les vices de dol et de violence étant toujours susceptibles de se couvrir par la ratification expresse ou tacite, intervenue postérieurement à la découverte du dol ou à la cessation de la violence (art. 1338), le cohéritier qui a aliéné son lot, après l'époque où il pouvait valablement ratifier, est évidemment non recevable à attaquer, pour l'une de ces deux causes, le partage qu'il a ainsi volontairement exécuté. V. art. 892.

Cette fin de non recevoir s'appliquerait-elle également au cas de lésion?

Quid s'il y avait eu aliénation de la part du défendeur à la rescision? Les tiers-acquéreurs pourraient-ils être inquiétés? V. art. 2125, 1681.

Si la rescision est prononcée ou le supplément ordonné, *quid juris* à l'égard des fruits et intérêts échus ou perçus depuis le partage? V. art. 1682.

TITRE DEUXIÈME.

DES DONATIONS ENTRE-VIFS ET DES TESTAMENS.

237. La seconde manière d'acquérir et de transmettre la propriété des biens est la donation (art. 711); et sous ce nom, l'on comprend ici toute disposition gratuite qu'une personne fait librement de sa chose au profit d'une autre personne. La faculté, précieuse à l'homme, d'exercer sa libéralité envers les objets de son affection, a dû néanmoins, dans l'intérêt des familles et de l'ordre public, être restreinte dans de justes bornes. C'est d'après cette vue que le législateur a réglé les conditions, les formes et les effets des dispositions à titre gratuit.

238. Il convient d'abord de poser les principes généraux sur le mode de disposer, (chap. 1); de faire connaître ensuite par qui et envers qui les dispositions autorisées peuvent être faites (chap. 2); et de déterminer jusqu'à quel point elles peuvent déroger au système de succession établi par la loi (chap. 3). Le reste du titre traite, en particulier, des différens modes de disposer, soit dans les cas ordinaires (chap. 4 et 5), soit dans certains cas privilégiés (chap. 6, 7, 8 et 9.)

CHAPITRE I.

DISPOSITIONS GÉNÉRALES.

239. La loi ne reconnaît, en général, que deux modes de disposer à titre gratuit, la donation entre-vifs, par laquelle le disposant se dépouille de son vivant; et le testament, par lequel il dépouille seulement ses héritiers; elle établit des formes particulières à chacun de ces actes. V. art. 893.

Faut-il conclure de là que toute disposition gratuite qui ne réunirait pas les caractères et les formes, soit de la donation entre-vifs, soit du testament, serait nulle?

Quid si la donation est déguisée sous la forme d'un contrat onéreux? V. à ce sujet art. 911.

Quid s'il y a eu don manuel?

Une remise de dette n'est-elle pas dispensée des formes requises pour les donations? V. art. 1282-1288.

N'en faut-il pas dire autant de la libéralité faite à un tiers comme condition d'une stipulation faite pour soi-même? V. art. 1121, 1973.

Notre article proscrit-il absolument les donations à cause de mort, ou les astreint-il seulement aux formes des testamens?

En d'autres termes, un legs serait-il nul parce que le légataire interviendrait au testament pour l'accepter?

240. Les caractères propres à la donation entre-vifs, sont le dépouillement actuel et irrévocable du donateur, et l'acceptation du donataire. V. art. 894. Cet acte

n'étant donc parfait que par le concours de deux volontés, est un véritable contrat.

Le don qualifié entre-vifs d'une somme que le donateur s'oblige à payer plus tard est-il valable? Peut-on dire qu'il n'y a pas dessaisissement actuel?

241. Le testament est la manifestation légale de la volonté du disposant pour la transmission de ses biens après sa mort. Il peut dans notre droit ne comprendre qu'une partie des biens. OEuvre d'une seule volonté, le testament ne saurait lier celui qui l'a fait. Aussi ne confère-t-il aux institués aucun droit actuel. V. art. 895.

242. La faculté accordée au propriétaire de disposer de ses biens pour le temps même où sa propriété aura cessé, ne va pas jusqu'à lui attribuer le droit de régler indéfiniment la transmission des biens une fois recueillis par le donataire ou légataire. En d'autres termes, le droit d'instituer un héritier ou successeur n'emporte pas celui de donner un successeur à celui-ci. Telle était bien, en principe, la disposition du droit romain ; mais l'introduction des fidéicommis dans la législation fournit bientôt le moyen de faire indirectement ce qu'on ne pouvait faire directement. Ainsi s'établirent les substitutions fidéicommissaires, admises en France avant la révolution. Ces dispositions, déja proscrites par la loi du 14 novembre 1792, l'ont été de nouveau par le législateur du Code civil, qui n'y a vu qu'une source de procès, une entrave à la circulation des biens, et un moyen de frauder les créanciers. V. art. 896, al. 1.

243. Cette prohibition, à laquelle le Code civil lui-

même admettait quelques limitations, a été en grande partie levée par la loi du 17 mai 1826, qui nous régit aujourd'hui. Toutefois il est vrai de dire qu'elle est encore le principe général de la matière, et qu'elle doit s'appliquer à tous les cas pour lesquels il n'y a pas été expressément dérogé. Dès lors il importe d'en régler le sens et l'étendue.

244. A cet effet nous remarquerons :

1º Que trois caractères ont toujours été reconnus nécessaires pour constituer une substitution, savoir, une double disposition, le trait de temps et l'éventualité. Nous en concluons qu'en l'absence d'un de ces caractères, la prohibition ne s'applique pas.

Ne doit-on pas considérer comme caractère principal de la substitution prohibée la charge de conserver et de rendre? — *Quid* si le donataire ou légataire est seulement chargé de rendre, après un certain temps, ce qui restera des biens donnés?

Nous observerons, 2º que, lorsqu'il y a effectivement charge de conserver et de rendre, la loi qui ne pouvait réputer cette charge non écrite, sans étendre, contre la volonté du disposant, la libéralité au profit du grevé, annule au contraire la disposition dans son entier (nonobstant art. 900). V. art. 896, al. 2.

Comment concilier la prohibition des substitutions avec l'admission des legs conditionnels?

245. Le Code civil lui-même consacre deux exceptions à la prohibition générale des substitutions.

La première s'applique aux biens formant la dotation d'un titre héréditaire, biens qui, par leur affectation même, cessent d'être soumis aux règles du pur droit civil. Cette exception, qui ne se trouvait pas dans la première édition du Code, fut ajoutée dans l'édition de 1807, pour mettre la loi en harmonie avec les institutions fondées et autorisées par les décrets du 30 mars 1806 (1), et le sénatus-consulte du 14 août suivant (2). V. art. 896, al. dernier (3).

La seconde concerne le droit conféré dans de certaines limites aux pères et mères, frères et sœurs, d'assurer à la postérité de leurs enfans, frères ou sœurs, la restitution des biens qu'ils donnent ou laissent à ceux-ci. Les conditions auxquelles la loi subordonne cette faculté, et les mesures qu'elle prescrit pour garantir l'exécution des dispositions permises, font l'objet d'un chapitre spécial du présent titre. V. art. 897.

Enfin une troisième exception, beaucoup plus générale, a été introduite par la loi du 17 mai 1826 (4). Cette loi étend à tout donateur ou testateur la faculté de substituer les enfans du donataire ou légataire. Ces substitutions, renfermées d'ailleurs dans des limites

---

(1) IV, B. 84, n° 1432.

(2) IV, B. 112, n° 1823.

(3) Voyez, à ce sujet, Décr. du 1er mars 1808 (IV, B. 186, n° 3207); Ord. 25 août 1817 (VII, B. 171, n° 2686), etc. Voyez, au surplus, *Repert. jur.* verbo *majorat*.

(4) VIII, B. 90, n° 3028.

267. Les incapacités relatives constituant, pour l'un, incapacité de donner, et pour l'autre, incapacité de recevoir, il est clair qu'à leur égard on doit en général s'attacher à la double époque de la confection du testament et de la mort; car autrement on s'écarterait du principe qui exige la capacité du testateur aux deux époques.

Seulement il faut se garder de confondre les règles de capacité proprement dites, et les règles de disponibilité; pour ces dernières on n'a jamais égard qu'au temps de la mort.

CHAPITRE III.

DE LA PORTION DE BIENS DISPONIBLE, ET DE LA RÉDUCTION.

268. L'exécution des libéralités, soit entre-vifs, soit à cause de mort, n'est pas subordonnée seulement à l'accomplissement des formes prescrites (art. 893), et à la capacité des personnes qui les font ou qui les reçoivent (art. 901-912); ces libéralités doivent en outre se renfermer dans les limites tracées par la loi. Poser ces limites, et fournir les moyens d'y faire rentrer les libéralités excessives, tel est l'objet du législateur dans ce chapitre.

269. Il faut d'abord le reconnaître, parmi les parens que la loi appelle à succéder, il en est dont les droits reposent sur des devoirs tellement sacrés, ou sur des considé-

rations tellement puissantes, qu'on n'a pas dû permettre à la volonté de l'homme de les anéantir. D'un autre côté, on ne pouvait non plus, dans aucun cas, dépouiller entièrement une personne capable, d'une faculté aussi précieuse que celle de transmettre, suivant ses affections, au moins une portion de ses biens. Refuser ce droit au père de famille, c'eût été d'ailleurs le priver d'un moyen efficace de faire respecter son autorité. La loi a tout concilié en réglant, eu égard à la qualité et au nombre des héritiers, la faculté de disposer, qui peut embrasser, suivant les cas, soit une portion plus ou moins forte (art. 913-915), soit même la totalité des biens (art. 916).

270. Il est évident que tout ce qui n'est pas disponible est, par cela même, réservé aux héritiers que la loi désigne; et ceux-ci sont en conséquence autorisés à faire réduire jusqu'à due concurrence les libéralités excessives.

271. Observons, à ce sujet, que la réserve ainsi envisagée n'est vraiment que la succession *ab intestat*, laquelle doit se partager entre les héritiers qui jouissent de cette prérogative, suivant les principes qui régissent les successions ordinaires. Il en résulte, 1° qu'on ne peut avoir droit à la réserve sans être héritier, ce qui ne permet pas à l'héritier renonçant d'y prétendre; 2° que la réserve est dévolue, non en particulier à chaque héritier pour sa part, mais en masse à tous les héritiers ainsi privilégiés; c'est donc le concours seul qui opère entre eux la division, *partes concursu faciunt;* et conséquemment la part des renonçans accroît aux acceptans (art. 786). De là il suit que l'héritier qui renonce pour s'en tenir

sain d'esprit. Mais le législateur semble s'attacher plus particulièrement à cette condition dans les actes de libéralité, en la proclamant ici comme un des principes de la matière. V. art. 901.

Les vices ordinaires du consentement (V. art. 1109), et les maladies mentales qui donnent lieu à l'interdiction (V. art. 489), sont-ils les seuls motifs qui autorisent à soutenir que le donateur ou testateur n'était pas sain d'esprit?

L'art. 504 doit-il recevoir son application aux donations et testamens?

250. La volonté, fût-elle certaine, serait inefficace si elle n'était soutenue de la capacité. La capacité n'est pas moins exigée pour recevoir que pour donner. Au reste, quelque distinction qu'on eût pu faire, à cet égard, entre les dispositions entre-vifs et les dispositions à cause de mort, notre Code confère ou reconnaît, en général, à toute personne la capacité de donner et de recevoir, soit par donation, soit par testament. D'après ce principe, c'est la capacité qui forme le droit commun, au moins pour les personnes régies par la loi française; l'incapacité est l'exception, qui doit résulter d'une disposition particulière. V. art. 902.

251. Les causes d'incapacité s'appliquent diversement à la faculté de donner et à celle de recevoir. L'incapacité d'ailleurs est absolue ou relative, suivant qu'elle existe à l'égard de tous, ou qu'elle a lieu seulement entre certaines personnes.

252. Il est des personnes qui ne peuvent absolument donner, par quelque acte et à quelque personne que ce soit.

La loi établit ici en principe ce genre d'incapacité contre le mineur âgé de moins de seize ans, sauf toutefois la faculté qu'elle lui accorde, s'il venait à se marier, de disposer, par son contrat de mariage, au profit de son conjoint. V. art. 903 ; et, à ce sujet, art. 1095, 1398.

Ne pourrait-il pas même donner à son conjoint pendant le mariage? V. art. 1096.

Cette incapacité entière est prononcée ailleurs contre le mort civilement (V. art. 25). On ne peut non plus se dispenser de la reconnaître à l'égard du condamné par contumace à une peine emportant mort civile (Voy. art. 28).

N'existe-t-elle pas également contre l'interdit? V. art. 502. Ne pourrait-on pas cependant, en s'attachant uniquement à l'art. 901, subordonner entièrement la question de validité de la donation ou du testament, au fait que le disposant, interdit ou non, était ou n'était pas sain d'esprit au moment de la confection de l'acte?

Quid à l'égard des personnes pourvues d'un conseil judiciaire?

253. Il est d'autres personnes qui, également incapables de donner entre-vifs, sont cependant capables de tester. Tels sont :

1° Le mineur parvenu à l'âge de seize ans. La loi, attentive surtout à ce qu'il ne puisse se nuire, lui permet alors, non de se dépouiller lui-même, mais de dépouiller ses héritiers dans une certaine mesure. V. art. 904.

Suffit-il pour que le mineur puisse tester qu'il soit âgé de seize ans commencés?

2º Les femmes mariées non autorisées. La puissance maritale à laquelle elles sont soumises ne pouvait leur permettre une aliénation actuelle; mais aucune raison ne devait leur faire interdire la faculté de disposer pour le temps où cette puissance ne subsistera plus. Voyez art. 905; voy. aussi art. 217 et 226.

254. Celui qui n'existe pas au moment de l'ouverture d'un droit ne saurait être capable de le recueillir. Ce principe, dont on a déjà vu l'application au droit de succéder (art. 725; voy. ci-dessus n°s 28-32), la retrouve également ici. Pour recevoir donc, soit par donation, soit par testament, il faut être au moins conçu; et le fait même de la conception ne suffirait pas si l'enfant ne naissait ensuite viable. Du reste, la nature diverse de la donation et du testament explique assez pourquoi, dans un cas, la conception de l'enfant est exigée lors de la confection de l'acte, tandis que dans l'autre, on s'attache à l'époque de la mort du disposant. V. art. 906.

Si la donation et l'acceptation ont lieu par actes séparés (art. 932), ne suffirait-il pas que l'enfant fût conçu lors de l'acceptation?

Du même principe résulte l'incapacité du mort civilement (V. art. 25).

255. Observons ici qu'il ne suffit pas que la personne qui est l'objet de la libéralité existe et soit présente à la pensée du disposant, il faut de plus qu'elle soit connue, et pour cela qu'elle soit indiquée dans l'acte même qui contient la libéralité à son profit. En ce sens, il est

vrai de dire qu'on ne peut léguer à une personne incertaine.

256. L'influence qu'un tuteur exerce souvent sur son pupille, et dont il pourrait user, même après la fin de la tutelle, pour faire couvrir par des donations les abus de son administration, a dû faire interdire au pupille la faculté de disposer à son profit, non seulement tant qu'il est mineur, mais tant qu'il n'a pas été éclairé par la reddition du compte. L'incapacité dure jusqu'à l'apurement. Mais il n'y a pas lieu au soupçon, et l'incapacité n'existe pas, lorsque la qualité du tuteur permet d'attribuer les libéralités à la piété filiale plutôt qu'à la captation. V. art. 907.

L'expiration de dix ans depuis la majorité fait-elle cesser l'incapacité? V. art. 475.

257. La différence établie dans l'intérêt des mœurs entre la position des enfans naturels et celle des enfans légitimes, ne serait souvent qu'illusoire s'il était permis aux parens de réparer par des libéralités l'inégalité de leur condition. De là l'incapacité de recevoir, dont la loi frappe les enfans naturels à l'égard de leurs père et mère. Cette incapacité, du reste, n'est pas entière; seulement les dons faits aux enfans naturels ne peuvent excéder ce que la loi elle-même leur accorde. V. art. 908; et, à ce sujet, art. 757, 758; voy. aussi art. 760.

Le concubinage est-il encore aujourd'hui une cause d'incapacité?

258. Les personnes qui administrent au malade les

secours de l'art ou ceux de la religion peuvent avoir trop d'empire sur son esprit pour que la loi ait dû laisser à celui-ci l'entière faculté de disposer en leur faveur. Et toutefois il est à remarquer que la prohibition, qui comprend aussi bien les donations entre-vifs que les testamens, se borne aux dispositions faites pendant le cours de la maladie qui amène la mort. Cette prohibition, d'ailleurs, n'enlève jamais au malade le droit de reconnaître dans une juste proportion les services rendus ; seulement la loi ne considérerait pas comme *rémunératoire* une disposition à titre universel. L'incapacité même peut cesser entièrement à raison du lien de parenté qui unirait le malade avec les personnes qui l'ont soigné ou assisté; cette dernière exception est plus ou moins étendue suivant la qualité des héritiers : ainsi il suffit que le donataire soit parent au quatrième degré pour qu'on puisse, sous ce rapport, le préférer à des héritiers collatéraux; mais pour être ainsi préféré à des héritiers en ligne directe, il faut qu'il soit lui-même du nombre de ces héritiers. V. art. 909.

Les donations entre-vifs faites dans le cours d'une maladie grave aux personnes dont il s'agit, sont-elles inattaquables si le donateur recouvre la santé?

L'incapacité établie par notre article s'applique-t-elle au mari médecin qui traite sa femme dans la maladie dont elle meurt ?

Quid si le mariage avait été contracté pendant le cours de la maladie?

259. L'incapacité de recevoir, dont étaient frappés autrefois les gens de *main-morte* (V. Édit d'août 1749),

n'est pas maintenue avec la même rigueur par le Code civil. Ils sont aujourd'hui capables de recevoir, soit par donation, soit par testament, toute espèce de biens. Seulement des raisons politiques ont dû subordonner à l'autorisation du roi l'effet des libéralités quelconques dont ces personnes morales peuvent être l'objet. Voyez art. 910; v. aussi L. 2 janvier 1817 (1), et ord. 2 avril suivant (2).

260. Les différentes incapacités que la loi a établies seraient facilement éludées, s'il était permis d'échapper à sa sévérité par le déguisement de l'acte de libéralité sous une autre forme, ou par une interposition de personnes. Ce déguisement ou cette interposition sont, en général, des faits laissés à l'appréciation des juges, qui annuleront toujours les actes reconnus frauduleux. L'interposition même est légalement présumée à l'égard de certaines personnes. V. art. 911; et, à ce sujet, art. 1350 1°, 1352.

261. Le principe qui attribue à toute personne la capacité de donner ou de recevoir, étant une disposition de pur droit civil, ne saurait concerner les étrangers. Le Code les laissait donc, au moins quant à la capacité de recevoir, sous l'empire du système de réciprocité établi par l'art. 11. V. art. 912. Mais cet article est aujourd'hui abrogé par la loi du 14 juillet 1819 (3).

---

(1) VII, B. 128, n° 1454.
(2) VII, B. 151, n° 1995.
(3) VII, B. 294, n° 6986.

262. On ne peut terminer cette section sans aborder une question grave qui domine toute la matière : A quelle époque est requise la capacité, soit de donner, soit de recevoir (1)? Sur ce point le législateur ne s'est pas précisément expliqué; le Code contient seulement quelques élémens de solution; c'est en les combinant avec les anciens principes que l'on peut arriver à une théorie générale.

La question d'abord est fort différente, suivant qu'il s'agit de donation ou de testament.

263. La donation entre-vifs recevant sa perfection au moment de la convention des parties, c'est évidemment à cette époque seule qu'est requise leur capacité respective. Quelques difficultés pourtant peuvent s'élever à ce sujet, pour le cas où la donation et l'acceptation se font par actes séparés, car ce cas présente trois époques distinctes, celle de la donation, celle de l'acceptation, et celle de la notification (V. art. 932). Mais pour résoudre les difficultés que nous signalons, il est nécessaire de bien connaître la nature et les effets des trois actes que l'on vient d'indiquer. L'examen de ces difficultés serait donc ici prématuré. Il rentrera naturellement dans l'explication de l'article 932.

264. A l'égard du testament, on aperçoit à la première vue que deux époques sont à considérer, celle où la volonté se manifeste par la confection de l'acte, et celle

---

(1) Voy., sur cette question, *Thémis*, tom. VII, p. 135, 371, 476.

où elle reçoit son exécution par la mort du testateur. La capacité du testateur doit être requise à ces deux époques, mais diversement : à la première, il faut qu'à la capacité de droit se joigne le libre exercice de la volonté ; à la seconde, il n'y a plus lieu à s'occuper de la volonté, qui, une fois exprimée, conserve sa force jusqu'à révocation, mais il faut, pour que la transmission s'opère, que le testateur meure capable de transmettre. (V. à ce sujet, art. 25, al. 1. Voy., sur le tout, *Just., Inst., quib. non est perm. fac. test.*).

265. Quant à la faculté de recevoir par testament, il est évident qu'elle est requise au moment où s'ouvre le droit, c'est-à-dire ordinairement au moment de la mort du disposant. Mais le droit romain exigeait de plus la capacité au moment de la confection du testament (V. *Just., Instit.*, § 4, *de her. qual.*). C'était dans certains cas l'application de la règle Catonienne (V. *Cels.* L. 1, ff. *de reg. Cat.*); dans d'autres, ce n'était probablement qu'un reste de l'ancienne forme de tester *per æs et libram*. Quoi qu'il en soit, la règle du droit romain n'étant nullement fondée sur l'équité, ne doit pas être suivie chez nous. Notre Code d'ailleurs s'en est formellement écarté dans l'art. 906.

266. A l'égard des dispositions conditionnelles, le droit ne s'ouvrant qu'à l'événement de la condition (Voy. art. 1040), il y a lieu de croire que la capacité du légataire n'est exigée qu'à cette époque.

Ne faut-il pas cependant que le légataire conditionnel soit conçu au temps de la mort ?

moins étroites que les dispositions autorisées par le Code civil au profit des petits-fils ou neveux, sont, au surplus, soumises aux mêmes règles d'exécution. Elles trouveront naturellement leur place dans le même chapitre.

246. Le nom de substitution, dans sa véritable signification, conviendrait également à la disposition faite au profit d'une personne, pour le cas où un premier appelé ne recueillerait pas. Cette disposition est connue en droit sous le nom de *substitution vulgaire.* Comme elle ne présente aucun des inconvéniens qui font proscrire en général les substitutions dites *fidéicommissaires*, le Code ne la comprend pas même sous le nom de *substitution*, et ne la prohibe pas. V. art. 898.

Quid si les termes employés dans la disposition conviennent également à la substitution vulgaire et à la substitution fidéicommissaire? Dans le doute, la disposition est-elle valable ou nulle?

247. On n'a pas pu assimiler non plus à la substitution le don ou legs de l'usufruit à l'un et de la propriété à l'autre; car il n'y pas alors deux dispositions successives de la même chose: chacun, au moment de la mort ou du don entre-vifs, est saisi de ce qui lui est donné. V. art. 899.

Le don de l'usufruit à plusieurs personnes, avec accroissement au profit du survivant, est-il une substitution prohibée?

248. Les donations entre-vifs ou testamentaires peuvent, en général, être soumises à telles conditions qu'il plaît au donateur d'imposer. Si pourtant les conditions

sont physiquement ou moralement impossibles, comme alors on ne peut faire dépendre de leur accomplissement l'exécution de la disposition, il fallait opter entre deux partis : annuler la disposition dans son entier, ou la scinder en la considérant comme pure et simple. C'est ce dernier parti que le législateur a consacré tant pour les donations entre-vifs que pour les testamens. Il a pensé apparemment que l'impossibilité de la condition n'avait point été aperçue par les parties, et que la nature de l'acte manifestant l'intention de faire une libéralité, c'est cette intention qui probablement aurait prévalu si l'on eût connu l'impossibilité de la condition à laquelle on semblait la subordonner. Cette supposition ne pourrait s'appliquer à la volonté de s'obliger dans les contrats ordinaires; on y suit donc la règle contraire. V. art. 900; et, à ce sujet, art. 1174.

Quid si l'impossibilité est tellement évidente qu'on ne puisse sans déraison supposer l'erreur? V. art. 901.

Quid s'il était constant en fait qu'une des parties, notamment le donataire, connaissait l'impossibilité?

CHAPITRE II.

DE LA CAPACITÉ DE DISPOSER OU DE RECEVOIR PAR DONATION ENTRE-VIFS OU PAR TESTAMENT.

249. Les libéralités ont leur base principale dans la volonté du disposant. Il n'y a pas volonté parfaite si l'esprit qui la produit n'est pas sain. Aussi toute disposition qui repose sur la volonté admet-elle, en général, pour condition de son existence, que le disposant soit

au don qu'il a reçu, ne peut retenir, outre la quotité disponible, sa part dans la réserve.

272. Le droit à la réserve n'étant qu'un droit de succession, et d'autre part, ce droit étant l'unique cause des restrictions apportées à la faculté de disposer, c'est évidemment à l'époque de la mort qu'il faut s'attacher, soit pour régler, d'après la qualité et le nombre des héritiers, la portion disponible, soit pour en fixer le montant, en composant d'abord la masse générale de tous les biens qui se trouvent effectivement dans la succession, ou qui s'y trouveraient si le défunt n'avait fait aucune libéralité.

SECTION I.

De la portion de biens disponible.

273. C'est seulement en faveur des descendans et des ascendans que la loi limite à une certaine portion la faculté de disposer (art. 913-916).

274. La portion disponible, pour celui qui laisse des enfans, se règle sur leur nombre; elle est toujours au moins d'une part d'enfant; elle n'est jamais inférieure au quart des biens. V. art. 913; et remarquez que la loi ne comprend dans ses termes que les enfans légitimes. Toutefois sa disposition nous paraît susceptible de s'appliquer, avec une différence dans le résultat, aux enfans naturels (V. art. 757, et ci-dessus, n° 76).

Ne faudrait-il pas l'appliquer purement et simplement aux enfans adoptifs? V. art. 350.

Doit-on comprendre dans le nombre des enfans laissés par le défunt ceux qui sont écartés de la succession par renonciation ou indignité?

Ne faut-il pas distinguer, à cet égard, entre le cas où la succession étant recueillie par d'autres enfans, la part des renonçans ou des indignes peut leur accroître, et le cas, au contraire, où la succession est dévolue à des héritiers d'un autre ordre?

Les enfans absens peuvent-ils faire nombre?

275. Le principe de la représentation, admis à l'infini en ligne descendante, fait naturellement comprendre ici sous le nom d'enfans les descendans d'un degré quelconque, venant à la place d'un enfant prédécédé. On sent, au reste, que d'après ce principe, les descendans ne peuvent, quel que soit leur nombre, compter que pour l'enfant qu'ils représentent. V. art. 914.

Les descendans du degré inférieur n'ont-ils droit à la réserve qu'autant qu'ils succèdent par représentation?

S'ils y ont droit quand ils viennent de leur chef, doivent-ils être comptés par tête?

276. Lorsqu'à défaut de descendans la succession légitime est dévolue à des ascendans, la quotité disponible est réglée indépendamment de leur nombre. On examine seulement s'il y en a dans les deux lignes, ou dans l'une d'elles seulement. Dans le premier cas, la quotité disponible est de moitié; dans le second, elle est des trois quarts; le surplus des biens forme la réserve; cette réserve, du reste, n'étant qu'une succession *ab intestat*, il est clair que les ascendans ne peuvent y avoir droit que dans l'ordre où la loi les appelle à suc-

céder. Que s'ils sont appelés à la succession légitime en concours avec des collatéraux, ces derniers, au profit desquels la loi ne fait aucune réserve, ne peuvent, en partageant avec les ascendans, aux termes des articles 748, 749, 753, réduire la part de ceux-ci au dessous de la quotité fixée pour leur réserve. V. art. 915.

Quid s'il existe des ascendans, mais écartés de la succession *ab intestat* par des frères, sœurs, ou descendans d'eux?

277. La combinaison de l'art. 915 avec l'art. 747 peut donner lieu à des difficultés sérieuses. On se borne ici à les énoncer.

L'ascendant donateur, qui n'est appelé à la succession qu'en vertu de l'article 747, a-t-il droit à une réserve sur les biens par lui donnés?

Les biens ainsi donnés, qui n'ont point été aliénés à titre onéreux par le défunt, doivent-ils entrer dans la masse dont la moitié ou les trois-quarts forment, aux termes de l'art. 915, la quotité disponible, et dont le surplus est réservé aux ascendans en ordre de succéder?

Ces biens ne doivent-ils pas, au contraire, être considérés comme formant une succession à part, étrangère au calcul de la réserve et de la portion disponible, et chargée d'acquitter sans réduction, 1° en totalité, les legs portant spécialement sur les biens qui la composent; 2° pour sa portion contributoire, les legs qui portent sur la généralité des biens du défunt?

Quid si c'est le donateur lui-même qui se trouve appelé à succéder comme plus proche ascendant de sa ligne?

278. La réserve des enfans naturels, dont nous trouvons le principe dans la combinaison de l'art. 913 avec l'art. 757, amène aussi dans son application quelque

embarras : la difficulté consiste, 1° à régler, dans tous les cas possibles, le montant de cette portion ; 2° à déterminer la diminution que l'existence de l'enfant doit faire subir, soit à la réserve des héritiers légitimes, soit à la quotité disponible fixée par les art. 913 et 915.

Quid si l'enfant naturel concourt avec des enfans légitimes ?
Quid s'il concourt avec des ascendans ?
Quid à défaut de descendans légitimes et d'ascendans, soit qu'il existe un légataire universel saisi aux termes de l'art. 1006, soit qu'il n'en existe pas ?

279. C'est encore ici le lieu d'observer que la loi a renfermé dans des limites particulières la faculté de disposer au profit du conjoint (V. art. 1094 et 1098). L'application de ces articles, combinés avec les règles ordinaires, peut faire naître plusieurs questions qui seront examinées au siége de la matière.

280. La faculté de disposer étant exclusivement limitée à une certaine quotité de biens, et le surplus étant réservé aux héritiers, cette réserve doit rester intacte, tant pour les revenus que pour la propriété. Il s'ensuit que les dispositions de simple usufruit ou de rente viagère excèdent, sous un certain rapport, la quotité disponible, toutes les fois que les fruits du bien sur lequel est établi l'usufruit, ou que les arrérages de la rente surpassent le revenu des biens disponibles. Les héritiers ne doivent pas, dans ce cas, être contraints à exécuter les dispositions dans leur entier. Et toutefois, il ne serait pas juste, sans égard à la nature essentiellement temporaire d'une charge de ce genre, il serait

souverainement injuste de réduire, purement et simplement la disposition à la mesure du revenu de la portion disponible. Pour concilier tout et pour éviter d'ailleurs une estimation toujours incertaine, la loi accorde aux héritiers l'option entre deux partis : exécuter purement et simplement la disposition, ou abandonner en toute propriété la portion disponible. V. art. 917; et remarquez qu'au moyen de l'option accordée aux héritiers, il n'y a pas lieu, en général, à réduire un don d'usufruit ou de rente viagère. Voy. pourtant art. 1970.

Comment appliquer l'art. 917 au cas où le défunt aura fait d'autres libéralités, soit entre-vifs, soit par testament?

281. La faculté de disposer étant renfermée dans de justes limites, il ne peut être permis de les excéder par des libéralités déguisées sous la forme de contrats à titre onéreux (V. art. 911). Bien plus, la loi elle-même établit ici contre certains actes d'aliénation, en raison de leur nature et de la qualité des parties, une présomption de simulation, dont il importe de constater l'origine pour en saisir mieux l'application et les effets.

L'origine de l'art. 918 est dans la législation antérieure, qui, exigeant impérieusement l'égalité entre les successibles en ligne directe ou collatérale, prohibait pour l'avenir et annulait rétroactivement, comme libéralités présumées, les donations à charge de rente viagère ou ventes à fonds perdu, faites à tout héritier présomptif sans le concours des autres successibles. Seulement la loi réservait à l'acquéreur la reprise des sommes qu'il prouvait avoir payées au delà du revenu dont il avait joui. (V. L. 17 nivose an 2 (1), art. 26.)

Le Code n'exigeant pas, à beaucoup près, aussi impérieusement l'égalité entre les héritiers, sa disposition est nécessairement plus bornée dans son application et dans ses résultats.

Elle comprend bien toute aliénation à fonds perdu; elle y ajoute même celles qui sont faites avec réserve d'usufruit, mais seulement quand les unes ou les autres sont faites à un successible en ligne directe.

Dans ce cas même l'aliénation n'est pas annulée, mais seulement la valeur de l'objet aliéné s'impute sur la quotité disponible. Ainsi la loi, qui présume une donation, répute en même temps cette donation faite avec dispense de rapport : on applique donc alors l'art. 844.

Enfin la loi, qui ne veut pas enlever absolument à un père de famille, forcé par sa position d'aliéner à fonds perdu, le moyen de faire de bonne foi avec un de ses successibles un contrat qu'il ferait avec un étranger, lui ouvre à cet effet, comme la loi de nivose, une voie pour écarter le soupçon de fraude, en faisant intervenir à l'acte les autres successibles, qui, par là, deviennent non recevables à le critiquer (nonobstant art. 791 et 1130).

Au reste, une imputation sur la quotité disponible ne pouvant jamais intéresser que des héritiers à réserve, c'est bien surabondamment que la loi refuse aux col-

---

(1) Coll. Rondonneau, tome 4, n° 2041.

latéraux, qui n'ont jamais droit à la réserve, la faculté d'invoquer sa disposition. V. art. 918.

Si le successible était en état de prouver qu'il a payé effectivement les arrérages de la rente viagère ou le prix de la nue propriété, pourrait-il s'en faire tenir compte?

Faut-il absolument, pour mettre l'acte à l'abri de l'attaque, le concours de tous les successibles?

Quid si l'un d'eux n'était né que depuis sa confection, et que l'acte eût été approuvé par les autres?

282. Nous savons déjà que le Code permet d'avantager un de ses successibles jusqu'à concurrence de la quotité disponible, et que l'obligation du rapport cesse devant la volonté expresse du disposant (V. art. 843, 844). L'art. 919 consacre de nouveau ce principe, et permet même de faire, par un acte postérieur à la donation, la déclaration de cette volonté. Seulement, comme c'est là vraiment une nouvelle libéralité, il faut observer dans cet acte les formes établies pour les dispositions à titre gratuit. V. art. 919.

SECTION II.

De la réduction des donations et legs.

283. La faculté de disposer n'étant limitée que dans l'intérêt des héritiers que la loi désigne, et pour leur assurer une portion de la succession, il s'ensuit, 1° que les dons excessifs ne doivent pas être annulés dans leur entier, mais seulement réduits à la quotité disponible, qui ne peut être connue qu'à l'ouverture de la succession. V. art. 920.

284. Il s'ensuit, 2° que cette réduction ne s'opère pas de plein droit, mais bien par l'effet d'une action accordée aux intéressés, action qu'ils sont maîtres d'intenter ou non.

285. Une troisième conséquence du même principe, c'est que l'action en réduction, au moins à l'égard des donations entre-vifs, n'est accordée, en général, qu'aux héritiers à réserve, et ne peut profiter qu'à eux. Remarquons toutefois que le droit n'est pas tellement attaché à leur personne, que l'exercice ou le profit n'en puisse appartenir à leurs héritiers ou ayant-cause : mais l'un comme l'autre est, avec raison, refusé aux ayant-cause du défunt ; car les biens une fois donnés avaient cessé d'appartenir à celui-ci. V. art. 921.

Au reste, de ce que l'article parle seulement des dispositions entre-vifs, ne concluez pas que la réduction des legs à la quotité disponible puisse être demandée par d'autres héritiers que les ascendans ou les descendans (*puta*, par les frères et sœurs, appelés de préférence aux ascendans). La loi veut indiquer seulement, qu'en cas d'insuffisance du patrimoine, les legs pourront être réduits, soit qu'il y ait ou non des héritiers à réserve, sur la demande des créanciers ou des autres légataires.

Faut-il conclure de notre article, que les enfans naturels, parce qu'ils ne sont pas héritiers, ne peuvent faire réduire les donations entre-vifs ? — Ne l'induirait-on pas surtout des termes de l'art. 756, qui n'établit leurs droits que *sur les biens de leur père ou mère décédés ?*

Ne devrait-on pas au moins distinguer, à cet égard, entre

les donations qui ont précédé et celles qui ont suivi la reconnaissance?

Quid à l'égard des enfans adoptifs?

L'héritier à réserve qui a accepté purement et simplement peut-il intenter l'action en réduction?

En cas d'affirmative, n'en faudrait-il pas conclure que les créanciers de la succession pourraient la demander de son chef (art. 1166)?

De quelque manière qu'il accepte, ses créanciers personnels n'ont-ils pas toujours ce droit?

286. Pour juger s'il y a lieu ou non à réduction dans un cas donné, et jusqu'à quelle concurrence, il est évident qu'il faut commencer par déterminer le montant de la quotité disponible, et comparer ensuite à ce montant celui des dispositions à titre gratuit. Le *quantum* de la portion disponible ne peut être connu qu'autant qu'on connaît le *quantum* de la succession tout entière. Il faut donc commencer par la formation d'une masse générale comprenant tous les biens qui composeraient la succession du défunt s'il n'avait fait aucune libéralité : cette masse se forme, 1° de tous les biens qui appartenaient au défunt au jour du décès; 2° de tous ceux dont il a été par lui disposé entre-vifs, et qu'on y réunit fictivement.

Il est clair que tous les biens compris dans la masse le sont, en général, sur le pied de leur valeur au temps du décès; car c'est l'époque de l'ouverture de la succession qui doit régler à la fois et la quotité disponible et la valeur de cette quotité. Toutefois, à l'égard des biens donnés, qui ont pu être améliorés ou détériorés par les donataires, ils doivent figurer dans cette masse, non pour ce qu'ils valent effectivement, mais pour ce qu'ils vaudraient s'ils étaient restés dans la succession. C'est en ce sens que la loi, en s'attachant à la valeur au temps du décès, veut que cette valeur soit déterminée d'après l'état des biens à l'époque des donations.

La masse se diminue naturellement du montant des dettes; et c'est seulement sur ce qui reste net que se calcule la quotité disponible; mais, à cet égard, il faut observer que la loi, qui semble prescrire la déduction des dettes sur la masse générale, ne pourra être suivie au pied de la lettre, lorsque la somme des dettes excédera celle des biens qui se trouvent en nature dans la succession : on conçoit, en effet, que les créanciers ne pouvant atteindre les biens donnés, il ne serait pas juste d'opérer sur leur valeur une déduction qui tendrait uniquement à diminuer le montant de la portion disponible. Pour que l'opération soit toujours équitable, il convient donc de faire la déduction des dettes avant la réunion fictive des biens donnés. V. art. 922.

L'art. 922 doit-il être appliqué lorsqu'il s'agit de déterminer le montant d'un legs de la quotité disponible?

Dans ce cas, si le testateur avait fait de son vivant des dons en avancement d'hoirie, faudrait-il, pour ne pas faire profiter le légataire du rapport (art. 857), composer la masse indépendamment des biens donnés en avancement d'hoirie?

Du principe qui refuse le rapport au légataire, ne faut-il pas plutôt conclure que les avancemens d'hoirie, quoique sujets à rapport, et effectivement rapportés, seront considérés, à l'égard du légataire, comme des donations ordinaires? ne doit-on pas dès lors en comprendre la valeur dans la masse, mais imputer ensuite cette valeur sur la quotité disponible, au risque de l'absorber, ce qui rendrait caduc le legs de la quotité disponible (art. 925)?

Ce dernier parti ne doit-il pas être incontestablement suivi lorsque les successibles donataires renoncent à la succession?

Si les biens dont il a été disposé par donation sont meubles, n'est-ce pas d'après leur valeur au temps de la donation qu'ils doivent être réunis à la masse (arg. de l'art. 868)? Ne faut-il pas distinguer, à cet égard, entre la donation faite à un successible et la donation faite à un étranger?

287. La masse composée et la quotité disponible fixée, il est facile de voir si les libéralités excèdent ou non cette quotité. Mais il est clair que la libre faculté de disposer n'ayant cessé pour le défunt qu'au moment où il a dépassé les limites tracées par la loi, tous les droits conférés aux donataires dans ces limites doivent rester intacts, et que la réduction ne peut préjudicier qu'aux droits acquis postérieurement.

De là il suit, 1° que la réduction porte sur les dispositions testamentaires avant d'atteindre les donations entre-vifs;

2° Qu'entre les donations, les plus nouvelles doivent toujours être réduites avant les plus anciennes. Voyez art. 923.

Dans le cas où l'action en réduction contre les donataires postérieurs serait inefficace à raison de leur insolvabilité, cette perte doit-elle tomber sur les donataires antérieurs, ou sur les héritiers à réserve?

288. Observons en passant qu'il est un cas où la donation, même excessive, pourra échapper à la réduction proprement dite, c'est celui où elle est faite à un héritier à réserve : celui-ci ayant droit à une part héréditaire dans les biens non disponibles, la loi lui permet de retenir sur les biens donnés la valeur de cette part; mais il faut pour cela que les autres biens non disponibles soient de la même nature. V. art. 924; et remarquez que, pour appliquer l'article, il faut supposer que la donation faite au successible n'est pas sujette à rapport. Selon nous, cette application se borne au cas d'un don par préciput. Ainsi entendue, la disposition de la loi a pour unique objet de déroger au principe posé par l'art. 866. Cette dérogation, au reste, s'explique parfaitement par l'art. 859.

289. Les legs devant toujours être réduits avant les donations, il est évident qu'ils sont tous caducs, lorsque les donations absorbent la quotité disponible. Voyez art. 925.

290. Que si la quotité disponible n'est point épuisée par les donations, mais qu'elle soit insuffisante pour payer tous les legs, il y a lieu à les réduire; et dans cette réduction on n'aura nul égard à l'ancienneté du titre; car toutes les dispositions testamentaires, bien que contenues dans des actes différens, sont toujours réputées avoir la même date, celle de l'ouverture du droit. La réduction se fera donc proportionnellement sur toutes, *sans distinction entre les legs universels et les legs particuliers.* D'où il suit que les légataires uni-

versels ou à titre universel feront subir aux legs particuliers qu'ils sont chargés d'acquitter (art. 1009, 1013, 1017) une réduction proportionnelle à la réduction que subira leur propre legs. V. art. 926.

De notre article combiné avec l'art. 1003 ne résulte-t-il pas que le légataire universel en concours avec un héritier à réserve ne sera jamais tenu d'acquitter intégralement les legs? Comment concilier cette décision avec l'art. 1009?

291. Du reste, l'égalité établie par la loi entre tous les légataires dans la réduction qu'ils subissent n'étant, à vrai dire, fondée que sur la volonté présumée du testateur, il est clair que sa volonté expresse d'accorder une préférence doit prévaloir sur cette supposition. V. art. 927.

Les légataires de corps certains doivent-ils être réduits proportionnellement avec les legs de quantité?

292. La réduction doit, en général, remettre la succession au même état que si le don excessif n'avait pas eu lieu.

Ainsi, 1° les fruits des biens à recouvrer appartiennent à la succession du jour même du décès. Et néanmoins la bonne foi doit produire ici son effet ordinaire; c'est par ce motif, selon nous, que le donataire, s'il n'est pas attaqué dans l'année, ne doit les fruits que du jour de la demande. V. art. 928.

2° Les immeubles rentrent francs et quittes de dettes ou hypothèques créées par le donataire. V. art. 929.

3° Les aliénations mêmes sont résolues. Seulement

la faveur due aux tiers acquéreurs doit prévaloir sur l'intérêt qu'ont les héritiers à obtenir les biens en nature. De là la nécessité de discuter préalablement les biens du donataire qui a aliéné. Il est bien clair, au reste, qu'on ne peut attaquer les tiers acquéreurs que dans le même ordre que les donataires eux-mêmes, c'est-à-dire, que les acquéreurs des biens compris dans les dernières donations sont les premiers attaqués. Il y a plus, les biens restés dans les mains du donataire, devant, comme on l'a dit, être préalablement discutés, il s'ensuit naturellement que la réduction, si elle a lieu contre les tiers, doit frapper d'abord sur l'aliénation la plus récente. V. art. 930.

CHAPITRE IV.

DES DONATIONS ENTRE-VIFS.

SECTION I.

De la forme des donations entre-vifs.

293. Il faut entendre par *forme* de la donation non seulement la forme extérieure dont elle doit être revêtue, mais encore la forme intrinsèque qui comprend tout ce qui est nécessaire pour la faire exister.

294. Les formes et les conditions de la donation entre-vifs, empruntées pour la plupart à l'ordonnance de 1731, tendent principalement à assurer le dépouillement actuel et irrévocable du donateur. Ce dépouille-

ment est le caractère propre, la condition essentielle, de la donation entre-vifs. Si, au contraire, le donateur, se préférant lui-même au donataire, préfère seulement celui-ci à ses héritiers, il doit employer les formes, à certains égards plus rigoureuses, que la loi prescrit pour les testamens.

295. Cela posé, la première condition requise pour la validité, et non pas seulement pour l'authenticité de l'acte de donation, c'est qu'il soit passé devant notaire, et qu'il en reste minute. V. art. 931.

Faut-il conclure de là qu'un *acte* (*instrumentum*) soit toujours nécessaire pour la validité d'une donation entre-vifs?

296. La donation étant un contrat, ne peut évidemment être parfaite que par le concours de deux volontés. Il faut donc l'acceptation du donataire (art. 894); mais, dans ce contrat solennel, l'acceptation doit être expresse. V. art. 932, al. 1.

297. Si le concours des volontés est nécessaire, il n'est pas également indispensable que leur manifestation soit simultanée. En effet, quand une fois le donateur a légalement exprimé l'intention de donner, il est naturellement réputé y persévérer, tant qu'il ne la révoque pas. Si donc, plus tard, le donataire manifeste la volonté d'accepter, le concours s'établit, et la donation reçoit sa perfection. Ainsi, l'acceptation peut avoir lieu par acte séparé ; mais, 1° cet acte, qui complette la donation est assujéti aux mêmes formes; 2° le concours de volontés ne pouvant pas s'établir après la mort du dona-

teur, l'acceptation doit nécessairement intervenir de son vivant.

En outre, pour que le donateur, qui, dans l'ignorance de l'acceptation, aurait disposé de la chose donnée, ne devienne point victime de son erreur, la donation, qui ne produit aucun effet jusqu'à l'acceptation, n'en a pas à l'égard du donateur tant que cette acceptation ne lui a pas été dûment notifiée. V. art. 932, al. dernier.

298. Observons, à ce sujet, que la nécessité de la notification n'empêche pas, selon nous, le contrat d'être parfait sous cette condition au moment de l'acceptation. Si donc la notification a été faite utilement, c'est toujours à l'acceptation que doivent remonter tous les effets de la donation. Seulement, le donateur restant, jusqu'à la notification, maître d'anéantir, et à plus forte raison de diminuer, l'effet de la donation, le donataire doit évidemment respecter tous les droits conférés par celui-ci dans l'intervalle de l'acceptation à la notification.

La notification doit-elle, comme l'acceptation, être faite du vivant du donateur?

L'acceptation faite de son vivant ne pourrait-elle pas être valablement notifiée à ses héritiers?

Si c'est le donataire qui meurt sans avoir notifié son acceptation, ses héritiers ne peuvent-ils pas faire utilement la notification?

Des principes exposés ne doit-on pas conclure affirmativement :

1° Que pour la validité de la disposition, le donateur doit

avoir été capable, de fait et de droit, au moment de la donation et au moment de l'acceptation;

2º Que la capacité de recevoir est requise dans le donataire au moment de l'acceptation, mais non au moment de la donation;

3º Que ni la capacité du donateur, ni celle du donataire, ne sont requises à l'époque de la notification;

4º Que ces règles doivent s'observer indistinctement pour les dispositions conditionnelles comme pour les dispositions pures et simples (1)?

299. Le même principe qui sert à expliquer la nécessité d'une acceptation expresse, a fait admettre aussi que le donataire capable ne pourrait accepter que par lui-même ou par un fondé de pouvoir spécial. Au dernier cas, la procuration, au sort de laquelle est attaché celui de l'acceptation, doit être passée en forme authentique, et la loi veut qu'il en soit annexé une *expédition* à la minute de l'acte qu'elle complette. V. art. 933.

La procuration doit-elle nécessairement être passée en minute? Ne remplirait-on pas le but de la loi en annexant l'original en brevet?

300. Toute personne capable de recevoir n'est pas, par cela même, capable d'accepter une donation.

Ainsi, 1º les bonnes mœurs et l'autorité maritale exigent que la femme mariée ne puisse faire cette acceptation sans le consentement de son mari ou l'autorisation de justice. V. art. 934.

---

(1) V. *Thémis*, tome VII, p. 371.

301. 2° Pareillement la donation faite au mineur non émancipé ou à l'interdit ne peut être valablement acceptée par lui. Elle doit, en général, l'être par son tuteur dûment autorisé (V. art. 463).

Le mineur émancipé peut bien accepter lui-même, mais il doit être assisté de son curateur.

Au surplus, dans la crainte que la négligence ou la mauvaise volonté du tuteur ou curateur ne privât le mineur de l'avantage d'une donation, la loi a permis aux ascendans, en cette seule qualité, d'accepter pour lui. La faveur va même ici jusqu'à donner aux ascendans supérieurs la concurrence avec les père et mère. V. art. 935; et appliquez sans difficulté, aux ascendans de l'interdit, la faculté accordée par la loi à ceux du mineur (art. 509).

L'ascendante mariée peut-elle accepter sans l'autorisation de son mari ou de justice?

La mère peut-elle accepter malgré le père? l'ascendant du degré supérieur, malgré les père et mère?

Le mineur émancipé ou les ascendans ont-ils besoin d'être autorisés par le conseil de famille?

L'acceptation faite par le mineur émancipé dûment assisté, ou par l'ascendant au nom du mineur, a-t-elle le même effet que si elle était faite par un majeur? V. à ce sujet, art. 1305, 463, 1314.

Si l'acceptation a été faite par l'incapable lui-même, doit-on appliquer les art. 225 et 1125?

302. 3° Le sourd-muet qui sait écrire ne peut être mis au rang des incapables. Mais celui qui ne le sait pas, ne pouvant manifester clairement sa volonté, doit

être représenté par un curateur *ad hoc* nommé par le conseil de famille. V. art. 936.

303. 4° Les personnes morales ne pouvant agir que par leurs représentans légaux, c'est à ceux-ci qu'appartient le droit d'accepter; mais l'effet des libéralités faites à ces personnes, étant comme on l'a vu, subordonné à l'autorisation du Roi, la solennité de l'acte exige ici que l'autorisation soit préalable. V. art. 937.

304. Quand la donation est faite et acceptée dans les formes prescrites, le contrat est parfait, et dès ce moment, le donateur est personnellement obligé à la délivrance. Bien plus, suivant le principe général introduit par le Code civil (art. 711 et 1138), la propriété de la chose donnée est transférée sans tradition. V. art. 938.

305. Le principe ci-dessus s'applique aux biens meubles et immeubles, sauf, pour les meubles, la modification contenue en l'article 1141.

Quant aux immeubles, au moins pour ceux qui sont susceptibles d'hypothèque, la translation de propriété ne produit tous les effets dont elle est susceptible qu'autant qu'elle est rendue publique par la transcription, au bureau des hypothèques, de tous les actes qui constituent le dépouillement irrévocable du donateur. V. art. 939.

306. La publicité de la donation importe à tous ceux qui ont intérêt à connaître l'état véritable de la fortune du donateur; et dans cette classe, il faut ranger ses créanciers, ses héritiers et ayant-cause. Un mode spécial de publicité pouvait paraître ici d'autant plus nécessaire, que, par le moyen des réserves d'usufruit, l'existence de

la donation sera souvent dissimulée pendant toute la vie du donateur. Tel était, dans le système de l'ordonnance de 1731, l'objet de l'insinuation, qui consistait dans la transcription de l'acte de donation sur un registre public tenu dans les greffes des tribunaux. Cette insinuation n'était pas, comme en droit romain, une forme intrinsèque requise pour la perfection de la donation, mais c'était une formalité extrinsèque, en l'absence de laquelle les effets de la donation, d'ailleurs parfaite, se trouvaient concentrés entre le donateur et le donataire ou ses ayant-cause. Du reste, l'insinuation était, en général, et sauf quelques exceptions, exigée pour toute donation mobilière ou immobilière.

307. La nécessité de l'insinuation a subsisté jusqu'à la publication du Code civil. Mais depuis l'introduction du régime hypothécaire de l'an 7, les aliénations quelconques de biens susceptibles d'hypothèque ayant été soumises à une formalité nouvelle, la transcription sur les registres du conservateur, cette formalité se trouva, pour les biens qu'elle concernait, faire double emploi avec l'insinuation au greffe. Ce fut par ce motif que notre législateur, en consacrant spécialement pour les donations la règle de la transcription, fit disparaître celle de l'insinuation (1).

308. Il suit de là, que la publicité des donations n'est plus exigée que pour les biens susceptibles d'hypothèque (art. 939. V. art. 2118).

---

(1) V. Procès-verbal de la discussion au Conseil d'état, séance du 12 ventôse an XI.

Des principes exposés, ne faut-il pas conclure, d'une manière générale, que la publicité des donations n'est requise par le Code civil que comme elle l'était, pour les aliénations ordinaires, par la loi en vigueur lors de la promulgation de ce titre?

N'en résulterait-il pas que les suites du défaut de transcription ne devraient s'apprécier, ni par les principes de l'ancien droit sur l'insinuation (V. Ordon. de 1731, art. 20 et 27), ni par le système de la législation actuelle sur la transcription appliquée aux aliénations en général (V. art. 2181, 2182; C. pr., art. 834); mais par le système de la législation de l'an VII? (Voy. L. 11. Brumaire an VII (1), art. 26.)

309. Quoi qu'il en soit, il importe pour assurer l'effet de la donation, que la formalité de la transcription, dans les cas où elle est exigée, ne soit pas omise; lors donc que la donation est faite à une personne dont la loi confie les intérêts à d'autres, les mandataires légaux sont obligés, sous leur responsabilité, de faire faire la transcription. Cette obligation s'applique aux maris, tuteurs, curateurs ou administrateurs. En outre, comme la transcription ne tend qu'à consolider une acquisition déjà faite, la loi permet à la femme mariée d'y faire procéder sans autorisation. V. art. 940.

Le mari est-il chargé de faire transcrire la donation acceptée par sa femme avec autorisation de justice?

Le mineur ne peut-il pas toujours faire procéder lui-même à la transcription?

Les ascendans qui peuvent accepter pour le mineur n'ont-ils pas également qualité pour faire procéder à la transcription?

---

(1) II, B. 238, n° 2107.

310. Quoique la transcription ne soit pas, comme l'ancienne insinuation, requise expressément à peine de nullité, il est certain néanmoins qu'à l'égard des personnes qui peuvent opposer le défaut de transcription, la donation non transcrite est réputée non avenue. Sans nul doute, à notre avis, ce défaut peut être opposé par les créanciers ou acquéreurs (V. L. 11 brum. an VII, art. 26); mais le Code semble aller plus loin en établissant en principe, qu'il peut l'être par toutes personnes ayant intérêt. Toutefois, la loi excepte avec raison, 1° les personnes qui, chargées de faire procéder à la transcription, ne peuvent se faire un titre de leur propre négligence; et non seulement ces personnes, mais aussi leurs ayant-cause; 2° le donateur, car, à son égard, l'acte est parfait, au plus tard, par l'acceptation dûment notifiée (art. 932, 938). V. art. 941, dont les termes, au surplus, sembleraient n'être que la reproduction abrégée des articles 27, 30, 31 de l'Ordonnance de 1731, relatifs à l'insinuation.

Les héritiers du donateur peuvent-ils opposer le défaut de transcription?

Quid à l'égard des donataires ou légataires?

Voy. sur les deux questions, Ordonnance de 1731, art. 27; voy. pourtant C. civ., art. 1070, 1072.

Les ayant-cause, à titre singulier des personnes chargées de faire faire la transcription, ne pourroient-ils pas opposer le défaut de cette formalité?

311. L'acceptation expresse, pour former le contrat, et la transcription, pour donner à l'aliénation la publicité requise, sont des formalités essentielles. Les inca-

pables même ne sont pas restitués contre leur omission ; sauf, bien entendu, le recours contre ceux qui étaient de droit chargés de protéger leur incapacité, et sans que l'inefficacité de ce recours puisse fournir un moyen extraordinaire de restitution. V. art. 942, et remarquez que la loi n'établit expressément le recours que contre les maris et tuteurs.

Le mineur émancipé n'auroit-il pas de recours contre son curateur ?

Les établissemens publics n'en auraient-ils pas contre leurs administrateurs ?

312. L'irrévocabilité étant, comme on l'a vu, un des caractères essentiels de la donation entre-vifs, et le principal objet des formalités auxquelles elle est soumise, la loi prohibe dans cet acte toute clause qui tendroit à en subordonner l'effet à la volonté du donateur (art. 943-946).

313. Cette prohibition s'applique, 1° aux donations de biens à venir, sans néanmoins que la donation qui porterait à la fois sur des biens présens et sur des biens à venir, pût être annulée à l'égard des premiers. Voy. art. 943.

Serait-ce contrevenir à la règle qui défend les donations de biens à venir, que de donner une somme dont l'exigibilité serait différée jusqu'à un certain temps, *puta* jusqu'à l'époque du décès du donateur, et d'en assurer le paiement par une hypothèque constituée sur les biens à venir, dans les termes de l'art. 2130 ?

Si l'on admettait ce système, ne faudrait-il pas, pour être conséquent, annuler la donation d'une somme d'argent, toutes les fois que l'exigibilité en serait différée? Du moins, ne devrait-on pas alors concentrer l'effet de l'obligation du donateur sur les biens qui lui appartenaient au temps de la donation, nonobstant, art. 2092?

Une simple espérance, résultant d'un droit conditionnel, doit-elle être considérée comme un bien à venir, qu'il ne serait pas permis de donner entre-vifs?

314. La prohibition comprend, 2° les donations faites sous des conditions *dont l'exécution dépend de la seule volonté du donateur.* V. art. 944, et remarquez que ce n'est point ici l'application pure et simple du principe posé pour les obligations en général par l'art. 1174. Quoique la condition ne consiste pas dans la volonté elle-même, il suffit, pour qu'elle vicie la donation entre-vifs, que la seule volonté du donateur puisse en empêcher l'exécution.

La donation entre-vifs peut-elle être faite sous la condition qu'il naîtra ou qu'il ne naîtra pas d'enfans au donateur?

Peut-elle l'être sous la condition que le donateur se mariera, ou qu'il ne se mariera pas?

Quid si elle est faite sous la condition qu'il épousera ou qu'il n'épousera pas telle personne?

La donation entre-vifs pourroit-elle être faite sous une condition suspensive dont l'accomplissement ne devrait pas se vérifier avant la mort du donateur, *puta* sous la condition qu'il mourra sans enfans, ou que le donataire lui survivra?

Peut-elle avoir lieu en vue d'un danger, sous la condition que le donateur n'y échappera pas?

315. 3° La prohibition s'applique encore évidemment aux donations faites à la charge de payer des dettes

dont le montant est incertain, et qu'il dépendrait du donateur d'augmenter ou de diminuer. Du reste, il paraît résulter des termes de la loi qu'on peut valablement imposer au donateur la charge de payer non seulement les dettes présentes en tout ou en partie, mais même des dettes futures, pourvu qu'on en exprime le montant, soit dans l'acte même, soit dans un état annexé à cet acte. V. art. 944.

Si la charge ne porte que sur les dettes présentes, est-il besoin d'en joindre l'état à la donation? (Voy., à ce sujet, art. 1084.)

La donation de l'universalité ou d'une quote-part de biens présens, n'emporterait-elle pas de plein droit la charge d'acquitter la totalité ou une portion des dettes existantes?

316. A plus forte raison, ne peut-on pas se réserver expressément le droit de disposer des choses données. Mais si la réserve ne porte que sur une partie de ces choses, ou, ce qui revient au même, sur une somme fixe à prendre sur les biens donnés, la donation n'est pas nulle pour le tout. Seulement, ce qui aurait été ainsi retenu serait censé n'avoir jamais été donné. Conséquemment, les objets ou les sommes réservés appartiendroient aux héritiers du donateur, mort sans en avoir effectivement disposé. Cette conséquence, qui tient à l'essence même de la donation entre-vifs, ne pourrait évidemment être écartée par l'effet d'aucune clause ou stipulation. V. art. 946.

Quid si le donateur s'est réservé la faculté de disposer d'une rente viagère au profit d'une personne déterminée, soit qu'il en dispose ensuite, soit qu'il meure sans en avoir disposé?

Si le donataire a joui de la chose ou de la somme réservée pendant la vie du donateur, doit-il compte de cette jouissance?

317. Des motifs particuliers, qui seront ultérieurement exposés, réclamaient une exception aux prohibitions ci-dessus pour les donations par contrat de mariage et les donations entre époux. V. art. 947.

318. C'est encore une conséquence du principe, *donner et retenir ne vaut,* que l'acte de donation d'effets mobiliers ne puisse valoir, s'il n'est accompagné d'un état estimatif, sans lequel le donateur pourrait toujours, avant la tradition, soustraire une partie de ces effets, les détériorer ou en substituer d'autres. V. art. 948, et remarquez que ni les termes ni les motifs de la loi ne peuvent comprendre le cas d'un don manuel.

La nullité résultant du défaut d'état, et en général, tout vice de forme dans la donation de mobilier, ne seraient-ils pas couverts par la tradition? Voy. art. 931, 948, 1339, 1340; voy. aussi art. 868.

319. Toute réserve sur les biens donnés n'est pas une contravention à la maxime, *donner et retenir ne vaut;* on peut, en donnant, se réserver l'usufruit ou l'attribuer à un autre. En effet, il n'y a pas moins dépouillement actuel et irrévocable, quant à la propriété. Voy. art. 949.

320. L'usufruit, dans ce cas, étant soumis aux règles ordinaires, il est clair que s'il s'agit d'effets mobiliers, le donateur ne sera obligé de les rendre que dans l'état où ils se trouveront, non détériorés toutefois par son dol

ou par sa faute (art. 589); mais s'il ne les représente pas, il en devra l'estimation, suivant l'état qui aura dû être annexé à la minute. V. art. 950.

321. Pareillement, ce n'est pas donner et retenir, que de stipuler le retour pour le cas de prédécès, soit du donataire seul, soit du donataire et de sa postérité : car la condition du prédécès est indépendante de la volonté du donateur. Mais la stipulation de retour au profit de tout autre que le donateur, équivalant à une substitution, elle est nécessairement prohibée. V. art. 951.

La condition de retour au profit de tout autre que le donateur, annulle-t-elle la donation, ou doit-elle seulement être réputée non-écrite? V. art. 896 et 900.
La mort civile du donataire donnerait-elle ouverture au droit de retour?

322. La clause de retour soumet la donation à une condition résolutoire. Si cette condition s'accomplit, il y a lieu d'appliquer aux aliénations faites par le donataire, et aux charges créées de son chef, la maxime, *resoluto jure dantis resolvitur jus accipientis*. Cependant le don fait à un mari par contrat de mariage, ayant dû être considéré par la femme et par la famille de la femme comme une garantie de la dot et des conventions matrimoniales, la loi dans ce cas réserve à celle-ci, nonobstant le retour, une hypothèque subsidiaire pour les droits qui résultent, en sa faveur, du même contrat. V. art. 952.

SECTION II.

Des exceptions à la règle de l'irrévocabilité des donations entre-vifs.

323. Indépendamment de la révocation qui s'opère par l'effet de la clause de retour (art. 951, 952), ou par l'effet de toute autre condition résolutoire non prohibée, la loi elle-même admet trois exceptions au principe de l'irrévocabilité : ces exceptions s'appliquent, 1° aux cas d'inexécution des conditions (art. 954, 956), 2° au cas d'ingratitude (art. 955-959), 3° au cas de survenance d'enfans (art. 960-966).

324. Quoique la donation soit un acte gratuit de sa nature, il est néanmoins permis au donateur de restreindre l'étendue de sa libéralité en imposant quelques charges au donataire. Ces charges ne sont pas, à proprement parler, des conditions de la donation, car elles n'en suspendent pas l'effet; et toutefois, comme la volonté de donner peut être subordonnée à leur accomplissement, la loi les désigne ici sous le nom de conditions. Du reste, elles ont naturellement pour effet de soumettre la donation à une condition résolutoire du même genre que celle qui est toujours sous-entendue dans les contrats synallagmatiques (V. art. 1184). Leur inexécution faisant donc entièrement défaillir dès le principe la volonté qui servait de base au droit du donataire, ce droit doit s'évanouir, et avec lui doivent disparaître tous ceux que le donataire aurait conférés à des tiers. V. art. 954.

325. Il est évident, au reste, que dans ce cas, pas plus que dans celui de l'article 1184, la résolution ne peut s'opérer de plein droit (art. 956). La donation subsiste donc avec tous ses effets tant que la révocation n'en est pas demandée par ceux qui ont qualité, c'est-à-dire, par le donateur, ses héritiers ou ayant-cause. Bien plus, il ne paraît pas douteux que le donateur ne conserve jusqu'au jugement le moyen d'éviter la résolution en exécutant les conditions, et qu'il ne puisse même obtenir du juge un délai, suivant les circonstances (V. art. 1184).

Doit-on appliquer dans son entier la disposition de l'article 1184? Le donataire ne peut-il pas toujours se dispenser d'accomplir les conditions, en renonçant à la donation? Combinez, art. 463, 965, 1052.

Quelle est la durée de l'action en révocation, soit que cette révocation ait été ou non expressément stipulée? Faut-il appliquer l'art. 1304, ou l'art. 2262?

La résolution aurait-elle lieu de plein droit, si elle avait été expressément stipulée pour le cas d'inexécution des conditions? Ne devrait-on pas appliquer l'art. 1666?

Quid si la donation avait été faite sous toute autre condition résolutoire?

326. Toute donation engageant le donataire à la reconnaissance, il est juste de punir l'ingrat par la perte du bienfait. La loi spécifie et limite à trois les causes de révocation pour ingratitude : 1° l'attentat à la vie ; on n'exige pas ici, comme pour l'indignité, qu'il soit suivi de condamnation ; 2° les sévices, délits et injures graves, ce qui comprend les atteintes portées à la sûreté, à la propriété et à l'honneur de la personne; 3° le refus

d'alimens. On doit donc reconnaître en principe que le donataire est obligé d'en fournir au donateur dans le besoin, mais seulement jusqu'à concurrence de la valeur du bien donné ; il en résulte naturellement que le donateur jouit, sous certain rapport, du bénéfice de *compétence*, à l'égard du donataire (V. *Just.*, *Inst.*, *de act.*). V. art. 955.

L'injure grave à la mémoire du donateur serait-elle cause de révocation de la donation entre-vifs? V. art. 1046, 1047.

Considéreroit-on, comme injure de ce genre, le défaut de dénonciation du meurtre du donateur?

Tout fait, qualifié délit par la loi criminelle, commis au préjudice du donateur, devrait-il emporter révocation? La question ne doit-elle pas plutôt dépendre des circonstances?

327. La révocation dont il s'agit étant une peine prononcée par la loi dans le seul intérêt de l'offensé, qui peut pardonner, il est évident qu'elle ne peut avoir lieu de plein droit. V. art. 956.

328. Non seulement l'offensé peut pardonner, mais ce pardon doit se présumer facilement. Aussi la demande doit-elle être formée dans un bref délai. La loi n'accorde qu'une année, qu'elle fait courir du jour même du délit, si le donateur l'a connu, sinon, du jour où il a pu le connaître. Les peines sont personnelles; l'action ne peut donc être dirigée contre les héritiers du donataire. L'offense et la réparation étant également personnelles, il eût semblé également naturel de refuser toute action aux héritiers du donateur (V. *Ulp.*, L. 13, *ppio.*, L. 15, § 14, ff *de injur.*). Toutefois la

loi devait nécessairement leur accorder le droit de suivre l'action intentée par leur auteur (V. *Just.*, *Inst.*, § 1, *in fin.*, *de perp. et temp. act.*, *Ulp.*, L. 13, *ppio.*, L. 28, ff *de injur.*); mais elle va plus loin, elle leur permet d'intenter eux-mêmes l'action, lorsque le donateur, mort dans l'année du délit, ne peut encore être réputé l'avoir éteinte par le pardon. V. art. 957.

Suffirait-il, pour écarter l'action du donateur, de prouver qu'il a pu connaître le délit plus d'un an avant la demande? Ne faudrait-il pas prouver qu'il l'a effectivement connu?

L'action intentée contre le donataire de son vivant ne pourrait-elle pas se continuer contre ses héritiers?

Pour que les héritiers du donateur puissent intenter l'action, ne suffira-t-il pas que leur auteur soit mort dans l'année, à partir de la connaissance qu'il a pu avoir du délit?

Si le délit est postérieur à la mort du donateur, *puta* s'il y a eu outrage à sa mémoire, les héritiers ne peuvent-ils pas agir? V. art. 1046, 1047.

Dans les divers cas où les héritiers peuvent agir, combien de temps dure leur action?

329. La révocation pour ingratitude étant une peine, qui ne peut atteindre que l'auteur du délit, ce n'est pas le cas d'appliquer la maxime *resoluto jure dantis*, etc. La loi maintient en conséquence les droits conférés à des tiers par le donataire, non seulement jusqu'à la demande en révocation, mais jusqu'à la publication de cette demande, qui, à cet effet, doit être mentionnée en marge de la transcription de la donation. Bien plus, la révocation étant toujours facultative, la loi n'en fait remonter les effets, à l'égard même du donataire, qu'au

jour de la demande ; c'est à cette époque que se calcule la valeur des objets aliénés dont la restitution est toujours due ; c'est de ce jour seulement que l'ingrat cesse de gagner les fruits. V. art. 958.

La demande devrait-elle être publiée, si la donation n'avait pas été transcrite? Comment alors la publierait-on?

330. Toujours, selon nous, par suite du principe qui concentre la peine dans la personne du coupable, la loi n'a pas soumis à la révocation pour cause d'ingratitude les donations en faveur du mariage. Ces donations, en effet, sont plutôt la dotation du nouvel établissement des futurs qu'une libéralité personnelle à l'époux donataire. V. art. 959.

L'exception s'applique-t-elle aux donations faites en contrat de mariage par l'un des époux à l'autre?

Les donations mutuelles sont-elles révocables pour ingratitude? Leur effet alors devrait-il être scindé?

Quid à l'égard des donations rémunératoires?

331. Le sentiment naturel qui porte à préférer son propre sang à des étrangers fait supposer favorablement qu'un don fait par une personne sans postérité n'aurait pas eu lieu s'il eût existé des enfans. Tel est le principe de la révocation pour survenance d'enfant, qui évidemment ne peut s'appliquer au cas où le donateur avait déjà des enfans ou descendans vivans au moment de la donation, mais qui du reste comprend en général, et sauf quelques exceptions, dont il est facile de se rendre compte, toute donation, quelque modique,

quelque favorable qu'elle soit. Ainsi, l'équité de la réciprocité, la considération des services rendus, ne sont pas des raisons suffisantes pour affranchir de la révocation les donations mutuelles ou rémunératoires. Les donations, même en faveur du mariage, y sont soumises. La loi en excepte seulement : 1º les donations faites par les ascendans aux conjoints, celles-là ne sont pas même dans les termes de la règle; 2º les donations que les époux se font l'un à l'autre, celles-ci échappent évidemment aux motifs de la révocation. La révocation, au reste, s'opère de plein droit par le seul fait de la naissance d'un enfant légitime, même posthume, ou par la légitimation d'un enfant naturel, pourvu qu'il soit né depuis la donation. V. art. 960.

Les dons modiques, dont il est parlé dans l'art. 852, ne sont-ils pas exceptés de la révocation, comme ils le sont du rapport?

La révocation de la donation mutuelle par la survenance d'enfant à l'un des donateurs, s'applique-t-elle à la donation tout entière?

Qu'avait-on besoin d'excepter la donation faite par un ascendant aux conjoints, puisque la règle n'embrasse que les donations faites par personnes qui n'avaient point de descendans?

Doit-on considérer, comme sans enfans, la personne dont les enfans seraient morts civilement ou absens?

Le retour de l'absent, le recouvrement des droits civils par le mort civilement, révoqueraient-ils la donation?

L'existence d'un enfant naturel au moment de la donation, fait-elle obstacle à la révocation?

332. Le sentiment de la paternité ou de la maternité

n'étant bien connu qu'après la naissance, on ne doit pas ici considérer comme existant l'enfant conçu. V. art. 961.

333. La survenance d'enfant faisant, d'après la supposition de la loi, défaillir le principe même de toute libéralité, la volonté du donateur, et la révocation s'opérant, comme on l'a dit, de plein droit, le seul fait de la naissance de l'enfant remet les choses au même état que s'il n'y avait pas eu donation. De là suivent plusieurs conséquences.

334. 1° La donation une fois anéantie ne peut, comme un acte simplement sujet à rescision, être ratifiée par l'exécution volontaire. Seulement il est évident que la bonne foi présumée du donataire doit lui faire réserver les fruits jusqu'à la notification légale de l'événement qui produit la résolution. V. art. 962.

Le donataire n'a-t-il droit à ces fruits que comme possesseur de bonne foi? S'il n'avait pas été mis en possession, ne pourrait-il pas réclamer les fruits du temps intermédiaire, comme il pourrait les retenir dans le cas contraire?

335. 2° Tous droits conférés par le donataire sont anéantis comme celui du constituant. La loi même, loin d'admettre ici, comme dans le cas de retour conventionnel, l'hypothèque subsidiaire de la femme, fondée sur une espèce de cautionnement tacite du donateur par contrat de mariage, refuse cet effet à un cautionnement exprès. V. art. 963.

Suit-il de là, que le donateur soit déchargé de son cautionnement?

Faudrait-il en conclure que l'obligation d'une caution serait en général révocable pour survenance d'enfans ?

336. 3° La mort même de l'enfant ne peut faire cesser l'effet une fois produit. Pareillement, cet effet ne doit pas plus cesser par une ratification expresse que par la ratification tacite résultant d'exécution volontaire. Pour faire revivre la libéralité, il faut une nouvelle disposition. V. art. 964.

337. La loi qui n'admet pas la renonciation du donateur à la révocation déja opérée à son profit, n'admet pas même, pour en préserver, la renonciation faite à l'avance par quelque clause de l'acte de donation. Le donateur ne connaissait pas encore l'affection paternelle. D'ailleurs, ces clauses deviendraient de style. V. art. 965.

338. Au reste, les effets de la révocation cessent par la prescription. A cet égard, il est tout simple que le donataire dont le titre est anéanti ne puisse prescrire que par trente ans (V. art. 2262, 2265). La même raison s'applique à ses héritiers et à quelques uns de ses ayant-cause. Mais le législateur a montré toute la faveur dont il entoure la révocation, en exigeant également une possession de 30 ans de la part des tiers acquéreurs, quoiqu'ils aient un titre et qu'ils puissent être de bonne foi. C'est aussi par suite de cette faveur que les 30 ans, qui devraient courir à partir de la naissance du premier enfant, puisque c'est à ce moment que s'opère la révocation, ne courent cependant que du jour de la naissance du dernier, même posthume ; le tout, bien

entendu, sans préjudice des interruptions telles que de droit. V. art. 966, et à ce sujet art. 2242-2248.

Ne faut-il pas appliquer aussi les règles ordinaires relativement à la suspension du cours de la prescription? V. art. 2251 et suiv.

Le tiers-acquéreur, trompé sur le titre de son auteur, ne pourrait-il pas prescrire par 10 et 20 ans? V. art. 2265.

CHAPITRE V.

DES DISPOSITIONS TESTAMENTAIRES.

339. La loi règle successivement, 1° la forme requise pour la validité des testamens (sections 1 et 2); 2° les dispositions qui peuvent y être contenues, et les effets qu'elles doivent produire (sections 3, 4, 5, 6 et 7); 3° enfin comment le testament valablement fait peut être infirmé en tout ou en partie (section 8).

La première section comprend les règles relatives aux testamens dans les cas ordinaires, règles dont la rigueur reçoit exception dans certains cas privilégiés qui font l'objet de la section suivante.

SECTION I.

Des règles générales sur la forme des testamens.

340. Le code n'a point admis le principe du droit romain qui faisait consister le testament dans l'institu-

tion d'héritier : nous verrons plus loin qu'il n'a pas non plus consacré le principe du droit coutumier, qui ne permettait pas même cette institution. Ce qui constitue le testament dans notre droit, c'est la disposition, pour le temps où l'on n'existera plus, de tout ou partie de ses biens (art. 895). Il n'y a pas à cet égard de termes sacramentels : ainsi, quelles que soient les expressions employées, pourvu qu'elles manifestent suffisamment la volonté, la disposition pourra valoir. La loi, du reste, étant aujourd'hui la même pour tous les habitans du royaume, la décision s'applique *à toute personne*. V. art. 967.

341. Mais, pour être efficace, la volonté doit être manifestée dans la forme légale. La première règle à suivre sur ce point tient à la nature même de la disposition à cause de mort. Essentiellement libre, essentiellement dépendant de la volonté de son auteur et indépendant de celle d'autrui, le testament ne peut être fait dans le même acte par plusieurs personnes. La prohibition s'applique également au cas de disposition commune au profit d'un tiers, et au cas de disposition réciproque. V. art. 968.

342. Cela posé, les formes du testament varient suivant le mode qu'il plaît au testateur d'adopter. La loi en autorise trois, la forme olographe, l'acte public et la forme mystique. V. art. 969.

343. Dans le testament olographe, c'est le testateur lui-même que la loi investit, en quelque sorte, d'un caractère public, pour imprimer à ses dernières volontés la

certitude requise. Trois circonstances constituent essentiellement, mais uniquement, la forme de ce testament; il faut qu'il soit écrit en entier, daté et signé de la main du testateur. V. art. 970.

Le testament olographe n'étant en réalité qu'un acte privé, ne suffit-il pas aux héritiers de méconnaître l'écriture ou la signature, pour qu'il y ait lieu d'en ordonner la vérification? V. art. 1323, 1324.

Mais, si l'écriture est reconnue ou vérifiée, le testament ne fait-il pas alors pleine foi, notamment de la date, nonobstant art. 1328?

Ce testament est-il nul pour le tout, lorsqu'il contient quelques dispositions écrites d'une main étrangère?

Quid si le testament olographe contient des interlignes, des ratures ou des renvois?

La date du lieu est-elle nécessaire?

L'erreur de date vicierait-elle le testament?

La date peut-elle indifféremment précéder ou suivre la signature?

Quid s'il existait plusieurs dispositions écrites à la suite l'une de l'autre, revêtues chacune de la signature du testateur, et dont une seulement serait datée?

La signature doit-elle être nécessairement celle du nom de famille?

Le testament olographe peut-il être fait par lettre missive?

344. Le testament par acte public, comme en général tous actes auxquels les parties doivent ou veulent faire donner le caractère d'authencité attaché aux actes de l'autorité publique, doit être reçu par le ministère des notaires. V. L. 25 vent. an XI (1), art. 1.

---

(1) III, B. 258, n° 2440.

Le testament, étant un acte notarié, est-il en général soumis aux règles établies par cette loi?

345. Au reste la loi, qui, dans les cas ordinaires, n'exige l'assistance du notaire par deux témoins qu'à défaut d'un second notaire, exige toujours pour la validité du testament la présence de témoins : deux notaires doivent encore être assistés de deux témoins ; un seul notaire doit l'être par quatre. V. art. 971.

346. En outre la loi, toujours pour donner plus de certitude à l'expression d'une volonté qu'elle investit d'une si grande puissance, et qui ne doit d'ailleurs s'exécuter qu'après la mort, assujettit la rédaction de l'acte à des solennités particulières. Ainsi, 1° le testateur doit dicter lui-même ses dispositions ; 2° il doit les dicter au notaire ou aux deux notaires ; 3° le notaire ou l'un des deux doit les écrire de sa propre main ; 4° il doit les écrire telles qu'elles sont dictées ; 5° ici, comme dans tout acte, il faut mettre le testateur à même de juger si ses volontés ont été fidèlement reproduites, en lui donnant lecture de la rédaction ; 6° la présence des témoins est spécialement requise pour cette lecture ; 7ᵉ enfin, pour qu'on ne puisse négliger aucune de ces formalités substantielles, sans commettre un faux et s'exposer aux peines dues à ce crime, il doit être fait de leur accomplissement une mention expresse. V. art. 972.

Le notaire, obligé à écrire le testament tel qu'il est dicté, est-il tenu d'écrire textuellement les mots qui sortent de la bouche du testateur ? Ne suffit-il pas qu'il en reproduise le sens ? *Quid* si le testateur s'expliquait dans une langue étrangère? V. arrêté, 24 prair. an xi (1) (13 juin 1803), et lettre du ministre de la Justice, 4 therm. an xii (2).

La mention expresse de l'accomplissement des formalités, peut-elle se trouver indifféremment au commencement ou à la fin de l'acte?

Une mention, qui présente quelque équivoque, doit-elle être nécessairement jugée insuffisante?

347. Le complément de ces formes est dans les signatures de toutes les personnes qui ont concouru à l'acte. Le code ne dit rien de celle des notaires; il est évident que rien ne peut en tenir lieu. Quant à celle du testateur, elle se remplace par sa déclaration de ne savoir ou ne pouvoir signer. Dans ce cas, il est fait mention expresse de la déclaration, et même de la cause qui empêche de signer. V. art. 973.

348. A l'égard des témoins, la règle générale est qu'ils doivent signer; toutefois, dans les campagnes, où l'instruction est généralement moins répandue, il serait souvent difficile de trouver en nombre suffisant des personnes de confiance sachant signer; la loi se contente donc de la signature de la moitié des témoins appelés. V. art. 974.

Toute commune qui ne porte pas le nom de ville, doit-elle être réputée campagne?

A l'égard des témoins qui ne signent pas, leur signature ne doit-elle pas être remplacée par la déclaration de ne pou-

---

(1) III, B. 292, n° 2881.
(2) *Repert. jur.*, verbo *langue française*, n° 5.

voir signer, et par la mention de cette déclaration? V. art. 39, et 998, al. dern.

Les signatures du testateur, des témoins et des notaires doivent-elles, à peine de nullité, être attestées par une mention expresse. V. L. 25 ventôse an XI;_art. 14, 68; voy. aussi avis du Cons. d'ét., 20 juin 1810 (1).

349. Les témoins étant appelés au testament pour corroborer le témoignage du notaire, ne doivent être ni intéressés dans l'acte, ni placés dans la dépendance du notaire. La loi, du reste, ne comprend dans ses termes, pour cette exclusion, que les légataires eux-mêmes, leurs parens ou alliés au 4e degré, et les clercs des notaires. V. art. 975. Voy. pourtant L. 25 ventôse, art. 8 et 10.

Les parens du testateur peuvent-ils être témoins?
Les parens ou les serviteurs du notaire le peuvent-ils?
N'appliquerait-on pas aux notaires qui reçoivent le testament, les incapacités établies par la loi du 25 ventôse, art. 8 et 10 ; soit que les notaires fussent eux-mêmes légataires, soit qu'ils fussent parens ou alliés du testateur ou des légataires, soit que les deux notaires fussent parens ou alliés entre eux?

350. Celui qui veut faire constater authentiquement ses dernières volontés sans les divulguer, peut employer les formes du testament mystique. Dans ce cas, il doit écrire ou faire écrire, mais, dans l'un ou l'autre cas, signer son testament. Il le présente clos et scellé à un notaire et à six témoins, ou le fait clore et sceller en

---

(1) IV, B. 296, n° 5605.

leur présence. La déclaration qu'il fait lors de la présentation tient lieu de la dictée requise dans le testament par acte public. C'est de la présentation et des circonstances qui l'accompagnent qu'il est dressé par le notaire un procès-verbal appelé *acte de suscription*, parce qu'il est écrit sur le papier même du testament ou de son enveloppe. L'acte de suscription est signé par le notaire, les témoins et le testateur, sauf le cas où celui-ci ne pourrait plus signer. Il est fait alors mention de sa déclaration à cet égard, et cette mention suffit pour remplacer sur l'acte de suscription la signature qui se trouve au bas du testament. Toutes les formalités qui suivent la présentation doivent, au surplus, avoir lieu de suite et sans divertir à d'autres actes. V. art. 976.

351. Remarquons ici, 1° que la loi, qui appelle au testament mystique un nombre de témoins plus considérable que dans le testament par acte public, exige la signature de tous. Rien n'autorise d'ailleurs à suppléer la disposition de l'article 974, qui, dans les campagnes, déclare suffisante la signature de la moitié des témoins.

Remarquons, 2° qu'on ne peut davantage appliquer au testament mystique l'art. 975 sur les incapacités relatives des témoins.

Mais ne doit-on pas appliquer aux témoins et aux notaires les articles 8 et 10 de la loi sur le notariat?

En résulterait-il que les légataires et leurs parens ou alliés ne pussent être témoins?

Quid si le notaire était lui-même légataire, ou s'il était parent ou allié des légataires?

352. Le testament mystique peut être fait par ceux

mêmes qui ne savent pas signer. Mais, pour que le nombre des signatures, qui constitue particulièrement l'authenticité de ce testament, ne reste pas incomplet, la loi exige alors la présence d'un septième témoin. Au moyen de la mention qui en sera faite, la signature de ce témoin sur l'acte de suscription suffira pour remplacer celle du testateur qui manque ici absolument. V. art. 977.

353. Quant aux personnes qui ne peuvent lire, comme elles n'auraient aucun moyen de vérifier par elles-mêmes si l'acte qu'elles présenteraient contient effectivement l'expression fidèle de leur volonté, la forme mystique leur est absolument interdite. V. art. 978.

354. A l'égard de ceux qui ne peuvent parler, la forme ordinaire du testament mystique ne leur est évidemment pas applicable ; mais, s'ils savent écrire, ils peuvent la remplir par équivalent, en faisant par écrit la déclaration qu'ils ne peuvent faire de vive voix. Dans ce cas, la loi veut que le testament qu'ils présentent soit *écrit, daté et signé* de leur main, qu'ils écrivent leur déclaration en présence du notaire et des témoins, et que cette circonstance soit formellement mentionnée dans l'acte de suscription ; pour le surplus, on s'en réfère aux règles ordinaires. V. art. 979.

La date est-elle en général exigée dans le testament mystique? Ne suffit-il pas de celle qui doit être énoncée dans l'acte de suscription, comme dans tout autre acte notarié (L. 25 ventôse, art. 12)? Le testament du muet est-il, sous ce rapport, soumis à une règle particulière?

Si le testament est écrit, daté et signé de la main du testateur, la nullité de l'acte de suscription l'empêcherait-elle de valoir comme olographe?

355. Une règle commune aux testamens par acte public et aux testamens mystiques détermine la capacité générale requise dans les témoins qui y seront appelés. Ils doivent être mâles, majeurs, sujets du Roi et jouissant des droits civils. V. art. 980.

Cet article n'exclut-il pas l'application de l'art. 9 de la loi sur le notariat, qui exige que les témoins soient citoyens français et domiciliés dans l'arrondissement?

L'étranger, admis à établir son domicile en France, peut-il être témoin?

S'il y a erreur commune sur la capacité d'un témoin, son incapacité entraînera-t-elle la nullité du testament? V. *Just. Inst.* § 7, *de test. ord.*

SECTION II.

Des règles particulières sur la forme de certains testamens.

356. Ces règles sont relatives à quatre cas :

1º Si le testateur est militaire ou employé dans les armées (art. 981-984, 998).

2º S'il se trouve dans un lieu avec lequel toute communication soit interceptée à cause d'une maladie contagieuse (art. 985-987, 998).

3º S'il est en mer dans le cours d'un voyage (art. 988-998).

4º S'il se trouve en pays étranger (art. 999, 1000).

357. Les trois premiers cas ont cela de commun, qu'ils permettent l'emploi de formes plus simples. Ainsi la nécessité fait attribuer à divers fonctionnaires civils ou militaires le caractère d'officier public pour recevoir les testamens. Dans plusieurs de ces testamens, comme en général dans les actes ordinaires, deux officiers publics procédant conjointement, lorsqu'ils y sont autorisés, n'ont pas besoin d'être assistés de témoins ; deux témoins suffisent pour assister l'officier public, qui procède seul.

Ces formes, au reste, présentant moins de garantie que les formes ordinaires, et leur emploi ne pouvant être justifié que par la nécessité, non seulement on n'y peut recourir que lorsqu'on est actuellement sous l'empire de cette nécessité, mais les actes faits sous cet empire ne conservent leur validité que pendant un certain temps après que l'emploi des formes ordinaires est redevenu possible. Le délai varie suivant les cas.

358. Les militaires ou employés dans les armées, toujours censés en France tant qu'ils sont sous le drapeau français, peuvent, en tous pays, tester par le ministère d'officiers publics français, et dans les formes réglées par la loi française. La loi, en consacrant ce principe, détermine les fonctionnaires qui peuvent recevoir les testamens militaires, avec ou sans témoins. Elle n'exige jamais plus de deux témoins avec un officier public ; deux officiers publics autorisés à procéder conjointement n'ont pas besoin d'assistance de témoins. V. art. 981, 982. La loi fixe les cas précis où les militaires ou employés peuvent tester dans cette forme privilégiée. Cette fa-

culté est exclusivement bornée à ceux qui, en raison de leur service ou de la position où la guerre les a placés, se trouvent dans l'impossibilité d'accomplir les formes ordinaires. V. art. 983. Enfin, la loi détermine à six mois le délai après lequel le testament ainsi fait perdra sa validité. V. art. 984.

Quid si l'impossibilité d'employer les formes ordinaires, cesse et recommence dans les six mois ?

359. La maladie contagieuse dont un pays se trouve infecté, et la rupture de communications qui en est la suite, pouvant rendre impossible ou insuffisant le ministère des notaires, et au moins difficile l'accomplissement des formes ordinaires, la loi permet aux habitans, atteints ou non de la maladie, d'employer le ministère d'autres fonctionnaires qu'elle détermine : les testamens sont reçus par un seul de ces fonctionnaires, assisté de deux témoins. V. art. 985, 986. Le délai, pour la validité des testamens ainsi reçus, est fixé à six mois, à partir du jour où le testateur a recouvré le libre exercice des communications. V. art. 987.

360. Le voyage en mer met aussi les personnes embarquées dans l'impossibilité d'employer les formes ordinaires ; la loi les autorise donc à faire leur testament dans des formes spéciales. Elle désigne parmi les fonctionnaires du navire, ceux qui doivent remplir, à cet effet, les fonctions d'officiers publics. Deux officiers doivent ici procéder conjointement avec l'assistance de deux témoins. V. art. 988, 989.

361. Des précautions particulières sont prises pour

prévenir la perte du testament, et des règles sont établies pour le soustraire le plus tôt possible aux risques de la navigation. A cet effet, le testament est fait en double original. V. art. 990. Au premier port où l'on abordera, en France ou dans l'étranger, pourvu qu'il y ait un dépôt public français, le testament sera remis à terre.

Si le port est étranger, on n'y remet qu'un des originaux, mais au premier port français, on remet, soit l'original demeuré sur le navire, soit les deux originaux. Le consul ou préposé fait passer le testament en France au ministre de la marine, qui le fait déposer au greffe de la justice de paix du domicile du testateur. Voy. art. 991, 992.

Enfin, pour que l'on puisse toujours rechercher la trace du testament ainsi remis, la remise est mentionnée sur le rôle du bâtiment, *à la marge du nom du testateur.* V. art. 993, dont la ponctuation doit être évidemment corrigée.

362. Par suite du principe qui n'autorise les testamens d'exception, qu'en raison de la nécessité, le testament maritime ne pourrait être valablement fait, même dans le cours d'un voyage, si le navire avait abordé une terre, *soit étrangère, soit de la domination française, où il y aurait un officier public français.* Il faudrait alors observer, soit les formes prescrites en France, soit les formes usitées dans le pays où l'on se trouve. V. art. 994.

Si c'est une terre étrangère que le navire a abordée, la faculté de tester dans la forme usitée dans le pays ne pouvant dépendre de la présence d'un officier public français, ne doit-on pas, indépendamment de cette circonstance, refuser la faculté de tester devant les officiers du navire?

363. Le motif qui autorise le testament maritime s'appliquant également aux gens de l'équipage et aux simples passagers, la loi n'a pas dû établir entre eux de distinction à cet égard; la faculté de tester en cette forme est donc commune aux uns et aux autres. V. art. 995.

364. La loi fixe à trois mois le délai après lequel doit cesser la validité du testament maritime, ce délai court du jour de la descente à terre, dans un lieu où l'emploi des formes ordinaires était possible. V. art. 996.

365. Une observation importante, relative au testament maritime, c'est qu'il ne peut contenir de disposition au profit des officiers du vaisseau. Cette règle, fondée sur l'état de dépendance dans lequel le testateur se trouve placé à leur égard, reçoit naturellement exception en cas de parenté. V. art. 997.

366. La loi n'a pas tracé de règles particulières sur la rédaction des trois testamens privilégiés qu'elle autorise par les articles précédens. Le plus sûr, sans doute, pour les fonctionnaires auxquels elle confie cette rédaction, sera d'observer les règles prescrites aux notaires, pour la rédaction des testamens par acte public; mais il ne paraît pas que cette forme soit de rigueur. La loi ne s'explique que pour les signatures des officiers publics, du testateur et des témoins. Il est clair que rien ne peut remplacer celle des officiers publics. Quant à celle du testateur, on applique la même règle que dans les testa-

mens par acte public. (V. art. 973.) Mais là, comme dans les campagnes, on se contente de la signature de la moitié des témoins. (V. art. 974.) Seulement, la loi exprime ici la nécessité de remplacer la signature qui manque par la mention de la cause qui empêche de signer. V. art. 998.

367. La faculté de tester dans l'une des formes particulières qui viennent d'être expliquées, n'ôte évidemment pas aux personnes qui se trouvent dans l'un des trois cas ci-dessus, celle d'employer la forme plus simple encore du testament olographe. On n'a pas même eu besoin de s'en expliquer, car cette faculté de droit commun ne peut être contestée à un Français, resté, à tous égards, sous l'empire de la loi de son pays, soit qu'il se trouve effectivement sur le territoire, soit qu'il serve sous le drapeau ou qu'il navigue sous le pavillon français.

368. A l'égard du Français qui se trouve en pays étranger, le Code, considérant comme une règle de capacité la disposition générale qui autorise les testamens olographes, permet d'employer cette forme dans les pays mêmes où elle ne serait pas admise. Sans préjudice, bien entendu, de la faculté de tester dans les formes usitées dans le pays, par application de la règle, *locus regit actum.* V. art. 999.

L'étranger, reconnu par la loi française, habile à disposer par testament (1), pourrait-il employer la forme olographe, si cette forme n'est pas autorisée par la loi de son pays?

---

(1) V., à ce sujet, L. 14 juillet 1819 (vii, B. 294, n° 6986, et ci-dessus, n° 261.

Faudrait-il, à cet égard, distinguer si c'est en France ou en pays étranger qu'il fait son testament?

Faudrait-il distinguer si les biens dont il dispose sont situés en France ou en pays étranger?

Le testament olographe du Français, en quelque pays qu'il soit fait, ne doit-il pas valoir, même à l'égard des biens situés en pays étranger, pourvu que la loi étrangère accorde au Français la faculté de tester, et quand même elle n'admettrait point en général la forme olographe?

369. En déclarant valable le testament fait en pays étranger, la loi n'a pas voulu que cet acte échappât à la formalité de l'enregistrement, auquel sont soumis ceux qui sont reçus dans le royaume. Elle n'en permet donc pas l'exécution sur les biens situés en France, avant que cette formalité ait été remplie. Bien plus, cet enregistrement, qui doit toujours avoir lieu au bureau du dernier domicile connu, doit être renouvelé au bureau de la situation des immeubles légués. Toutefois, il n'est payé qu'un droit unique. V. art. 1000.

370. La disposition finale de cette section contient la sanction des règles tant générales que particulières, sur la forme des testamens. Les dispositions de dernière volonté, tirant uniquement leur force de la puissance du législateur, leur validité dépend essentiellement de l'accomplissement des diverses formalités auxquelles la loi les assujettit; toutes ces formalités doivent donc être observées à peine de nullité. V. art. 1001.

L'héritier ab intestat, qui aurait approuvé ou exécuté volontairement le testament nul en la forme, peut-il encore l'attaquer? V. art. 1339, 1340.

Quid s'il l'a exécuté par erreur de droit?

SECTION III.

Des institutions d'héritier et des legs en général.

371. Dans la propriété des termes, l'institution d'héritier diffère essentiellement du legs : l'une confère le droit de succéder à la personne ; l'autre n'établit que la succession aux biens.

372. L'institution d'héritier, admise par le droit romain, et nécessaire même pour la validité du testament, n'avait pas lieu autrefois dans les pays coutumiers, où l'on ne reconnaissait pas à la volonté de l'homme le pouvoir de faire un héritier. Cette volonté pouvait bien grever l'héritier légitime de charges plus ou moins étendues, mais non le dépouiller de son titre, ni opérer, au profit d'un autre, la saisine que la coutume opérait dans la personne du parent habile à succéder, quels que fussent d'ailleurs sa ligne et son degré. Notre Code semble s'être éloigné de l'un et de l'autre droit. Il n'exige jamais pour la validité du testament l'institution d'héritier (V. art. 895); mais il nous paraît l'autoriser, au cas où le testateur n'a pas d'héritiers à réserve. Il est certain, au moins, que dans ce cas, la saisine légale, au profit du plus proche parent, peut être empêchée par l'effet du testament (V. art. 1006). Quoi qu'il en soit, le législateur confond sous le nom de *legs* toute disposition par laquelle une personne fait passer à une autre, par acte de dernière volonté, tout ou partie de ses biens ; et il en règle diversement les effets, sans s'attacher à la dénomination sous laquelle il a plu au testateur de la

faire, suivant qu'elle est universelle, à titre universel, ou à titre particulier. V. art. 1002.

373. Pour bien sentir l'importance de cette distinction, il faut d'abord se garder de confondre l'universalité des biens avec les biens déterminés qui la composent en tout ou en partie :

1° L'universalité est un être de raison qui ne change pas avec les biens qui la composent, en sorte que ceux-ci pourraient être renouvelés en entier, sans qu'elle eût éprouvé la moindre altération ; 2° l'universalité est susceptible d'accroissement et de décroissement, suivant qu'il s'y ajoute de nouveaux biens, ou que quelques uns en sont retranchés ; 3° l'universalité des biens se diminue de plein droit de l'universalité des dettes ou charges ; et conséquemment, chaque portion de l'universalité se diminue d'une part correspondante dans les dettes.

De là des différences essentielles entre les successeurs universels et les successeurs à titre particulier. Ces différences s'appliquent naturellement aux légataires. Mais, en outre, le Code civil a introduit, parmi les légataires de l'universalité, une distinction inconnue dans l'ancien droit : autrefois, en effet, sous le nom de legs *universel* ou de legs *à titre universel*, on confondait également le legs de l'universalité ou le legs d'une quotité. Aujourd'hui, au contraire, ces deux classes de legs, quelque analogie qui existe entre elles, ont chacune une dénomination propre, et ne sont pas entièrement soumises aux mêmes principes.

SECTION IV.

Du legs universel.

374. Le caractère du legs universel, c'est de comprendre, au moins éventuellement, l'entière universalité des biens du défunt; ce qui n'empêche pas qu'un legs semblable ne puisse être fait en même temps à plusieurs personnes. V. art. 1003.

Le legs universel pouvant être fait à plusieurs personnes, quelle différence doit-on mettre entre un legs ainsi fait, et des legs à titre universel?

Le legs de toute la quotité disponible est-il un legs universel?

Doit-on considérer comme universel le legs de la nue propriété de tous les biens?

Quid à l'égard du legs de tous les biens en usufruit seulement?

375. Le Code civil accorde au legs universel des effets plus ou moins étendus, suivant la qualité des héritiers légitimes du testateur, et suivant la forme du testament dans lequel il est contenu.

376. Si le testateur a laissé des héritiers à réserve, la loi, qui ne permet pas qu'ils soient dépouillés malgré eux de la qualité qu'elle leur attribue, ne donne à la disposition universelle que les effets ordinaires d'un legs. Ainsi le légataire devient propriétaire du jour de la mort; mais la possession, appartenant aux héritiers par l'effet de la saisine, ne peut lui passer que par la délivrance ordonnée avec eux ou consentie par eux. V. art. 1004.

Le légataire, assujetti à demander la délivrance, ne peut-il pas exiger que la quotité disponible lui soit délivrée en nature?

Et dans cette hypothèse, les biens qui doivent la composer, ne seront-ils pas, comme une portion héréditaire, déterminés par la voie du sort?

377. Au reste, la quote-part à laquelle a droit le légataire universel, nonobstant le défaut de saisine, se grossissant naturellement des fruits produits par les biens qui composent l'universalité, il est conforme aux principes d'accorder à ce légataire les fruits échus ou perçus avant la délivrance. Mais son droit, à cet égard, ne doit point prévaloir sur celui que l'héritier peut tenir de sa bonne foi; car la considération de la bonne foi l'emporte chez nous sur le principe *fructus augent hereditatem* (V. art. 138). Ainsi s'explique la différence établie par la loi, suivant que la délivrance est ou n'est pas consentie ou demandée dans l'année du décès. V. art. 1005; voy. aussi art. 928.

378. S'il n'y a pas d'héritiers à réserve, la loi accorde au légataire universel la saisine, qui n'appartient ordinairement qu'aux héritiers légitimes; nous en concluons que le legs alors a vraiment l'effet d'une institution d'héritier. V. art. 1006.

379. Cependant cette saisine du légataire, toujours subordonnée à la sincérité et à la validité du titre qui l'établit, ne peut produire tous ses effets, qu'autant que ce titre a le caractère d'authenticité nécessaire pour entraîner après lui la présomption de validité. Si donc le testament est olographe ou mystique, le légataire doit

se faire envoyer en possession par le président du tribunal; cet envoi en possession ne peut même être obtenu qu'après que l'état du testament a été légalement constaté, et lorsque les parties intéressées ont été mises à même de le vérifier et d'en prendre connaissance, par la remise qui en est faite entre les mains d'un dépositaire public (art. 1007, 1008).

380. Ce dépôt, au reste, et les formalités qui le précèdent, doivent avoir lieu, quelle que soit la nature des dispositions contenues dans le testament olographe, quelle que soit la qualité des héritiers légitimes.

A cet effet, le testament doit être présenté au président du tribunal de l'ouverture de la succession; c'est lui qui l'ouvre, s'il est cacheté; la présentation, l'ouverture et l'état du testament, sont constatés par un procès-verbal dressé par ce magistrat, qui ordonne ensuite le dépôt chez un notaire, par lui commis.

L'ouverture du testament mystique est en outre accompagnée d'une solennité particulière; elle doit avoir lieu en présence du notaire et des témoins signataires de l'acte de suscription, afin qu'ils puissent vérifier l'état du sceau, et reconnaître les signatures apposées. Toutefois leur présence n'est pas indispensable. Il suffit qu'ils soient appelés, et l'on n'appelle même que ceux qui se trouvent sur les lieux. V. art. 1007.

381. C'est après l'accomplissement de ces formalités, et en justifiant du dépôt effectué chez le notaire désigné, que le légataire universel, saisi aux termes de l'art. 1006, obtient sur requête l'ordonnance d'envoi en possession. V. art. 1008.

Les parties intéressées ne peuvent-elles pas former opposition à l'envoi en possession? Qui possédera pendant le litige?

Quel est l'effet de l'envoi en possession, obtenu sans opposition? Peut-on, encore après, arguer le testament de nullité, en dénier ou méconnaître l'écriture ou la signature? A qui, dans ce cas, appartient la possession provisoire? A qui incomberait le fardeau de la preuve?

382. Il est clair que le légataire universel auquel la loi accorde la saisine doit acquitter toutes les charges de la succession.

Est-il tenu *ultrà vires*?

Mais, celui qui concourt avec un héritier à réserve, ne peut être tenu de la contribution aux dettes que pour sa part et portion. Il est tenu de la même manière envers les créanciers, sauf l'effet de l'action hypothécaire. Il en est autrement des legs : comme ils ne peuvent en aucune manière entamer la réserve, ils doivent être acquittés en entier par le légataire universel, s'il n'y a lieu à réduction. V. art. 1009.

Mais peut-il y avoir concours d'un légataire universel avec un héritier à réserve, sans qu'il y ait lieu à réduction du legs universel ; et dès-lors, n'y a-t-il pas toujours lieu à réduire les legs particuliers que le légataire universel est chargé d'acquitter, quelle que soit leur modicité? V. art. 926.

SECTION V.

Du legs à titre universel.

383. Le legs n'est réputé à titre universel que quand il a pour objet, soit une quote-part de tous les biens

dont la loi permet de disposer, soit la totalité ou une quotité des biens d'une certaine espèce. Mais, à cet égard, on doit remarquer que la loi actuelle ne reconnaît que deux espèces de biens, les meubles et les immeubles. V. art. 1010.

Quid si le testateur, ne pouvant disposer que d'une certaine quotité, a légué une quote-part de tous ses biens?

384. Le légataire à titre universel n'est jamais saisi de plein droit; il est tenu de demander la délivrance à celui qui a la saisine. V. art. 1011.

Ne pourrait-on pas, au reste, appliquer ici l'art. 1005, sauf à distinguer entre les diverses espèces de legs à titre universel?
S'il y a tout à la fois, un héritier à réserve, un légataire universel et un légataire à titre universel, est-ce à l'héritier que ce dernier doit demander la délivrance? N'est-ce pas plutôt au légataire universel, chargé d'acquitter le legs (art. 1009)?
Quid en pareil cas, si le légataire universel négligeait de demander la délivrance de son propre legs?

385. Le légataire à titre universel est tenu des dettes; il n'y a, à cet égard, aucune différence à établir entre ce légataire, et le légataire universel en concours avec des héritiers. V. art. 1012.

386. Quant à l'obligation de payer les legs particuliers, il paraît juste aussi d'appliquer l'art. 1009, lorsque le testateur a disposé de toute la quotité disponible. Il est certain, au moins, que dans ce cas, les héritiers ne doivent aucunement contribuer au paiement des legs. Mais dans le cas contraire, le légataire à titre universel n'est

tenu de les acquitter que par contribution avec les héritiers naturels. V. art. 1013.

Pour déterminer la contribution du légataire à titre universel et des héritiers naturels au paiement des legs particuliers, doit-on avoir égard à la part que chacun prend dans la quotité disponible, ou à celle de chacun dans toute l'hérédité ?
Le légataire à titre universel, d'une certaine espèce de biens, ne doit-il pas payer seul les legs qui ont pour objet des biens de cette espèce ?

SECTION VI.

Des legs particuliers.

387. Tout legs qui n'est point universel ou à titre universel ne forme qu'une disposition à titre particulier (art. 1010 *in fin.*). Le legs particulier peut avoir pour objet, soit un ou plusieurs corps certains et déterminés, soit des sommes ou quantités, soit des choses indéterminées, c'es-à-dire, non individuellement désignées.

388. Quelle que soit la nature du legs universel ou particulier, il produit du jour même du décès du testateur, s'il est pur et simple, ou du jour de l'événement de la condition, s'il est conditionnel (V. art. 1040), un droit transmissible aux héritiers du légataire. On ne peut douter que le droit du légataire de corps certain ne consiste chez nous, dès ce moment, dans la propriété même de la chose leguée. Il s'ensuit qu'aucune aliénation ne pourrait être faite par l'héritier à son préjudice. Et néanmoins, comme la possession des choses léguées appartient toujours à celui qui a la saisine, c'est de lui

que le légataire doit tenir cette possession. Bien plus, les choses léguées n'étant distraites de la masse héréditaire que par la délivrance, les fruits doivent jusque là accroître à cette masse. Ce n'est donc que du jour de la délivrance obtenue ou demandée qu'ils appartiennent au légataire. V. art. 1014.

Si la chose léguée se trouve entre les mains d'un tiers, le légataire pourrait-il la revendiquer sans agir préalablement en délivrance contre l'héritier?

389. La règle qui suspend, jusqu'à la délivrance demandée ou consentie, la jouissance du légataire, reçoit exception au cas d'une volonté contraire du testateur, soit qu'il l'ait exprimée, soit que la nature du legs la fasse présumer. La loi établit cette présomption, lorsqu'une rente viagère ou une pension est léguée à titre d'alimens. On peut dire, en effet, dans ce cas, que la prestation quotidienne est plutôt elle-même l'objet légué, qu'elle n'en est le fruit ou revenu. V. art. 1015.

Faut-il, pour appliquer l'art. 1015, que le legs de rente viagère ou pension ait été fait expressément à titre d'alimens?

Faut-il conclure de l'art. 604 que le légataire d'usufruit ait droit aux fruits du jour de la mort ou de l'événement de la condition?

Si l'on a légué la libération d'une dette portant intérêts, ces intérêts ne cesseront-ils pas du jour de l'ouverture du droit?

Le légataire pourrait-il être dispensé par le testateur de demander la délivrance? Cette dispense n'aurait-elle pas au moins pour effet de lui donner immédiatement droit aux fruits?

Dans les divers cas où le légataire a droit aux fruits avant la demande en délivrance, l'héritier pourrait-il les retenir à raison de sa bonne foi?

Quid, dans tous ces cas, si la demande en délivrance n'a pas été formée dans l'année?

390. La demande en délivrance donne lieu à des frais nécessaires, que la loi met en général à la charge de la succession. C'est au contraire au légataire à acquitter le droit d'enregistrement dû pour la mutation qui s'opère à son profit, le tout sauf disposition contraire, et sans que dans aucun cas la réserve légale puisse être entamée. V. art. 1016; et remarquez la faveur accordée à chaque légataire de pouvoir faire enregistrer séparément la partie du testament qui le concerne, sans être obligé d'avancer les frais d'enregistrement du testament entier. Il est bien clair, au reste, que l'enregistrement ne profite qu'au légataire qui l'a requis ou à ses ayant-cause.

391. La loi accorde au légataire, pour le paiement de son legs, trois différentes actions :

1° L'action personnelle contre les héritiers ou toute autre personne chargée par la loi ou par le testateur de l'acquitter; cette action résulte d'un quasi-contrat qui se forme par l'acceptation, soit de la succession, soit de la disposition faite à la charge de payer le legs;

2° L'action en revendication qui naît de la propriété acquise de plein droit au légataire d'un corps certain;

3° Enfin l'action hypothécaire sur tous les biens de la succession qui sont susceptibles d'hypothèque.

392. S'il y a plusieurs débiteurs du legs, il est naturel que chacun ne soit tenu personnellement qu'au prorata de son émolument; mais par une application peu réfléchie, peut-être, de l'indivisibilité de l'hypothèque, le

Code veut que chaque détenteur d'un immeuble de la succession soit tenu hypothécairement pour le tout. V. art. 1017.

En cas de concours d'un légataire à titre universel avec un héritier ou un légataire universel, le légataire particulier doit-il diviser entre eux son action en délivrance?

L'héritier pur et simple est-il tenu des legs *ultrà vires?*

393. Si le legs est d'un corps certain, l'obligation des héritiers ou autres débiteurs consiste uniquement à en mettre le légataire en libre possession, *inducere in vacuam possessionem.* Cette possession comprendra celle des accessoires nécessaires, c'est-à-dire, des choses sans lesquelles l'objet légué ne pourrait servir à son usage ordinaire. Du reste, l'objet est délivré dans l'état où il se trouvait au jour du décès, en ce sens, que le légataire doit profiter ou souffrir des changemens survenus à la chose, pendant la vie du testateur, de quelque cause qu'ils proviennent. V. art. 1018. Quant aux changemens postérieurs, il faut évidemment appliquer ici la règle générale de l'art. 1245.

394. Le légataire doit bien, en général, profiter des améliorations provenant du fait du défunt; mais on ne considère pas comme améliorations toutes les augmentations faites par le testateur à la chose léguée; il faut, pour que ces augmentations profitent au légataire, qu'elles soient unies à la chose par union réelle et non par simple union de destination.

Ainsi s'explique la distinction faite par la loi, entre le cas d'acquisition simplement contiguë, et les cas d'embellissemens, constructions nouvelles ou augmentation d'enclos V. art. 1019.

395. De l'obligation de mettre le légataire en libre possession on induisait, en droit romain, celle d'affranchir la chose léguée de l'hypothèque ou de l'usufruit, dont elle pouvait être grevée. Toutefois, à cet égard, plusieurs distinctions étaient nécessaires. (V. *Papin.*, L. 66, § 6; L. 76, § 2; *Marcell.*, L. 26 ff *de legat.* 2°; *Just., Inst.*, §§ 5 et 12 *de legat.*) Sans admettre aucune de ces distinctions, sans distinguer notamment, si l'existence de la charge qui grève le bien au jour du décès est antérieure ou postérieure à la confection du testament, si l'hypothèque a pour cause une dette héréditaire ou la dette d'un tiers, notre législateur appliqué ici le principe général qui oblige à délivrer la chose dans l'état où elle se trouve. Il permet cependant au testateur d'imposer au débiteur du legs la charge de dégrever; mais sans une disposition expresse, il ne lui suppose pas cette intention, V. art. 1020, et n'en concluez pas que la dette, à laquelle est affectée le bien légué, reste à la charge du légataire. V. art. 874.

396. La loi rejette également la distinction du droit romain relativement au legs de la chose d'autrui (V. *Just., Inst.*, § 4 *de legat*). La question de savoir si le testateur avait connu ou non que la chose ne lui appartenait pas donnait lieu à beaucoup de difficultés, que le législateur a tranchées, en annulant ce legs dans tous les cas. V. art. 1021; voy., cependant, art. 1423.

Faut-il conclure de l'art. 1423, que le legs d'une chose,

dont le testateur était propriétaire pour partie, serait valable pour le tout, soit que la chose tombât ou non dans son lot?

L'effet du legs n'est-il pas au contraire subordonné à l'événement du partage, en ce sens, au moins, que le legs serait caduc, si l'objet légué ne tombait pas dans le lot du testateur?

Est-il subordonné à cet événement, en ce sens même, que le legs vaudrait pour le tout, si l'objet entier tombait dans le lot du testateur?

Devrait-on annuler, comme legs de la chose d'autrui, la disposition par laquelle l'héritier serait expressément chargé d'acheter une chose pour un tiers, ou de lui en payer l'estimation?

Peut-on léguer la chose de son héritier?

397. Si le legs est d'une quantité ou d'un corps indéterminé, l'obligation du débiteur consiste à transférer la propriété de la chose qu'il donne en paiement. Du reste, le choix lui en appartient, mais dans les limites tracées par la bonne foi, qui ne lui permet pas d'offrir la chose de la plus mauvaise qualité. V. art. 1022, 1246.

Peut-on léguer un corps indéterminé, quand il n'y en a pas de cette espèce dans la succession? Ainsi, celui qui n'a pas de chevaux, peut-il léguer un cheval?

398. Le legs étant de sa nature une libéralité, on a dû en conclure qu'un legs fait par un débiteur à son créancier n'était pas fait en compensation de la créance; cette décision comprend le legs fait au domestique créancier de ses gages. V. art. 1023, qui tranche une question autrefois controversée.

Les tribunaux ne peuvent-ils pas toujours décider d'après les circonstances que le legs est fait en compensation de la créance?

399. En terminant la matière des legs particuliers, la loi rappelle le principe déjà connu, qui affranchit des dettes de la succession, la chose déterminée ou la quantité ainsi transmise. Du reste, les dettes pouvant absorber tout ou partie de l'actif, et le rendre insuffisant pour l'acquittement des legs, il est clair qu'alors, comme en général, dans tous les cas d'insuffisance, soit du patrimoine, soit de la quotité disponible, les legs doivent être réduits ou anéantis (V., à ce sujet, art. 925-927, qui semblent applicables à tous les cas de réduction). Il n'est pas moins évident que le légataire peut, comme tout détenteur, être soumis à l'action hypothécaire. V. art. 1024; voy. aussi art. 871, 874.

SECTION VII.

Des exécuteurs testamentaires.

400. Pour assurer l'exécution des dernières volontés, dont l'effet pourrait être retardé ou éludé par la négligence ou la mauvaise foi des héritiers, la loi permet aux testateurs de nommer un ou plusieurs exécuteurs testamentaires. V. art. 1025.

401. Dans la crainte même que le mobilier de la succession ne soit détourné au préjudice des légataires, le testateur est autorisé à en donner la saisine à ses exécuteurs testamentaires. Cette saisine, qui n'empêche pas

celle des héritiers ou légataires universels, et par laquelle les exécuteurs testamentaires sont plutôt constitués séquestres que véritables possesseurs, ne peut durer au delà de l'an et jour; elle n'a lieu qu'autant qu'elle est ordonnée par le testament. V. art. 1026.

Le testateur ne pourrait-il pas donner à ses exécuteurs testamentaires la saisine de tout ce dont il aurait pu disposer à leur profit? Ne pourrait-il pas aussi prolonger la saisine du disponible au delà de l'an et jour?

L'an et jour courent-ils toujours à partir du décès?

402. Du reste, la saisine n'ayant pour objet que d'assurer le paiement des legs mobiliers, l'héritier peut toujours la faire cesser en les payant lui-même ou en remettant somme suffisante pour les payer V. art. 1027.

403. L'exécuteur testamentaire est un véritable mandataire, maître d'accepter ou de refuser sa mission, mais lié par son acceptation. Ses obligations sont, en général, tracées par les art. 1991-1996. Mais ce mandataire, étant imposé aux héritiers par la volonté du défunt, ne peut, comme le mandataire ordinaire (art. 1990), être choisi parmi les incapables de s'obliger. V. art. 1028.

404. Bien plus, quoiqu'une femme mariée, sous quelque régime que ce soit, s'oblige valablement avec l'autorisation de justice (art. 219), cette autorisation ne lui suffit, pour accepter l'exécution testamentaire, qu'autant qu'elle est séparée de biens; car, autrement, la jouissance de ses biens appartenant à son mari, l'obligation qu'elle contracterait sans le consentement de celui-ci ne pourrait s'exécuter que sur la nue propriété; ce

qui ne présenterait pas une garantie suffisante. Voy. art. 1029.

Quid si la femme, sans être entièrement séparée, avait des biens paraphernaux?

405. Toujours par suite du même principe, le mineur, émancipé ou non, étant en général restituable contre ses engagemens (art. 1305), ne peut être exécuteur testamentaire. L'autorisation même ou, si l'on aime mieux, l'intervention du tuteur ou curateur, ne ferait pas cesser cette incapacité, parce qu'elle ne priverait pas le mineur du bénéfice de la restitution. V. art. 1030.

406. Les fonctions des exécuteurs testamentaires comprennent tout ce qui est nécessaire pour assurer l'exécution fidèle des dernières volontés. Il leur appartient, à cet effet, de prévenir tout divertissement du patrimoine par l'apposition de scellés, et d'en constater les forces par un inventaire. Ces deux formalités semblent, au reste, plus particulièrement requises en vue du compte que devra rendre l'exécuteur testamentaire saisi du mobilier. Il paraît même que c'est uniquement dans l'intérêt des héritiers, auxquels sera dû ce compte, que la loi prescrit l'apposition de scellés; car elle ne l'exige qu'autant qu'il y a parmi eux des mineurs, des interdits ou des absens. V. art. 819, C. pr. 911.

Il appartient encore aux exécuteurs testamentaires de se procurer par la vente du mobilier le numéraire suffisant pour l'acquittement des legs.

Ils doivent, au surplus, dans tous les cas, et par tous les moyens possibles, veiller à l'exécution du testament, ce qui leur donne droit d'intervenir dans les contestations pour en soutenir la validité.

Enfin ils doivent rendre compte de leur gestion à l'expiration de l'année, terme fixé à la saisine qui a pu leur être accordée. V. art. 1031.

L'exécuteur testamentaire qui n'est pas saisi, est-il obligé de faire apposer les scellés, en raison de l'incapacité des héritiers ?

Soit qu'il ait ou non la saisine, ne peut-il pas toujours les faire apposer, dans le cas même où les héritiers sont capables et présens ?

En cas d'insuffisance du mobilier, l'exécuteur peut-il provoquer la vente des immeubles ?

L'exécuteur testamentaire est-il chargé d'acquitter les dettes ?

De l'obligation de rendre compte à l'expiration de l'an et jour, doit-on conclure que toutes les fonctions de l'exécuteur testamentaire cessent à cette époque ?

L'exécuteur testamentaire peut-il être dispensé par le testateur, de l'obligation de faire inventaire et de celle de rendre compte ?

407. L'exécution testamentaire étant un mandat, finit nécessairement à la mort du mandataire. V. art. 1032. (V., à ce sujet, art. 2005.)

408. La mission des exécuteurs testamentaires est en général considérée comme indivisible. Si donc il y en a plusieurs *qui aient accepté,* un seul a qualité pour agir au défaut des autres. Ils doivent dès lors se surveiller mutuellement, et sont solidairement responsables les uns pour les autres ; cette responsabilité s'applique particulièrement au compte du mobilier qui leur est confié. Toutefois leurs fonctions peuvent être divisées

par le testateur, et chacun alors, en se renfermant dans la sienne, ne répond que de ce qui s'y rapporte. Voy. art. 1033; voy. pourtant art. 1995.

409. Tous frais faits par l'exécuteur testamentaire, relativement à ses fonctions, sont naturellement à la charge de la succession. V. art. 1034.

SECTION VIII.

De la révocation des testamens, et de leur caducité.

410. Le testament valable dans le principe peut être infirmé par l'incapacité de droit survenue dans la personne du testateur. Voy. ci-dessus chap. II, n° 264.

En outre, les dispositions testamentaires peuvent être révoquées par le changement de volonté du testateur (art. 1035-1038).

Elles peuvent rester sans effet par un événement indépendant de sa volonté et de sa capacité, auquel cas elles sont caduques (art. 1039-1043). A ce sujet, la loi pose les règles relatives au droit d'accroissement (art. 1044, 1045).

Enfin la révocation peut être prononcée en justice, après la mort du testateur, pour indignité des légataires (art. 1046, 1047).

§ I.

De la révocation des dispositions testamentaires.

411. OEuvre d'une volonté ambulatoire, le testament peut évidemment perdre sa force par une volonté contraire. Cette règle s'applique également au testament

entier, et à chacune des dispositions dont il se compose.

La puissance de la volonté contraire doit être la même, soit que cette volonté ait été formellement exprimée, soit qu'elle se manifeste par quelque acte qui la suppose. En d'autres termes, la révocation peut être expresse ou tacite. Mais dans aucun cas, la loi ne doit avoir égard à l'expression ou manifestation qu'autant qu'elle ne laisse aucune incertitude sur la volonté.

Ainsi la révocation expresse est assujettie à certaines formes substantielles. Quant à la révocation tacite, la loi elle-même détermine les actes qui doivent la produire.

412. Nul doute que la révocation expresse ne puisse être contenue dans un testament postérieur, en quelque forme qu'il soit valablement fait. A défaut de testament, la loi se contente d'un acte devant notaires, passé dans la forme ordinaire. En l'absence de l'une de ces formes, la déclaration de changement de volonté seroit sans effet. V. art. 1035.

Un acte de révocation écrit, daté et signé par le testateur, et qui ne contient aucune autre disposition des biens, doit-il être considéré comme testament postérieur?

413. La révocation tacite résulte, en général, d'un fait du testateur qui suppose en lui l'intention de révoquer. Cette intention ne peut s'induire de cela seul que le testateur aurait fait un second testament : car le principe du droit romain, qui s'opposait à l'existence simultanée de plusieurs testamens, n'a aucune application chez

nous, où chaque testament peut ne comprendre qu'une partie des biens (V. art. 895). Ainsi les dispositions postérieures n'annulent les précédentes, qu'en ce qu'elles ont de contraire ou d'incompatible avec elles. Voy. art. 1036.

Le legs de la même chose fait à une autre personne par un testament postérieur, emporte-t-il nécessairement révocation du premier legs ?

414. L'intention de révoquer, une fois manisfestée, expressément ou tacitement, dans un testament postérieur, détruit entièrement le premier, qui ne pourrait revivre que par l'effet d'une nouvelle volonté. On sent dès-lors que le sort de la révocation ne doit pas dépendre de l'exécution que reçoit ou non le testament postérieur, par suite d'événemens indépendans de la volonté du testateur. La loi fait l'application de cette règle au cas d'incapacité ou de refus de l'institué. V. art. 1037.

Faudrait-il distinguer entre l'incapacité existante au moment de la confection du testament, et celle qui serait survenue depuis ?

L'indignité de l'institué ne devrait-elle pas, sous ce rapport, être assimilée à son incapacité ou à son refus ?

Quid si le second testament est nul en la forme ?

L'acte nul comme testament pourrait-il valoir au moins comme révocation notariée ? Doit-on, à cet égard, distinguer le cas où l'acte contient révocation expresse, et celui où il contient seulement des dispositions contraires ou incompatibles ?

Si le testament postérieur est lui-même révoqué, le premier reprend-il sa force ?

415. La révocation tacite ne résulte pas seulement d'un testament postérieur. L'intention est également manifestée par toute aliénation de la chose léguée, quand elle seroit résoluble ou même *nulle,* bien plus, quand elle seroit résolue ou annulée du vivant du testateur. V. art. 1038.

Quid si l'aliénation postérieure était nulle en la forme, *V. g.* si la chose léguée avait été depuis donnée entre-vifs par acte sous seing-privé?

Quid s'il y avait eu donation non suivie d'acceptation?

416. Le Code a gardé le silence sur une autre espèce de révocation résultant de l'état matériel de l'acte qui contient les dernières volontés.

Quel serait l'effet de la lacération ou rature du testament, ou de la rupture des sceaux d'un testament mystique?

Toute disposition contenue dans un testament, est-elle susceptible d'être révoquée. *Quid, V. gr.* si le testament contient une reconnaissance d'enfant naturel, ou l'aveu d'une dette?

Quel serait l'effet des clauses dérogatoires insérées dans un testament?

§ II.

De la caducité des dispositions testamentaires, et du droit d'accroissement.

417. La loi indique quatre causes de caducité : 1° prédécès de l'institué (art. 1039-1041); 2° perte de la chose (art. 1042); 3° et 4° incapacité ou refus de l'institué (art. 1043). Ensuite elle détermine les cas où la disposition, qui ne peut recevoir son exécution au profit d'un légataire, se trouve néanmoins préservée de la cadu-

cité, par l'accroissement en faveur d'un autre légataire (art. 1044, 1045).

418. La disposition testamentaire étant essentiellement personnelle, comme l'affection qui la produit, ne peut passer aux héritiers qu'autant que le droit s'est ouvert dans la personne du légataire. Cette ouverture n'ayant jamais lieu avant la mort du testateur, il est clair qu'il y a caducité, si le légataire ne survit pas à celui-ci. Voy. art. 1039; et remarquez que la caducité par prédécès n'a pas besoin d'être prouvée par l'héritier; c'est à celui qui réclame le legs du chef du légataire à prouver qu'il a survécu. (V. art. 135.)

419. Si la disposition est conditionnelle, l'ouverture du droit est suspendue jusqu'à l'événement de la condition. Il ne suffit pas alors que le légataire survive au testateur; il faut encore qu'il survive à l'accomplissement de la condition. Mais, pour l'application de ce principe, on doit distinguer avec grand soin si la disposition est vraiment conditionnelle ou si elle est seulement à terme. Or, la distinction en cette matière tient moins à la nature des choses qu'à l'intention du testateur. V. art. 1040.

420. A cet égard, il faut d'abord reconnaître, en principe, qu'une disposition testamentaire peut être réputée conditionnelle, par cela seul, qu'elle est faite à terme incertain (V. *Papin.*, L. 75, ff. *de cond. et dem.*), soit qu'il y ait incertitude absolue, ou qu'il soit seulement incertain quand l'événement arrivera, et si ce sera du vivant du légataire (V. *Pomp.* L. 1, § 2; *Pap.*, L. 79, ppio. et § 1, ff. *de cond. et demonstr.*; *Paul*, L. 12, § 1,

ff. *de leg.* 2°; *Ulp.*, L. 4, *ppio et* § 1, ff. *quand. dies leg. ced.*)

421. Mais toute disposition dont l'exécution est subordonnée à un événement incertain, n'est pas par cela même et nécessairement conditionnelle. Il y a toujours lieu à rechercher l'intention du testateur, pour juger si c'est la disposition elle-même, ou seulement son exécution qu'il a voulu suspendre jusqu'à l'événement. Voy. art. 1041.

422. C'est encore un point de doctrine constant, quoique le Code ne s'en soit pas expliqué, qu'une condition qui n'est pas exprimée dans le testament, mais qui résulte, soit de la nature des choses, soit des principes du droit, ne rend pas, à proprement parler, conditionnelle la disposition testamentaire qui lui est subordonnée. Cette observation s'appliquerait, par exemple, à un legs de fruits à naître. V. *Papin.*, L. 99; *Pomp.*, L. 1, § 3, ff. *de cond. et dem.*; *Paul*, L. 6, § 1, ff. *quand. dies leg. ced.*

423. Le legs est caduc, si la chose léguée périt pendant la vie du testateur; peu importe que ce soit ou non par son fait. Il est évident alors que le droit ne peut s'ouvrir, faute d'objet. Le résultat est, en général, le même, si la chose périt par cas fortuit après la mort du testateur; alors cependant, il n'y a pas proprement caducité; mais l'héritier, débiteur de corps certain, est libéré par la perte de la chose due, pourvu, bien entendu, que cette perte ne provienne ni de son fait ni de sa faute. Toujours, suivant la règle générale, la demeure

même de l'héritier ne feroit point obstacle à sa libération, si la chose eût dû également périr entre les mains du légataire. Ce n'est pas que le débiteur en demeure ne soit toujours en faute, mais c'est que sa faute ne fait aucun tort au créancier qui, dans aucun cas, n'aurait pu sauver la chose. V. art. 1042, 1138, 1302.

Quid si la perte est arrivée pendant la vie du testateur, par le fait de celui qui, depuis, est devenu son héritier?

424. Quoique le droit du légataire s'ouvre à son profit sans aucun acte de sa volonté, il peut toujours le repousser par un acte de sa volonté contraire. Le droit, au surplus, ne peut s'ouvrir en sa faveur, s'il n'est pas capable de recevoir. Au cas de refus ou d'incapacité, la disposition est donc caduque. V. art. 1043.

425. La caducité, provenant de décès, incapacité ou refus du légataire, et généralement tout événement qui, sans détruire la chose léguée, met le légataire dans l'impossibilité de la recueillir, doit naturellement profiter à ceux qui, chargés par la loi ou par le testateur d'acquitter le legs, s'en trouvent par là dispensés.

426. Cette règle cesse, néanmoins, dans le cas où la volonté expresse ou présumée du testateur, attribue à un autre légataire le profit de la caducité. Cette volonté est expresse dans le cas de substitution vulgaire (Voy. art. 898); la loi la présume dans certains cas, pour faire accroître à l'un ou à quelques uns de plusieurs légataires appelés à une même chose, la part non recueillie par les autres.

427. Le Code admet l'accroissement entre colégataires lorsque le legs est fait *conjointement* (art. 1044, al. 1). Il le répute fait conjointement dans deux cas :

1° S'il est fait *par une seule et même disposition*, sans assignation de parts (art. 1044 *in fin*.);

2° Lorsqu'il a pour objet une chose qui n'est pas susceptible d'être divisée sans détérioration; auquel cas, il n'importe que la chose ait été donnée à chacun *séparément*, pourvu que ce soit *par le même acte*. V. art 1045.

Des termes de la loi, on semble autorisé à conclure *a contrario* les propositions suivantes :

1° L'accroissement n'aurait pas lieu, si le legs, fait à plusieurs, ne l'était pas *conjointement;*

2° Il ne serait pas, en général, réputé fait *conjointement*, s'il n'était pas fait *par une seule et même disposition;*

3° Fût-il fait par une seule et même disposition, il ne serait pas encore réputé fait conjointement, si le testateur avait assigné les parts de chaque légataire;

4° Si la chose donnée *séparément* à plusieurs, par le même acte, est susceptible d'être divisée sans détérioration, le legs ne sera pas réputé fait conjointement; et par conséquent il n'y aura pas lieu à accroissement.

428. Si ces propositions sont vraies, il en résulte que, soit dans la théorie même du droit d'accroissement, soit dans l'acception des mots qu'il emploie, le Code civil s'est entièrement éloigné des anciens principes puisés dans le droit romain.

Anciennement, en effet, quand une même chose était

léguée à plusieurs, pour attribuer le tout à l'un à défaut de l'autre, on ne distinguoit pas si le legs était fait *conjunctim* ou *disjunctim* (*Just., Instit.*, § 8, *de legat.*). Quant aux sens de ces expressions, dont les mots *conjointement* et *séparément* sembleraient être la traduction : *conjunctim* signifioit que les légataires appelés à la même chose (*conjuncti re*), l'étaient par un seul et même membre de phrase, auquel cas, ils étaient conjoints *re et verbis; disjunctim* signifiait, au contraire, que les légataires étaient appelés par deux phrases distinctes; ils étaient alors *conjuncti re tantum* (V. *Just. Instit., loc. cit.*). Du reste, on comprend que l'assignation de parts entre légataires appelés par un seul et même membre de phrase, pouvait bien faire douter sur l'existence du droit d'accroissement, faute de conjonction *re*; mais, comme il y a toujours, au moins, conjonction *verbis*, on n'aurait pas dit du legs, qu'il n'étoit pas fait conjointement.

D'un autre côté, quand la chose étoit léguée par deux dispositions différentes du même acte, *disjunctim*, on admettait bien alors, et sans aucune distinction sur la nature de la chose, l'accroissement, ou pour mieux dire, le *non-décroissement;* mais on n'eût pu, dans aucun cas, dire que le legs fût fait *conjunctim*.

429. Quoiqu'il en soit, il est certain que le Code civil borne l'accroissement au cas où le legs est fait conjointement, et que par *legs fait conjointement*, il entend, en général, celui qui est fait à plusieurs, par une seule et même disposition. Maintenant, si par *une seule et*

même disposition, il veut dire un seul et même membre de phrase, il en résultera que, sauf la restriction admise pour le cas d'assignation de parts, il accorde l'accroissement à la conjonction *verbis*; et que, sauf l'exception établie en raison de l'indivisibilité de la chose léguée, il refuse l'accroissement à la conjonction *re tantum*. En d'autres termes, d'après ce système, l'accroissement aurait lieu entre conjoints *re et verbis*; il n'aurait jamais lieu entre conjoints *verbis tantum*; il n'aurait lieu entre conjoints *re tantum*, que dans le cas où la chose qui leur est séparément léguée, n'est pas susceptible d'être divisée sans détérioration. V. art. 1044, 1045, et remarquez la bizarrerie de ce résultat à l'égard des conjoints *re tantum*, qui appelés chacun par son titre à recueillir la chose entière, n'auraient pas, à proprement parler, besoin d'accroissement pour conserver la totalité l'un à défaut de l'autre.

Pour éviter ce résultat, ne devrait-on pas interpréter autrement le mot *conjointement* (art. 1044) et le mot *séparément* (art. 1045)?

Par *legs fait conjointement* le législateur n'entend-il pas tout legs de la même chose, fait à plusieurs personnes *par le même acte*, sans assignation de parts?

N'est-ce pas seulement au cas d'assignation de parts que la chose est donnée *séparément?*

430. L'accroissement est-il nécessaire, ou peut-il être refusé par celui qui recueille?

A-t-il lieu avec les charges dont étaient grevés les défaillans?
Ne doit-on pas, à cet égard, distinguer entre les conjoints *re et verbis* et les conjoints *re tantum?*

Le droit d'accroissement est-il transmissible aux héritiers du colégataire qui décède après avoir recueilli, mais avant la caducité du legs fait à son conjoint?

Si l'accroissement a lieu au profit de plusieurs conjoints, dans quelle proportion chacun en profite-t-il?

Quid dans ce cas, s'il y a tout à la fois des conjoints *re et verbis* et des conjoints *re tantùm?*

L'assignation de parts, faite par le testateur, fera-t-elle toujours cesser le droit d'accroissement? Ne faut-il pas distinguer si cette assignation se trouve dans la disposition même, ou seulement dans l'exécution?

L'accroissement entre plusieurs légataires universels n'a-t-il lieu qu'autant qu'ils ont été institués conjointement. Ne doit-on pas considérer ceux qui sont institués par des dispositions séparées, comme simplement légataires à titre universel?

L'accroissement entre colégataires d'usufruit, peut-il avoir lieu chez nous, comme en droit romain, après que le legs a été recueilli par tous?

§ III.

De la révocation judiciaire par le fait du légataire.

431. Les dispositions testamentaires deviennent, en général, irrévocables par la mort du testateur; mais ce principe n'étant fondé que sur une présomption de persévérance dans la même volonté, la loi a dû autoriser les juges à prononcer la révocation dans les cas où la conduite du légataire est telle, qu'elle lui eût fait encourir la déchéance, même d'un don entre-vifs. V. art. 1046, et remarquez qu'on n'a pas pu appliquer ici la troisième cause de révocation, le refus d'alimens, puisque l'obligation d'en fournir n'a jamais existé pour le légataire.

Ne doit-on pas appliquer ici l'art. 957?

432. La loi considère, comme injure faite au testateur, celle qui serait faite à sa mémoire; il est, du reste, conforme aux principes de la matière, de borner à un an la durée de l'action. V. art. 1047.

L'année doit-elle courir du jour du délit, ou du jour de la connaissance que les intéressés en ont acquise?

Pourrait-on appliquer aux légataires la troisième cause d'indignité prévue par l'art. 727 ?

Les dispositions testamentaires peuvent-elles être révoquées pour survenance d'enfant?

CHAPITRE VI.

DES DISPOSITIONS PERMISES (PAR LE CODE CIVIL) EN FAVEUR DES PETITS-ENFANS DU DONATEUR OU TESTATEUR, OU DES ENFANS DE SES FRÈRES ET SOEURS; (ET DES SUBSTITUTIONS AUJOURD'HUI PERMISES AU PROFIT DES ENFANS D'UN DONATAIRE QUELCONQUE.)

433. En prohibant, en général, les substitutions, le législateur avait cependant accueilli la pieuse sollicitude d'un chef de famille, qui, craignant de voir ses petits-enfans ou neveux exposés à l'infortune, par l'inconduite ou les revers de leur père ou mère, voulait leur assurer, en tout ou en partie, la transmission des biens par lui donnés à l'enfant, au frère ou à la sœur de qui ils tiennent

le jour. Tel était le but unique de la dérogation ici contenue à l'art. 896.

434. Ces substitutions qui ne pouvaient jamais porter que sur la quotité disponible, n'étaient permises qu'à l'aïeul ou l'aïeule, l'oncle ou la tante des appelés ; elles ne l'étaient aux oncles et tantes qu'autant qu'ils mouraient sans enfans.

On n'en pouvait grever qu'un enfant, un frère ou une sœur donataire.

On n'y pouvait appeler que les enfans du donataire, enfans nés et à naître, mais au premier degré seulement. V. art. 1048, 1049.

435. En outre, le sentiment de pieuse sollicitude, que la loi voulait seul favoriser, devant naturellement se répandre également sur tous les petits-fils ou neveux, la charge de restitution devait être commune à tous les enfans nés et à naître du donataire. V. art. 1050.

436. Des vues politiques d'un autre ordre ont dicté la loi du 17 mai 1826, qui, sans déroger entièrement à la prohibition des substitutions, étend à toute personne, en faveur des enfans de tout donataire ou légataire, le droit réservé par le Code à l'aïeul ou à l'oncle.

437. La charge de restitution, au surplus, ne peut toujours porter que sur tout ou partie de la quotité disponible ; mais la loi ne distingue pas si le disposant laisse ou non des enfans.

438. La charge ne peut non plus s'appliquer à d'autres qu'aux enfans nés ou à naître du donataire ; mais le but principal de la loi nouvelle, étant d'arrêter la division

toujours croissante des propriétés, elle permet au disposant d'appeler à son choix un ou plusieurs desdits enfans, et d'étendre la charge de rendre jusqu'au deuxième degré.

439. Sous ces modifications, les règles contenues au chap. VI restent applicables aux substitutions autorisées par la loi nouvelle, qui renvoie pour leur exécution aux art. 1051-1074. V. ladite loi (1), article unique.

La restriction des substitutions au deuxième degré doit-elle s'entendre du deuxième degré de parenté ou du deuxième degré de substitution?

En d'autres termes, les descendans du donataire, à quelque degré qu'ils soient, ne peuvent-ils pas être appelés à recueillir, et grevés eux-mêmes de restitution au profit de descendans d'un degré quelconque, pourvu que la transmission par l'effet de la substitution n'ait pas lieu plus de deux fois? Voy., à ce sujet, Ordon. de 1747, tit. 1, art. 30; voy. aussi Code civil, art. 1048, 1049.

Ne peut-on substituer au deuxième degré que les enfans ou descendans des substitués du premier degré?

La substitution peut-elle être faite à la charge de remettre

---

(1) Loi du 17 mai 1826 (VIII, B. 90, n° 3028).

Art. unique : « Les biens dont il est permis de disposer, aux « termes des art. 913, 915 et 916 du Code civil, pourront être « donnés en tout ou en partie, par acte entre-vifs ou testa- « mentaire, avec la charge de les rendre à un ou plusieurs en- « fans du donataire, nés ou à naître, jusqu'au deuxième degré « inclusivement.

« Seront observés, pour l'exécution de cette disposition, « les art. 1051 et suivans du Code civil jusques et y compris « l'art. 1074. »

les biens donnés à celui des enfans que le donateur ou le donataire voudra choisir? (Voir à ce sujet Ordon. de 1747, tit. 1, art. 14.

440. Si la loi, qui limite à deux degrés les substitutions, doit, comme il est probable, s'entendre de deux degrés de substitués, il n'est pas inutile de joindre ici sur la manière de compter ces degrés, quelques explications puisées dans les anciens principes.

Ainsi, on tenait autrefois que les degrés devaient se compter par têtes, et non par souches ou générations. Il résulte de ce principe, que plusieurs générations pourraient ne former qu'un seul degré de substitution, comme aussi, il pourrait arriver à l'inverse qu'une seule génération formât plusieurs degrés. V. ladite Ordon., art. 33 et 34.

Les degrés, dans ce système, se comptant par le nombre de transmissions, il s'ensuit que les substitués, qui, à défaut de l'institué, se trouveraient appelés à recueillir directement, ne formeraient pas un degré de substitution. Par la même raison, le substitué qui ne recueille pas, ne remplit pas son degré. V. ladite Ordon., art. 36, 37 et 38.

Quelle que soit la cause qui empêche le premier institué ou le substitué de recueillir, le substitué appelé après lui ne doit-il pas prendre sa place? V. ladite. Ordon., art. 26, 27, 37.

Le premier institué ou le substitué sera-t-il censé avoir recueilli, s'il a survécu à l'ouverture du droit, et qu'il meure sans l'avoir accepté? V. *ibid.*, art. 36 et 37.

441. Le Code, qui n'admettait la substitution qu'au

profit des enfans au premier degré du donataire, mais qui voulait expressément qu'elle leur fût commune à tous, ne permettait pas que le prédécès d'un ou de plusieurs d'entre eux concentrât le profit de la substitution dans les branches survivantes, à l'exclusion de la postérité des décédés. C'est pour cela qu'il admettait la représentation (V., au contraire, Ord. de 1747, titre 1, art. 20 et 21). Il n'est pas bien certain qu'il admît également la représentation en faveur des enfans des appelés du premier degré tous prédécédés. V. art. 1051.

Quid sous l'empire de la loi nouvelle, qui renvoie purement et simplement à l'art. 1051 ?

442. La charge de rendre, détruisant en partie l'effet de la donation faite à celui qui en est grevé, ne peut en général être imposée après coup ; elle ne pourrait certainement pas l'être par la seule volonté du donateur, qui ne s'est réservé aucun droit sur la chose donnée; elle ne le pourrait même pas par une convention principale passée entre le donateur et le donataire. Car ce serait une stipulation au profit de tiers (V. art. 1119). Mais elle peut être établie comme condition d'une nouvelle libéralité (V. art. 1121); auquel cas, le donataire, qui s'y serait volontairement soumis, n'aurait aucun moyen pour se dispenser de l'accomplir. V. art. 1052.

La charge pourrait-elle être imposée par un contrat, autre qu'une donation ?

443. La charge de restitution n'empêche pas le donataire ainsi grevé d'être propriétaire. Seulement, sa

propriété est résoluble par l'événement qui donnera ouverture à la substitution. Quant aux appelés, leur droit conditionnel se borne à une simple espérance, qui autorise, de leur part ou dans leur intérêt, l'emploi de toutes mesures conservatoires (V. art. 1180, 1055-1068).

Le donateur pourrait-il, par une convention postérieure, faire remise au donataire de la charge de restituer? V. Ord. de 1747, tit. 1, art. 11 et 12.

Le substitué pourrait-il renoncer avant l'ouverture du droit? V. *ibid.*, art. 28.

444. L'époque de l'ouverture de la substitution est, en général, celle de la mort naturelle ou civile du grevé. Mais les droits de celui-ci pouvant cesser auparavant, notamment par abdication volontaire, ou dans le cas de l'art. 1057, le Code déclare alors le droit des appelés *ouvert*, sauf les droits des créanciers en cas d'abandon. V. art. 1053, et remarquez, 1° que les créanciers semblent n'avoir pas même besoin d'agir en vertu de l'article 1167, pour faire annuler l'acte d'abandon. (Voy. Ord. de 1747, tit. 1, art. 42); 2° que la décision relative aux créanciers s'applique, à plus forte raison, aux tiers acquéreurs (*ibid.*, art. 43).

Le grevé pourrait-il être déchu pour abus de jouissance? V. art. 618.

Le donateur pourrait-il fixer l'ouverture de la substitution à une autre époque que la mort du grevé?

L'ouverture du droit des appelés, au moment où la jouissance du grevé cesse avant l'époque prévue ou fixée par l'auteur de la disposition, est-elle définitive, en telle sorte, que le droit soit irrévocablement acquis aux appelés alors capables de recueillir, à l'exclusion de ceux qui viendraient à naître ou à acquérir la capacité?

La renonciation, faite par l'institué avant toute immixtion, pourrait-elle préjudicier à ses créanciers? V. Ordon., tit. 1, art. 38 et 42.

Quel serait son effet à l'égard des appelés qui viendraient à naître, ou qui acquerraient ultérieurement la capacité?

445. La propriété du grevé étant, comme on l'a dit, résoluble par l'ouverture de la substitution, il faut appliquer aux aliénations qu'il aurait consenties, ou aux charges qu'il aurait créées, la maxime *resoluto jure dantis, etc.* Ainsi ses créanciers, soit simples, soit hypothécaires, n'ont aucun droit à exercer sur les biens à restituer; sa femme même est privée du recours que lui donnait l'ancienne ordonnance des substitutions (Voy. Ordon. de 1747, tit. 1, art. 44 et suiv.). Cependant ce recours peut lui être accordé par une disposition expresse du *testateur* (nous ajoutons ou du donateur), mais subsidiairement, et pour le capital seulement des deniers dotaux. V. art. 1054.

Le donateur ne pourrait-il pas attribuer plus d'étendue au recours de la femme? Pourquoi ne pourrait-il pas établir le même recours au profit de tout créancier?

Les appelés, qui acceptent purement et simplement la succession du grevé, peuvent-ils évincer les tiers acquéreurs?

446. Les substitutions donnent lieu à diverses mesures, dont les unes tendent à assurer la conservation des droits des appelés (art. 1051-1068); les autres à prévenir contre toute surprise les tiers qui pourraient traiter avec le grevé (art. 1069-1072).

447. Les mesures prescrites dans l'intérêt des appelés, sont : 1° la nomination d'un tuteur chargé de faire toutes les diligences pour que la charge de restitution soit bien et fidèlement acquittée (art. 1055-1057; voy. art. 1073); 2° l'inventaire (art. 1058-1061); 3° la vente du mobilier (art. 1062-1064); 4° l'emploi des deniers (art. 1065-1068).

448. La nomination du tuteur peut être faite par l'auteur de la disposition, soit dans l'acte même, soit dans un acte postérieur, pourvu qu'il soit authentique. Cette tutelle ne peut, en général, être refusée. A cet égard, on suit les mêmes règles qu'en cas de minorité. V. art. 1055.

449. Si le donateur n'a pas pourvu aux intérêts des appelés par la nomination du tuteur à l'exécution, la loi y pourvoit en imposant au grevé lui-même l'obligation de faire nommer ce tuteur; toutefois, cette obligation ne commence pas pour le grevé avant la mort du disposant, ni dans aucun cas avant l'époque où la disposition aura été connue. L'obligation doit être accomplie dans le délai d'un mois. Si le grevé est mineur, cet accomplissement regarde son tuteur. V. art. 1056, et à ce sujet, art. 1074.

Si la disposition est entre-vifs, les fonctions du tuteur à l'exécution pourront-elles commencer avant la mort du donateur?

Par qui doit être nommé le tuteur, quand il ne l'est pas par l'auteur de la disposition?

450. La loi attache tant d'importance à l'accomplissement de cette obligation, qu'elle punit de déchéance le

grevé qui néglige d'y satisfaire. Cette déchéance doit naturellement entraîner l'ouverture du droit des appelés (art. 1053). L'ouverture, du reste, doit être déclarée par jugement. Les diligences, à ce sujet, peuvent être faites non seulement par les appelés capables, ou en cas d'incapacité, par les personnes chargées en général de les représenter ou assister; mais encore, pour le cas de capacité comme pour celui d'incapacité, par tout parent, ou même par le procureur du roi. V. art. 1057, et remarquez la compétence attribuée au procureur du roi, près le tribunal de l'ouverture de la succession. Il s'ensuit que c'est ce tribunal qui doit déclarer l'ouverture du droit; nous en concluons également que c'est dans son ressort qu'il doit être procédé à l'établissement de la tutelle.

La déchéance prononcée par l'art. 1057 est-elle comminatoire?

Peut-elle être appliquée lorsqu'il n'existe encore aucun appelé? Comment dans ce cas l'appliquerait-on?

451. Si la consistance des biens à restituer n'est pas suffisamment établie par la disposition même, il est nécessaire de la constater par un inventaire et une prisée. La loi, supposant que la disposition à la charge de restituer est à cause de mort, ne prescrit l'inventaire qu'après le décès du disposant, et ne dispense d'y procéder qu'au cas de legs particulier; elle veut que l'inventaire comprenne *tous les biens de la succession;* quant à la prisée, elle n'est prescrite que pour *les meubles et effets,* ce qui paraît devoir s'entendre de tout le mobilier cor-

porel; ici, au surplus, comme dans tous les cas, la prisée doit être faite à juste prix. V. art. 1058.

Quid si la disposition à la charge de restituer est par acte entre-vifs?

Si la disposition à titre universel ne comprend que des immeubles, devrait-il être fait un inventaire?

452. C'est le grevé que la loi charge d'abord de requérir l'inventaire; il doit y faire procéder dans le délai ordinaire (V. art 795), et y appeler le tuteur à l'exécution, son contradicteur légitime; celui-ci ne doit pas se dispenser d'y assister. Quant aux frais, ils sont naturellement pris sur les biens dont l'inventaire tend à assurer la restitution. V. art. 1059.

453. A défaut du grevé, la charge de l'inventaire retombe naturellement sur le tuteur à l'exécution, qui doit y faire procéder dans le mois, à partir de l'expiration du délai accordé au grevé; il doit, bien entendu, y appeler le grevé, ou si celui-ci est incapable, son représentant légal. V. art. 1060.

454. Enfin, à défaut du grevé et du tuteur à l'exécution, l'inventaire est fait à la diligence des personnes qui peuvent agir en vertu de l'art. 1057, le grevé ou son tuteur, et le tuteur à l'exécution, dûment appelés. V. art. 1061.

455. Le dépérissement auquel sont sujets les *meubles et effets*, fait, en général, prescrire la vente de *ceux qui auraient été compris dans la disposition*. Cette vente doit être faite avec publicité et concurrence. V. art. 1062.

La loi n'autoriserait-elle pas aujourd'hui les substitutions particulières d'effets mobiliers? V. Ordon., tit. 1, art. 4 et 5.

456. Toutefois cette règle reçoit exception, lorsque le disposant a voulu réserver au grevé l'avantage de la jouissance en nature; il faut seulement que cette volonté soit expressément déclarée. Le grevé alors n'est tenu, comme l'usufruitier, qu'à rendre les meubles dans l'état où ils se trouveront. V. art. 1063, et à ce sujet, art. 589.

457. La faveur de l'agriculture, qui fait supposer compris dans le don d'une terre les bestiaux et ustensiles servant à la faire valoir, fait aussi dispenser le grevé de la vente. Mais, par la même raison, il ne suffit pas de les rendre dans l'état où ils se trouveront à l'ouverture de la substitution; ils doivent être prisés et estimés, et le grevé sera tenu d'en rendre une égale valeur. Voy. art. 1064.

Cette valeur ne doit-elle pas être fournie en bestiaux et ustensiles? V. Ordon., tit. 1, art. 6.
Quid à l'égard des autres immeubles par destination?

458. Tous deniers, comptant de quelque cause qu'ils proviennent, doivent être employés, dans les délais et de la manière que la loi détermine.

459. Le premier emploi doit avoir lieu, sauf prolongation, dans les six mois à dater de la clôture de l'inventaire; il comprend les deniers recueillis en nature, le prix des meubles vendus (la vente conséquemment doit en être faite dans ces six mois); enfin il comprend les

recouvremens opérés jusque là. L'emploi des recouvremens postérieurs doit être fait dans un délai de trois mois à compter de chaque recette. V. art. 1065, 1066.

460. Le mode d'emploi peut avoir été déterminé par l'auteur de la disposition, il faut alors se conformer à ce qu'il a prescrit; sinon, la loi, afin d'assurer pleinement les droits des appelés, exige un emploi en immeubles, ou avec privilége sur des immeubles. Voy. art. 1067.

461. C'est au tuteur à l'exécution à faire les diligences nécessaires pour que l'emploi soit opéré conformément à la loi; sa présence à l'opération est à la fois une garantie de sa régularité, et une assurance contre les remboursemens qui pourraient avoir lieu à son insu. V. art. 1068.

462. Pour garantir les tiers qui pourraient contracter avec le grevé ou acquérir de lui, contre le préjudice que leur causerait l'ignorance de la substitution, la loi veut que la charge de restituer soit rendue publique, par les moyens qu'elle détermine; elle charge le grevé lui-même et le tuteur à l'exécution de procurer cette publicité.

463. Le mode de publicité consiste, quant aux immeubles, dans la transcription des actes au bureau des hypothèques de la situation. Les actes à transcrire sont évidemment ceux qui constituent à la fois la propriété du grevé et la charge qui lui est imposée. Ce sont donc, pour les biens recueillis en nature, les dispositions mêmes, soit entre-vifs, soit testamentaires; et pour les

biens acquis en exécution de l'art. 1067, les actes d'acquisition, lesquels doivent naturèllement en énoncer la cause.

A l'égard des meubles, la loi ne prescrit aucun mode spécial de publicité pour ceux que l'on conserve en nature. Quant aux capitaux, de quelque cause qu'ils proviennent, s'ils ne sont point employés en acquisition d'immeubles, ils doivent, comme on l'a vu, l'être en créances privilégiées sur des immeubles : la publicité résultera alors de l'inscription du privilége (V. art. 2106, 2148); mais pour atteindre ce but, la loi, sans doute, entend que l'inscription contiendra l'énonciation de la substitution. V. art. 1069.

464. La faveur des tiers est telle, qu'à leur égard l'effet de la substitution est entièrement subordonné à l'accomplissement de ces formalités. Ainsi le défaut de transcription peut être opposé par les créanciers et acquéreurs, aux appelés, même mineurs ou interdits, sauf leur recours contre qui de droit, et nonobstant l'inefficacité de ce recours. V. art. 1070.

465. Bien plus, le mode de publicité prescrit par la loi est de rigueur, et n'admet aucun équivalent; ainsi le défaut de transcription n'est point couvert par la connaissance personnelle que les tiers qui l'opposent auraient eue de la substitution. V. art. 1071.

466. Mais c'est uniquement dans l'intérêt des créanciers et tiers acquéreurs à titre onéreux qu'est requise la publicité; ainsi, non seulement les donataires ou légataires qui ne tiennent leurs droits que de la libéralité

du disposant, mais même les héritiers, appelés par la loi à sa succession, ne peuvent opposer aux appelés le défaut de transcription ou inscription. Cette fin de non-recevoir s'étend même à leurs donataires, légataires ou héritiers. V. art. 1072.

467. De là il résulte évidemment, que le grevé lui-même, nécessairement donataire, légataire ou héritier du disposant, ne peut jamais, pour s'affranchir de la charge de restitution qui viendrait à s'ouvrir de son vivant, opposer aux appelés le défaut d'une formalité qui n'était pas requise dans son intérêt, et qu'il était d'ailleurs chargé lui-même d'accomplir.

468. Il en résulte encore incontestablement, que ceux auxquels le grevé aurait transmis par donation, legs, ou succession légitime, tout ou partie des biens compris dans la substitution, ne peuvent les disputer aux appelés, pour défaut de transcription ou inscription. A l'égard des héritiers légitimes, on ne devait pas leur permettre de se faire un titre de l'omission commise par leur auteur, puisqu'ils répondent de ses faits. Quant aux légataires ou donataires, leur intérêt, fondé sur une pure libéralité, n'a pas paru assez puissant pour prévaloir sur celui des appelés.

469. Mais les termes de la loi ne comprennent pas seulement le grevé lui-même ou ses héritiers et ayant-cause à titre gratuit, ils semblent s'appliquer à tous donataires, légataires ou héritiers du disposant, ainsi qu'à leurs donataires, légataires ou héritiers.

Toutefois, on comprend, d'une part, que la fin de

non-recevoir, ne peut s'appliquer avec effet à ces personnes, qu'autant qu'à l'un des titres ci-dessus, elles prétendraient à la propriété des biens compris dans la substitution.

D'autre part, il est évident que ces personnes, à moins d'être elles-mêmes les grevés, n'ont pas d'intérêt à faire anéantir la substitution, puisque cet anéantissement n'aurait pour effet que de rendre libres les biens donnés à d'autres. On ne voit donc pas à quel titre elles pourraient opposer, en aucun cas, le défaut de la transcription prescrite par l'art. 1069; et la fin de non-recevoir prononcée contre elles serait, sous ce rapport, sans objet.

Mais, si la disposition faite à la charge de restitution est une donation entre-vifs, assujettie elle-même à la transcription par l'art. 939, il résultera de l'art. 1072, qu'en supposant même que ces personnes puissent, aux termes de l'art. 941, opposer au donataire le défaut de transcription de la donation (V. ci-dessus n° 310), elles ne pourront au moins l'opposer aux appelés, pour faire tomber à la fois la donation et la charge de restitution.

470. Observons, en finissant, que tout préjudice causé aux appelés par la négligence du tuteur, et spécialement par l'omission des formalités dont il devait surveiller et procurer l'accomplissement, donne lieu de leur part à un recours contre lui. V. art. 1073.

Les appelés ont-ils hypothèque légale sur les biens de ce tuteur? V. art. 2121, 2135.

471. Ce recours a lieu également contre le grevé qui

ne s'est pas conformé aux règles qui lui sont tracées. Nous avons vu aussi qu'il pouvait encourir la déchéance (V. art. 1057). Sa minorité même et l'insolvabilité de son tuteur ne le mettraient pas à l'abri. V. art. 1074.

CHAPITRE VII.

DES PARTAGES FAITS PAR PÈRE, MÈRE, OU AUTRES ASCENDANS, ENTRE LEURS DESCENDANS.

472. La loi, pleine de confiance dans l'affection éclairée du père de famille, lui offre le moyen de prévenir de fâcheuses contestations entre ses enfans, en l'autorisant à faire lui-même le partage et la distribution de ses biens.

473. Ce pouvoir, exclusivement borné aux pères, mères et autres ascendans, ne doit pas se confondre avec la faculté de disposer à titre gratuit, que la loi accorde dans de certaines limites à toutes personnes capables. En effet, il ne s'agit pas ici de créer par la volonté de l'homme un droit de succession; mais bien de régler, soit immédiatement, par une sorte d'ouverture anticipée, soit pour le temps où il doit naturellement s'ouvrir, l'exercice du droit de succession conféré par la loi ou par un acte antérieur de la volonté. C'est dans ce but unique qu'on répartit les biens entre tous les ayant-droit dans la proportion de la part héréditaire de chacun (V., à ce sujet, art. 1078 et 1079). Cette prérogative de

père de famille est d'ailleurs tellement indépendante de la faculté de disposer, qu'elle s'applique même à la portion de biens non disponible. V. art. 1075.

Un collatéral ne pourrait-il pas faire entre ses héritiers le partage de ses biens?

Quid si l'acte ainsi qualifié contenait une inégalité choquante?

474. Le partage peut être fait entre-vifs ou à cause de mort : le partage à cause de mort présente quelque analogie avec le partage entre enfans, usité autrefois dans les pays de droit écrit; et le partage entre-vifs rappelle, sous certains rapports, les anciennes démissions de biens. Toutefois, l'analogie avec l'une ou l'autre de ces dispositions est loin d'être complète. Quelle que soit, au surplus, la différence qui existe entre ce partage et une libéralité proprement dite, il n'en est pas moins vrai que le partage entre-vifs a pour effet le dépouillement actuel et gratuit de l'ascendant au profit de ses descendans. Quant au partage à cause de mort, c'est toujours une disposition que l'ascendant fait de ses biens, pour le temps où il n'existera plus. Ces motifs ont paru suffisans au législateur, pour soumettre ces partages *aux formalités, conditions et règles prescrites pour les donations entre-vifs et testamens*. V. art. 1076, al. 1.

475. C'est une conséquence de ce principe, que le partage entre-vifs ne puisse comprendre que les biens présens. Il faudrait évidemment appliquer de même toutes les autres conséquences du principe *donner et retenir ne vaut*. V. art. 1076, al. dern.

476. Une autre conséquence, qui, pour n'être pas exprimée, n'en est pas moins certaine, c'est que le renvoi aux règles des testamens, prive les père et mère de la faculté précieuse, de faire conjointement, à cause de mort, le partage de leurs biens (V. art. 968). En outre, la communauté, qui ordinairement subsiste entre eux, et qui ne peut, en général, se liquider tant qu'ils vivent tous deux, laissant dans l'incertitude la consistance et la nature des biens qui composeront la succession du prémourant, la faculté de partager ses biens entre ses enfans n'existe vraiment dans sa plénitude que pour le parent survivant. Si donc les deux époux d'accord veulent prévenir, pendant leur vie, les difficultés auxquelles pourront donner lieu, après leur mort, la liquidation et le partage, tant de leur communauté que de leurs successions respectives, ils n'ont d'autre moyen que de faire accepter par leurs enfans un partage entre-vifs, et de se dépouiller ainsi de leur vivant.

Le partage des biens présens accepté par les enfans, les soumet-il de plein droit au paiement des dettes actuelles de l'ascendant?

477. C'est un principe en matière de partage, que l'omission de quelques uns des objets à partager n'annule pas l'opération pour le surplus (V. art. 888). Cette règle reçoit ici son application. V. art. 1077.

478. Mais un partage ne peut être valable s'il n'est fait entre tous les ayant-droit. Ainsi, celui qui est fait par l'ascendant, entre-vifs ou par testament, est absolument nul, s'il ne comprend pas tous les enfans appelés, au

jour de sa mort, à recueillir la succession, soit de leur chef, soit par représentation.

C'est une conséquence de ce principe, que les enfans compris dans le partage ne restent pas indéfiniment exposés à l'action de ceux qui n'y sont pas compris, jusqu'à ce qu'il plaise à ceux-ci de les attaquer, et qu'ils puissent eux-mêmes en provoquer un nouveau. V. art. 1078.

Les enfans ou descendans compris dans le partage, pourraient-ils l'attaquer et en provoquer un nouveau, dans le cas même où ceux qui n'y sont pas compris renonceraient à la succession ?

Les enfans qui ont accepté un partage entre-vifs, pourraient-ils, en renonçant ensuite à la succession, garder les biens qu'ils ont ainsi reçus? Ne faudrait-il pas, au moins, pour leur accorder cette faculté, que le partage eût été accompagné de l'état des dettes et charges prescrit par l'art. 1084? V. art. 1085.

Quid si l'enfant compris dans le partage entre-vifs vient à mourir avant le père de famille?

Les petits-enfans ne sont-ils pas censés compris dans le partage, même entre-vifs, toutes les fois que l'enfant qu'ils représentent y a été compris, et ce quand même ils auraient renoncé à sa succession? V., à ce sujet, art. 848.

479. Le partage fait par l'ascendant, peut, comme tout autre acte de ce genre, être attaqué pour lésion de plus du quart; et ce, quand même le copartageant ne se trouverait pas, par l'effet de cette lésion, privé de sa réserve; car la nature de l'acte ne permet pas de considérer l'avantage résultant pour les autres de la plus value de leurs lots, comme une libéralité permise dans les limites de la quotité disponible. La différence dans

la valeur des lots est regardée comme le résultat d'une erreur, qui, lorsqu'elle est considérable, doit vicier l'acte entier.

Toutefois, il est un cas où la plus value du lot d'un des copartageans est considérée par la loi, comme un avantage fait à dessein ; c'est lorsque le montant de cette plus-value, réuni à celui des dispositions par préciput faites à son profit, excède la quotité disponible. La double circonstance du préciput et de l'avantage résultant du partage, faisant alors supposer la fraude, suffit pour vicier une opération qui doit avoir l'égalité pour base; c'est donc là une seconde cause de rescision. V. art. 1079.

Quid si l'ascendant ayant épuisé la quotité disponible en libéralités faites à des tiers, il se trouve quelque inégalité dans les lots des enfans ?

L'action en rescision, dans les deux cas de l'art. 1079, peut-elle être écartée aux termes de l'art. 891 ?

Si le partage est annulé, dans le second cas de notre article, la disposition par préciput qu'il contenait est-elle également annulée ?

480. Au reste, le partage fait par l'ascendant étant toujours présumé équitable, la loi impose à l'enfant qui l'attaque, l'obligation d'avancer les frais, sans préjudice de la règle qui met en définitive les dépens à la charge de la partie qui succombe (C. pr., art. 130); règle que la loi applique ici plus spécialement à l'enfant dont la réclamation est jugée mal fondée. V. art. 1080.

L'art. 1080 n'exclut-il pas l'application de l'art. 131 du Code de Procédure ?

CHAPITRE VIII.

DES DONATIONS FAITES PAR CONTRAT DE MARIAGE AUX ÉPOUX ET AUX ENFANS A NAÎTRE DU MARIAGE.

481. La faveur du mariage a dû faire admettre pour les donations qui tendent à l'assurer ou à le faciliter des règles spéciales qui font l'objet de ce chapitre.

La principale dérogation aux principes du droit commun consiste dans la permission accordée ici de faire entre-vifs des dispositions, jusqu'à un certain point, révocables par la volonté du disposant, sans qu'on puisse invoquer la maxime *donner et retenir ne vaut*. (Voy. art. 947, 1082, 1084, 1086).

482. C'est là, au surplus, une faculté dont on est libre d'user ou de ne pas user. Ainsi la donation par contrat de mariage peut ne comprendre que des biens présens dont le donateur se dépouille actuellement et irrévocablement (V. art. 1081); mais elle peut comprendre aussi des biens à venir, soit qu'elle consiste uniquement dans tout ou partie des biens que le donateur laissera à son décès (V. art. 1082, 1083), soit qu'elle soit faite cumulativement des biens présens et à venir (V. art. 1084, 1085); enfin elle peut être faite sous des conditions plus ou moins dépendantes de la volonté du donateur. (Voy. art. 1086).

483. La donation entre-vifs de biens présens ne perd pas son caractère pour être insérée dans un contrat de

mariage; elle est donc en général soumise aux règles ordinaires. V. art. 1081, al. 1.

484. C'est une conséquence déduite de ce principe par la loi elle-même, qu'elle ne puisse avoir lieu au profit des enfans à naître (V. art. 908). Ainsi les biens ne pourront appartenir à ceux-ci, que par transmission; à moins, toutefois, qu'on n'établisse en leur faveur une substitution; car la faculté, aujourd'hui commune à tout donateur, de substituer les enfans à leur père ou mère, recevrait ici, comme partout ailleurs, son application. V. art. 1081, al. dern. et ci-dessus, n°ˢ 433-439.

485. Le principe posé recevrait encore son application à la nécessité de la transcription (V. art. 939), ou de l'état estimatif (V. art. 948). Il résulte également de ce principe, que le prédécès du donataire, soit qu'il laisse ou non de la postérité, ne rendra pas la donation caduque. Mais l'insertion de la donation dans le contrat de mariage la ferait cependant participer à certaines faveurs, communes à toutes les donations comprises dans cet acte (V. art. 959, 1087). Cette insertion la soumettrait aussi à la caducité prononcée par l'art. 1088. En outre, il est bien à remarquer que les diverses clauses qui, subordonnant l'effet d'une donation à la volonté du donateur, lui font vraiment perdre son caractère de donation entre-vifs (V. art. 944, 945, 946), n'annuleront pas la donation de biens présens, contenue dans un contrat de mariage. Cette décision, appuyée sur l'esprit de la loi et sur les termes précis des articles 947 et 1086, n'est point contredite par l'art. 1081, puisqu'il

est vrai de dire, qu'il n'y a plus alors donation entre-vifs.

486. Il est permis de donner par contrat de mariage tout ou partie des biens qu'on laissera au jour de son décès. Cette disposition, connue autrefois sous le nom d'*institution contractuelle*, participe tout à la fois de la nature des donations entre-vifs et de la nature des donations à cause de mort. Elle a pour objet d'assurer aux donataires la totalité ou une quote-part de la succession du donateur, en réservant jusqu'à un certain point à celui-ci, qui demeure propriétaire jusqu'à sa mort, la faculté de restreindre, d'anéantir même, l'effet de sa libéralité, par la diminution ou la perte de sa fortune. Le droit de succession conféré par cette donation, ne devant s'ouvrir qu'au décès du donateur, il s'ensuit, que le prédécès du donataire la rend nécessairement caduque, si un autre n'est appelé à recueillir à son défaut. Par la même raison, on conçoit que la loi ait pu, sinon abandonner entièrement, au moins faire fléchir ici la règle qui exige la conception du donataire au moment de la donation.

487. Cela posé, nous voyons dans la loi que cette donation peut être faite par toute personne, même non parente, tant aux futurs époux *qu'aux enfans à naître de leur mariage;* non en ce sens, que les enfans à naître soient appelés à recueillir le profit de la donation conjointement avec leurs père et mère, ni que les père et mère qui recueillent, soient, sans aucune disposition spéciale, grevés de restitution au profit de leurs enfans;

mais en ce sens, que les enfans à naître, vulgairement substitués à leur père ou mère, sont eux-mêmes donataires, pour le cas où l'époux donataire ne recueillerait pas. D'où il suit, qu'en cas de prédécès de cet époux, les enfans n'auront point besoin de se porter ses héritiers, pour recueillir de leur propre chef une donation, à laquelle le défunt se trouve par événement, n'avoir eu aucun droit. V. art. 1082, al. 1.

488. Cette substitution vulgaire des enfans à naître, est au surplus tellement favorable, et tellement conforme à la volonté présumée du donateur par contrat de mariage, que la loi la sous-entend dans le cas même où, en donnant aux époux, on aurait omis de comprendre nommément les enfans. V. art. 1082, al. dern.

Par *enfans à naître*, la loi n'entend-elle pas toute la postérité qui naîtra du mariage? Ainsi les petits-enfans ne recueilleraient-ils pas à défaut d'enfans? V. art. 1089. N'admettrait-on pas à leur égard la représentation?

Pourrait-on sans donner aux époux, donner directement aux enfans à naître du mariage?

Ne pourrait-on pas, au contraire, exclure les enfans de la donation faite aux époux, ou n'y appeler que quelques uns d'eux, par exemple, les enfans mâles ou le fils aîné?

Si la donation est faite *aux époux* et *aux enfans à naître*, ne pourrait-on pas en induire charge de restitution au profit de ces derniers?

Pourrait-on donner aux futurs époux à la charge d'associer une autre personne au profit de la donation?

489. Nous avons vu que le donateur reste propriétaire jusqu'à sa mort, et conséquemment maître d'aliéner, ou

de faire des dettes, que le donataire sera tenu de payer, s'il ne veut renoncer à l'institution. Mais l'irrévocabilité de cette institution interdit, en général, au donateur, les nouvelles libéralités qui pourraient en diminuer l'effet. Et toutefois, la loi lui permet de disposer *pour sommes modiques* à TITRE DE RÉCOMPENSE OU AUTREMENT; expressions qui laissent beaucoup à l'arbitrage des juges, mais qui, dans aucun cas, ne paraissent susceptibles d'être appliquées à des dispositions à titre universel. V. art. 1082.

L'institué contractuellement est-il tenu des dettes *ultra vires?*

Est-il tenu de demander la délivrance aux héritiers légitimes?

490. La simple institution contractuelle n'assure pas pleinement les droits des époux ou des enfans à naître, puisque le donateur peut en anéantir l'effet, même quant aux biens présens, par des aliénations, et par les dettes qu'il contracterait par la suite. La loi offre un moyen de parer à cet inconvénient, en autorisant la donation cumulative de biens présens et à venir. Dans ce cas, si le donataire ne trouve pas d'avantage, lors du décès du donateur, à prendre tous les biens de la succession en se soumettant à toutes les charges, il pourra s'en tenir aux biens présens, sous la seule condition d'acquitter les dettes et charges existantes au temps de la donation. Mais il faut pour cela que ces dettes soient constatées par un état qui doit être annexé à l'acte. V. art. 1084.

491. A défaut de cet état, la donation n'est pas nulle, mais, comme il ne peut être permis au donataire de profiter des biens sans supporter les charges, et que cet état était le seul moyen légal de constater le montant de celles qui grevaient les biens présens, il faut, s'il n'aime mieux répudier le tout, qu'il supporte toutes les dettes et charges de la succession au jour de son ouverture; ce qui réduit son droit aux biens existans au jour du décès. V. art. 1085.

En l'absence de l'état prescrit, la donation de biens présens et à venir n'a-t-elle pas au moins l'effet d'une institution contractuelle? Ne faudrait-il pas dès lors appliquer l'art. 1083?

492. Lorsque l'état de dettes prescrit par la loi a été annexé, le donataire est-il immédiatement saisi des biens présens, en telle sorte, qu'il puisse se les faire délivrer, en disposer et les transmettre?

L'effet de la donation de biens présens n'est-il pas, au contraire, subordonné à la condition de renoncer au surplus des biens, lors du décès du donateur? N'en résulte-t-il pas que cet effet est suspendu jusqu'à l'événement de la condition, et que, si elle vient à défaillir par l'acceptation de la donation pour le tout, les droits du donataire se borneront à ceux qu'il tiendrait d'une simple institution contractuelle? Voy. art. 1089.

Toutefois une donation de biens présens ne pourrait-elle pas, sans devenir ainsi conditionnelle, être faite conjointement avec une donation de biens à venir?

N'y aurait-il pas alors deux donations distinctes, et le donataire n'aurait-il pas le droit de les diviser, soit qu'on y eût joint ou non un état de dettes? Ne faudrait-il pas, à ce dernier égard, distinguer si la donation de biens présens est à titre universel ou à titre particulier?

Si la donation étant faite dans les termes de l'art. 1084, il y a été joint un état de dettes, la faculté de diviser dépend-elle absolument de l'exactitude de cet état?

Lorsqu'aux termes du même article, le donataire s'en tient aux biens présens, si le donateur a payé de son vivant quelqu'une des dettes comprises dans l'état, le donataire n'en doit-il pas tenir compte à la succession?

Dans le même cas, les créanciers antérieurs à la donation, qui ne sont pas payés lors du décès, ne peuvent-ils pas à leur choix, s'adresser au donataire ou à la succession?

Outre l'état des dettes, la donation de biens présens et à venir ne doit-elle pas contenir un état du mobilier (V. art. 948)? A défaut de cet état, le mobilier, même présent, ne fait-il pas partie de la donation de biens à venir?

Cette donation n'est-elle pas assujettie à la transcription pour les immeubles présens? Ne faudrait-il pas appliquer, à cet égard, les art. 939-942.

La donation faite cumulativement des biens présens et à venir n'est-elle pas, en général, comme l'institution contractuelle, réputée faite tant au profit des époux qu'au profit des enfans à naître? V. art. 1081, 1089, 1093.

493. Le principe qui fait admettre dans les contrats de mariage les deux espèces de donations ci-dessus, reçoit son application, d'une manière plus générale, à toute donation faite sous des conditions dépendantes de la volonté du donateur. V. art. 1086.

A cet égard, la loi déroge ici explicitement à l'art. 944 et à l'art. 945, qui n'en est que la conséquence : il est, du reste, évident que, si ces conditions sont des charges, que le donateur reste maître d'aggraver, comme si la donation est faite à condition de payer indistinctement toutes les dettes, le donataire ne peut pas plus ici que dans les cas ordinaires, conserver l'émolument, en se dispensant d'accomplir les charges ; mais il peut incontestablement s'affranchir des charges, en renonçant à l'émolument.

La loi, dérogeant encore explicitement à l'art. 946, qui n'est aussi qu'une conséquence du principe posé par l'art. 944, ne veut pas que la réserve de disposer, stipulée par le donateur de biens présens, annule la donation des sommes ou objets ainsi réservés. L'effet de cette donation demeure donc subordonné à la disposition que fera ou ne fera pas le donateur, de son vivant.

C'est conséquemment au donataire, et non aux héritiers du donateur, qu'appartiendra l'objet ou la somme dont celui-ci n'aura pas disposé; les termes de la loi semblent même supposer que le donataire, au cas de son prédécès, transmettrait l'objet ou la somme à ses héritiers. Voy., cependant, art. 1089.

Enfin, et quoique la loi ne s'en explique pas, on ne peut hésiter à voir, dans la faculté générale de disposer sous des conditions dépendantes de la volonté du donateur, une dérogation à l'art. 943. V., d'ailleurs, art. 947.

Une remarque commune à toutes les donations autorisées par l'art. 1086, c'est que, ne saisissant pas actuellement et irrévocablement le donataire, elles admettent la substitution vulgaire au profit des enfans à naître.

La dérogation à l'art. 944 emporte-t-elle également dérogation à l'art. 1174?

494. La même faveur, qui fait autoriser dans les contrats de mariage des dispositions contraires au droit

commun, devait, à plus forte raison, faire dispenser généralement les donations contenues dans ces actes, d'une condition de pure forme, telle que l'acceptation en termes exprès (V. art. 932). Ces donations, sans doute, exigent, comme toutes autres, le concours des volontés; mais ce concours existe par cela seul, que le donateur et le donataire ont été parties au contrat de mariage, et la loi ne veut pas que le défaut de termes exprès serve de prétexte pour soutenir qu'il n'y a pas acceptation. V. art. 1087.

495. Nous savons déja que le même principe fait excepter de la révocation pour cause d'ingratitude, les donations *en faveur de mariage* (art. 959) : or, ce caractère ne peut être contesté à aucune de celles qui sont faites aux époux par contrat de mariage. Il en est autrement de la révocation pour survenance d'enfans (art. 960).

496. Une autre règle, applicable à toute donation faite en faveur du mariage, comme en général, à toutes conventions matrimoniales, en subordonne naturellement l'effet à la condition du mariage projeté : si donc, la condition ne s'accomplit pas, il y a caducité. V. art. 1088.

497. Une libéralité, étant essentiellement personnelle, ne peut, en général, se transmettre, si elle n'a fait impression sur la personne qui en est l'objet. Cela posé, on conçoit que les donations qui ne dépouillent pas actuellement le donateur, et qui ne deviennent pleinement irrévocables qu'à son décès, soient, comme les dispositions testamentaires, susceptibles de caducité par

prédécès. Ce principe comprend les donations autorisées par les articles 1082, 1084, 1086. Mais, d'un autre côté, la substitution vulgaire des enfans à naître, substitution écrite dans les articles 1082 et 1086, et nécessairement sous-entendue dans l'art. 1084, constituant ceux-ci personnellement donataires au lieu et place de leurs père et mère, la caducité n'aura lieu par prédécès, qu'autant que le donateur survivra à l'époux donataire et à sa postérité. V. art. 1089.

La caducité est-elle subordonnée à la preuve du prédécès du donataire? N'est-ce pas, au contraire, sa survie qui doit être prouvée?

La caducité aurait-elle lieu au cas de prédécès de l'époux donataire sans enfans du mariage, lors même qu'il laisserait des enfans d'un autre lit?

Si la donation est faite cumulativement des biens présens et à venir, et qu'il y ait été joint un état des dettes, la caducité, en cas de prédécès, a-t-elle lieu même pour les biens présens?

Dans le même cas, les enfans pourront-ils, sans se porter héritiers de l'époux donataire, user de la faculté de s'en tenir aux biens présens, en renonçant au surplus des biens du donateur? Recueilleront-ils alors ces biens à l'exclusion des enfans d'un autre lit?

L'application du principe de caducité aux donations faites dans les termes de l'art. 1086, comprendrait-elle les donations de biens présens, faites avec réserve de disposer d'un effet ou d'une somme? La caducité alors aurait-elle lieu pour le tout?

498. Les donations autorisées par les articles 1082, 1084 et 1086, participent, comme on a pu s'en convaincre, de la nature des donations entre-vifs et de celle

des donations à cause de mort. Il peut en résulter des difficultés pour déterminer d'une manière générale l'époque ou les époques auxquelles doit être exigée la capacité, soit du donateur, soit du donataire (1). Toutefois, on ne peut douter que la capacité du donateur, ne soit requise à l'époque de la donation; car c'est l'application d'un principe commun à la donation entre-vifs et aux testamens.

Ne faut-il pas, en outre, que le donateur meure capable de transmettre?

Quant au donataire, les dispositions de la loi sur la caducité par prédécès ne permettent pas d'hésiter sur la nécessité de sa capacité au moment du décès du donateur.

Faut-il, en outre, que le donataire soit capable au moment de la donation?

499. La faveur dont jouissent les donations par contrat de mariage, ne doit pourtant pas leur faire sacrifier les droits des héritiers à réserve. Elles sont donc, comme toute autre libéralité, réductibles, lors de l'ouverture de la succession, à la quotité dont il est permis de disposer. V. art. 1090. Du reste, malgré l'analogie que présentent avec les dispositions testamentaires les donations faites dans les termes des articles 1082, 1084 et 1086, leur irrévocabilité doit évidemment faire appliquer, pour leur réduction, non la disposition de l'art. 926, mais celle de l'art. 923.

---

(1) Voy. *Thémis*, tom. VII, p. 476.

CHAPITRE IX.

DES DISPOSITIONS ENTRE ÉPOUX, SOIT PAR CONTRAT DE MARIAGE, SOIT PENDANT LE MARIAGE.

500. Sous le nom de dispositions entre époux, la loi comprend également ici les libéralités que se font les futurs en vue de l'union projetée, et celles qui ont lieu entre les conjoints depuis le mariage contracté. Dans l'un et l'autre cas, les rapports intimes qu'entraîne ou va entraîner à sa suite l'union conjugale, sont un motif suffisant pour soumettre ces libéralités à des règles spéciales. Parmi ces règles, il en est de particulières aux donations par contrat de mariage (V. art. 1091-1093, 1095). Il en est de toutes différentes pour les donations faites pendant le mariage (V. art. 1096, 1097); enfin il en est de communes aux deux classes (V. art. 1094, 1098-1100).

501. A l'égard des donations par contrat de mariage, elles sont, en quelque sorte, des conditions du futur mariage, et des conditions arrêtées à une époque d'indépendance et de liberté. On ne voit pas dès lors pourquoi la loi ne leur accorderait pas, en général, autant de faveur qu'à celles qui sont faites au même titre par des tiers. Les futurs peuvent donc, sous les restrictions qui seront indiquées, se faire *telle donation qu'ils jugeront à propos*, ce qui comprend évidemment toutes celles qui sont autorisées par le chapitre précédent. Et,

comme ces donations, malgré l'analogie qu'elles peuvent présenter avec les dispositions à cause de mort, sont toujours, sous certains rapports, irrévocables, la loi, sans doute, n'oblige pas, mais elle permet de les faire mutuelles ou réciproques. V. art. 1091.

502. Ces diverses donations sont, en général, soumises aux mêmes règles que les donations du même genre, qui seraient faites par des étrangers (art. 1092, 1093).

Ainsi la donation entre-vifs de biens présens (Voy. art. 1081), n'est pas ici plus que dans les cas ordinaires, réputée faite sous la condition de survie ; seulement, cette condition, dont l'introduction se justifierait facilement par la qualité des parties, et qui n'a, d'ailleurs, rien de contraire à l'essence des donations entre-vifs, peut y être ajoutée, mais il faut l'exprimer formellement. V. art. 1092.

503. Quant à la donation de biens à venir ou de biens présens et à venir (et par là, il faut évidemment entendre toute donation faite dans les termes des articles 1082, 1084, 1086), simple ou réciproque, peu importe, elle diffère en un seul point de celle que ferait un tiers : ainsi, comme elle ne peut être réputée faite dans l'intérêt des enfans à naître, elle ne leur est pas transmissible en cas de prédécès du donataire; c'est-à-dire, que les enfans ne sont pas vulgairement substitués à leur père ou mère. V. art. 1093.

Pourraient-ils l'être par une disposition expresse?

504. Il n'y a, du reste, aucune difficulté à faire aux

donations des futurs époux l'un envers l'autre, quelques biens qu'elles aient pour objet, l'application des art. 1087 et 1088.

505. Une autre observation qui les comprend également toutes, et que la loi n'a pas eu besoin de rappeler ici, parce qu'elle s'en est expliquée ailleurs, c'est qu'elles ne sont pas révocables pour survenance d'enfans (art. 960). La faveur du conjoint, la probabilité de la naissance des enfans, enfin le défaut d'intérêt de ceux-ci, qui doivent également succéder au donataire et au donateur, ces considérations réunies suffisent pour motiver l'exception.

La révocation aurait-elle lieu pour ingratitude? V. art. 959.

506. Nous avons vu que les donations faites par les tiers aux époux par contrat de mariage, sont soumises aux règles ordinaires sur la quotité disponible (V. art. 1090). Au contraire, la loi établit des limites particulières dans lesquelles elle autorise les dispositions entre époux, soit par contrat de mariage, soit pendant le mariage.

Ces limites varient suivant que le donateur laisse ou non des enfans ou descendans.

507. S'il n'y en a pas, ce sont toujours les principes ordinaires qui servent de base; seulement, la limite est reculée en faveur du conjoint. Ainsi l'on déterminera toujours le disponible, d'après les articles 915 et 916, et le conjoint pourra le recevoir en pleine propriété; mais, si ce disponible n'est pas de la totalité des biens, le conjoint pourra recevoir, en outre, l'usufruit de tous les biens indisponibles. V. art. 1094, al. 1, et remar-

quez que les héritiers à réserve, probablement plus âgés que l'usufruitier, puisque ce ne peut être que des ascendans de son conjoint, se trouveront ainsi réduits à un droit presque toujours stérile de leur vivant.

508. Lorsqu'il existe des enfans ou descendans, la loi, qui établit d'après leur nombre le calcul de la quotité disponible ordinaire (V. art. 913, 914), n'a aucun égard à ce nombre, pour déterminer la portion qu'elle permet de donner au conjoint. Cette portion peut toujours être d'un quart en propriété (c'est-à-dire, incontestablement, en pleine propriété), et d'un autre quart en usufruit; mais lors même que le don ne consisterait qu'en usufruit, il ne devrait toujours porter que sur la moitié des biens, et l'on ne pourrait remplacer par une portion plus forte d'usufruit, le quart en propriété que l'on s'abstiendrait de donner. Telle est, selon nous, la pensée du législateur, lorsqu'après avoir autorisé la disposition plus considérable d'un quart en propriété et d'un autre quart en usufruit; il ajoute, *ou la moitié de tous les biens en usufruit seulement*. V. art. 1094, al. dern.

En autorisant le conjoint à recevoir un quart en propriété et un autre quart en usufruit, dans le cas même où ce don excéderait la quotité disponible ordinaire, la loi ôte-t-elle au conjoint le droit de recevoir la quotité disponible ordinaire, si par événement elle se trouve plus considérable que celle qui lui est ici spécialement attribuée?

Si la disposition au profit du conjoint porte sans autre explication sur *ce dont la loi permet de disposer en sa faveur*, devra-t-il obtenir un quart en propriété et un quart en usufruit, ou seulement une moitié en usufruit?

509. La loi applique ici aux donations par contrat de mariage le principe qui rend habile aux conventions matrimoniales, celui qui est habile à se marier (Voy. art. 1398). Ainsi le mineur, quoiqu'en général, incapable de donner (V. art. 903 et 904), peut faire cette espèce de donations; mais il ne le peut sans le concours et l'assistance des personnes dont le consentement est nécessaire pour le rendre habile à se marier. Du reste, avec cette assistance, sa capacité est la même que celle du majeur. V. art. 1095, 1309 et 1398, et remarquez que la loi ne se contente pas de l'intervention du tuteur ou curateur, et qu'elle ne paraît pas même exiger cette intervention.

510. La crainte qu'un sentiment d'affection mutuelle ne portât trop facilement les époux à se dépouiller l'un envers l'autre, et surtout la crainte que les donations qu'ils pourraient se faire, ne fussent point l'œuvre d'une volonté bien libre, avait d'abord fait proscrire entièrement, à Rome, les donations entre époux (V. *Ulp.*, L. 1, Paul, L. 2; *Ulp.* L. 3, *ppio*, ff. *de don. int. vir. et ux.*). Mais dans le dernier état du droit romain, elles valaient si elles étaient confirmées à la mort; cette confirmation s'induisait même de l'absence de révocation. (V. *Ulp.*, L. 32, ff. *dict. tit.*). Notre Code a adopté l'équivalent de cette jurisprudence, à l'égard des donations faites pendant le mariage, en les permettant, mais les déclarant essentiellement révocables. Ainsi la faculté de révoquer ne dépendra nullement de la qualification qui serait attribuée à la donation; car il arrivera souvent qu'elle soit

qualifiée entre-vifs, sans acquérir par là un caractère qu'elle ne peut obtenir, et sans être pour cela frappée de nullité.

Cette faculté est tellement essentielle, que pour ne point l'entraver, la loi déroge ici à la règle générale qui soumet à la nécessité de l'autorisation, les actes de la femme mariée.

Du reste, à raison même de cette faculté, et en outre par les autres motifs qui s'appliquent à toutes donations entre époux, ces donations ne sont pas susceptibles de révocation de plein droit par survenance d'enfans. Voy. art. 1096, et remarquez que le caractère d'irrévocabilité cessant, il va sans dire que ces donations peuvent comprendre les biens à venir, et qu'elles peuvent se faire sous toute condition dépendante de la volonté du donateur (V., au surplus, art. 947).

Ces donations ne doivent-elles pas être faites dans la forme des donations entre-vifs, et soumises à la formalité de l'acceptation en termes exprès ?

Ne faut-il pas appliquer à leur révocation les règles établies pour la révocation des testamens ?

Ces donations ne deviennent-elles pas caduques par le prédécès du donataire ?

511. Au reste, la qualité des parties ne faisant point cesser les motifs qui font proscrire, en général, les testamens *doubles* (V. art. 968), et ces motifs se trouvant applicables aux donations révocables dont il s'agit ici, la loi établit, d'une manière générale, pour les époux, la prohibition de s'avantager mutuellement pendant le mariage par un seul et même acte. V. art. 1097.

512. La faculté de disposer au profit de son conjoint, soit par contrat de mariage, soit pendant le mariage, est réduite dans des limites plus étroites, lorsque c'est une personne veuve, ayant des enfans, qui se remarie. L'intérêt des enfans du précédent mariage, trop souvent sacrifié par le parent qui contracte une nouvelle union, méritait, à cet égard, une protection spéciale, que les anciens législateurs ne leur avaient pas refusée (1).

Notre Code, adoptant sur ce point les principes de l'édit des secondes noces, basé lui-même sur la loi *hâc edictali*, borne la faculté de disposer au profit du nouvel époux, à *une part d'enfant légitime;* la loi ajoute *le moins prenant;* car il serait possible que l'un des enfans se trouvât, par l'effet des avantages faits à ses frères ou sœurs, réduit à une part moindre; et dans ce cas, le conjoint ne doit pas avoir plus que lui. Mais notre Code ne se borne pas là, et par une limitation nouvelle, il ne permet dans aucun cas d'excéder le quart des biens. V. art. 1098, et remarquez :

1° Qu'à la différence de l'édit, qui ne comprenait que les femmes veuves, bien qu'il reçût dans la pratique une application plus générale, la loi actuelle dispose expressément pour l'homme comme pour la femme;

2° Que la prohibition ne s'applique qu'aux veufs qui ont des enfans, mais que sous le nom d'enfans, on doit

---

(1) *Tot. tit.*, *Cod. de sec. nupt.;* V. spécialement *Leo et Anthem.* L. *hâc edictali* 6, h. tit.; Édit de François II, juillet 1560, vulgairement appelé *Édit des secondes noces.*

évidemment comprendre les descendans à quelque degré que ce soit;

3° Que dans les termes *second ou subséquent mariage*, la loi embrasse le cas de plusieurs mariages successifs, et qu'en déterminant ensuite ce qu'on peut donner à *son nouvel époux*, elle semble autoriser la donation d'une part d'enfant au profit d'un troisième ou quatrième époux, sans distinguer si l'un des nouveaux époux n'a pas déjà reçu entre-vifs une valeur égale à une part d'enfant;

Ne faut-il pas suppléer cette distinction?

Remarquons, 4° que quelque parti qu'on prenne sur cette question, les nouveaux époux ne pourront jamais recevoir entre eux tous, plus du quart des biens, puisque la loi, supposant plusieurs donations, veut qu'en aucun cas ces donations n'excèdent le quart.

Remarquons enfin que la disposition de l'art. 1098, quoique conçue en termes prohibitifs, n'aurait pas pour effet d'entraîner la nullité entière des donations qui excéderaient la mesure fixée. La loi, qui emploie ici les mêmes expressions que dans les articles 913 et 915, n'entend certainement pas en tirer une conséquence plus rigoureuse (V. art. 913, 915, 920). Il y aurait donc seulement lieu à réduction, lors de l'ouverture de la succession.

Le don fait au nouvel époux, ne peut-il pas consister en objets certains, pourvu que la valeur n'excède pas une part d'enfant? La donation, dès-lors, ne peut-elle pas être faite entre-vifs et sans condition de survie?

La donation d'une part d'enfant n'est-elle pas, au contraire une *institution* susceptible de caducité par prédécès?

Pour déterminer la part d'enfant le moins prenant, que peut recevoir le nouvel époux, ne faut-il pas former la masse générale des biens du défunt, en distraire, s'il y a lieu, le préciput des enfans avantagés, et diviser le surplus entre les enfans et le conjoint considéré comme un enfant de plus?

Ne faut-il pas comprendre dans la masse les biens sujets à rapport, et faire ainsi profiter le conjoint de ce rapport, nonobstant art. 857?

Les enfans du second lit doivent-ils profiter de la réduction que l'on fait subir à leur père ou mère donataire? Pourraient-ils demander eux-mêmes cette réduction? V. art. 1496.

513. Il est clair que les limites tracées par la loi ne doivent pas être franchies à l'aide de dons indirects (V., à ce sujet, art. 1496, 1527). La loi annule, en conséquence, les donations déguisées, et spécialement celles *qui seraient faites à personnes interposées;* disons mieux, toutes celles qui seraient faites au conjoint par personnes interposées. V. art. 1099.

Cette nullité ne porte-t-elle pas uniquement sur ce que la donation déguisée présente d'excessif? En d'autres termes, n'est-ce pas seulement au retranchement qu'il y aurait lieu? V. art. 1496, 1527.

514. La loi établit même ici, comme pour les cas d'incapacité (V. art. 911), une présomption d'interposition, présomption plus restreinte à certains égards, mais plus étendue à certains autres, que dans les cas ordinaires. Ainsi les enfans du nouvel époux ne sont réputés interposés qu'autant qu'ils ne sont pas en même temps les

enfans du donateur. Mais, d'un autre côté, la présomption d'interposition n'est pas bornée aux père et mère, elle comprend toute personne dont le conjoint serait héritier présomptif, sans distinguer si cette qualité se réalise ou non par la survie. V. art. 1100.

515. Les articles 1094 et 1098 établissant, comme nous l'avons vu, à l'égard du conjoint, une quotité disponible particulière, tantôt supérieure et tantôt inférieure à la quotité disponible ordinaire; la combinaison de ces diverses règles présentera souvent de graves difficultés sur lesquelles le législateur ne s'est pas expliqué. Nous nous bornons à indiquer ici les principales questions.

Peut-on à la fois donner à un étranger, la quotité réglée par l'art. 913, et à son conjoint, la quotité réglée par les art. 1094 et 1098?

Ne doit-on pas, au contraire, en cas de dons faits au conjoint et à des étrangers, s'attacher à la plus forte des deux quotités, et réduire à cette mesure le montant cumulé des dons?

Dans ce système, comment s'opérera la réduction entre les donataires ou légataires de chaque classe? Devra-t-on appliquer sans modification les articles 923, 925, 926? Ne faudra-t-il pas, au contraire, en appliquant à chacun le principe de la réduction, avoir égard à la quotité disponible qui lui est particulière?

Pour cela ne faudra-t-il pas fixer l'excédant d'une des deux quotités sur l'autre, distraire cet excédant, et l'attribuer en entier à la classe de donataires ou légataires qui a droit à la quotité disponible la plus forte?

Pour déterminer l'excédant d'une des quotités sur l'autre, ne sera-t-il pas nécessaire d'évaluer en une part de propriété le quart en usufruit que l'art. 1094 permet de donner au conjoint?

TITRE TROISIÈME.

DES CONTRATS ET DES OBLIGATIONS CONVENTIONNELLES EN GÉNÉRAL.

CHAPITRE I.

DISPOSITIONS PRÉLIMINAIRES.

516. Parmi les manières d'acquérir et de transmettre la propriété des biens, le Code range les obligations (V. art. 711), non en ce sens que la nature même de l'obligation consiste dans la transmission de propriété, mais en ce sens, que cette transmission est un des effets que l'obligation produit ou peut produire, médiatement ou immédiatement. L'obligation, du reste, qu'il ne faut pas confondre avec le simple devoir, consiste dans l'engagement d'une personne envers une autre. Les jurisconsultes la définissent, un lien de droit qui nous astreint envers un autre à donner, à faire ou à ne pas faire quelque chose. V. *Just. Inst., ppio. de obl.; Paul,* L. 3, ff. *de obl. et act.*

517. Les obligations ou engagemens se forment le plus fréquemment par convention; elles peuvent aussi se former sans convention. Les obligations formées par convention s'appellent conventionnelles; la convention qui les produit, s'appelle *contrat*. Les règles générales

des contrats sont l'objet du présent titre. Une partie de ces règles, communes à toutes les obligations, n'a été insérée ici que parce que la convention est, comme on l'a dit, la cause la plus fréquente des engagemens. Les causes et les effets particuliers des engagemens qui se forment sans convention, sont expliqués au titre suivant.

518. Le contrat est une convention.

La convention est l'accord de plusieurs volontés dans un même but. Si ce but est de créer entre les parties, une ou plusieurs obligations, c'est alors qu'elle prend le nom de contrat, sans qu'on exige pour cela dans notre droit les conditions particulières qui distinguaient à Rome les contrats des simples pactes.

Le contrat, comme toute convention, intervient entre deux ou plusieurs personnes.

Son effet est de les obliger les unes envers les autres, simplement ou réciproquement.

L'obligation consiste nécessairement à donner, à faire ou à ne pas faire.

Toutes ces propositions qui seront ultérieurement développées, sont comprises dans la définition que le Code civil donne du contrat. V. art. 1101.

519. La loi reconnaît plusieurs classes de contrats; chacune d'elles a des principes qui lui sont propres; il importe sous ce rapport de les distinguer :

Les divisions auxquelles le Code s'est attaché, se tirent, 1° de la réciprocité ou non-réciprocité des engagemens produits par le contrat (V. art. 1102, 1103); 2° de la réciprocité plus ou moins exacte des avantages que le contrat procure à chaque partie, ou de leur non-réciprocité (V. art. 1104, 1105, 1106).

520. On appelle *synallagmatique* ou *bilatéral*, le contrat qui oblige de part et d'autre, comme la vente, l'échange, le louage; et *unilatéral*, celui qui n'oblige que d'un seul côté, comme la donation, le prêt. V. art. 1102, 1103, et à ce sujet, art. 1184, 1385.

Remarquons ici que certains contrats, qui dans le principe n'obligent que d'un seul côté, peuvent entraîner par la suite des obligations réciproques; tels sont, par exemple, le commodat, le dépôt, le mandat. Les auteurs appellent ces contrats *synallagmatiques imparfaits*. Cette distinction, selon nous, n'est pas sans utilité; toutefois, il ne paraît pas que la loi comprenne ces contrats dans la classe des contrats synallagmatiques; car, s'il est vrai qu'il peut en résulter des obligations réciproques, il ne l'est pas que les contractans s'y obligent réciproquement.

521. La plupart des contrats interviennent dans l'intérêt commun des parties. Chacun alors y donne et reçoit l'équivalent: soit que cet équivalent devienne l'objet d'engagemens réciproques, comme dans la vente, l'échange; soit que l'une des parties fournissant l'équivalent à l'autre au moment du contrat, cette dernière seule contracte engagement; il en est ainsi, par exemple, dans le prêt à intérêt.

L'équivalent, de part et d'autre, peut consister dans une chose ou un fait susceptibles d'être appréciés à une valeur fixe, comme au cas de vente ou de marché pour construction. Il peut, au contraire, consister dans une chance de gain ou de perte, comme s'il y a constitution de rente viagère. Dans le premier cas, le contrat est dit *commutatif*; dans le second, il est *aléatoire*. Voy. art. 1104, et remarquez, 1° qu'il n'est pas exact de dire avec la loi, que dans le contrat commutatif, chacune des parties s'engage; car, comme on l'a vu, le contrat peut être unilatéral; 2° que la loi, qui paraît exiger ici dans le contrat aléatoire une chance pour chacune des parties, semble reconnaître ailleurs que cette chance peut exister seulement pour l'une ou plusieurs d'entre elles (V. art. 1964).

Comment concilier les deux articles ?

522. Quoique la plupart des contrats interviennent, comme on l'a dit, dans l'intérêt commun, il n'est pas rare cependant qu'il en soit autrement, et que l'une des parties, se proposant uniquement de rendre service à l'autre, lui procure un avantage purement gratuit: *puta* dans le prêt sans intérêt, le mandat, le dépôt. Il y a alors contrat *de bienfaisance*. V. art. 1105. Quant aux contrats qui se font dans l'intérêt commun, ce qui comprend les contrats commutatifs et les contrats aléatoires, la loi les qualifie *à titre onéreux*, parce que chacune des parties n'y obtient un avantage qu'en faisant un sacrifice. C'est en ce sens, que chacun y est *assujetti* à donner ou à faire quelque chose; ce qui n'empêche pas que le contrat ne puisse être unilatéral. V. art. 1106.

523. D'après cet exposé, on peut, comme on voit, diviser les contrats :

1° En synallagmatiques et unilatéraux ;

2° En contrats à titre onéreux et contrats de bienfaisance.

Quant à la distinction des contrats commutatifs et aléatoires, elle n'est qu'une subdivision des contrats à titre onéreux.

524. On peut encore diviser les contrats, d'après la manière dont ils se forment, en contrats *consensuels*, *réels* et *solennels*. Mais il faut remarquer, à ce sujet, que c'est par exception, et pour un très petit nombre de contrats, que la loi exige des solennités à l'accomplissement desquelles elle subordonne la validité de la convention. En principe, le consentement, pourvu qu'il soit accompagné des conditions généralement requises (V. art. 1108), suffit pour obliger ; et, si certains contrats, comme le prêt, le dépôt, ne se forment que par la tradition, il n'en résulte nullement que la convention serait nulle en l'absence de cette circonstance ; cela veut dire seulement qu'il n'y aurait pas lieu à lui attribuer les effets déterminés du contrat particulier, dont la formation dépend de la tradition.

525. Le principe qui place dans le consentement la cause efficiente des obligations, détruit la différence établie par le droit romain entre les simples pactes et les contrats ; il rend absolument sans importance la distinction des contrats nommés et des contrats innommés. Il est bien certains contrats plus usuels, qui ont une dénomination propre, et dont la loi a réglé spécialement les conditions et les effets. Mais cela n'établit pas une

différence substantielle entre ces contrats, et ceux que les parties, en expliquant leur volonté, peuvent créer, et multiplier à l'infini. Les uns et les autres sont soumis à des règles générales; ce sont ces règles qui font l'objet du présent titre. V. art. 1107, al. 1.

526. A l'égard des règles particulières à certains contrats, elles se trouvent dans les titres relatifs à chacun d'eux. Celles relatives aux transactions commerciales, sont comprises dans un Code à part. V. art. 1107, al. dern. Nous nous bornons ici à remarquer, à l'égard des contrats dont la loi a réglé les conditions et les effets, qu'un grand nombre des règles établies à ce sujet, sont moins des dispositions législatives proprement dites que l'interprétation de la volonté présumée des parties; elles peuvent dès lors être écartées par la manifestation d'une volonté contraire. Du reste, nous aurons à distinguer avec grand soin dans chacun de ces contrats, ce qui est de son essence, ce qui est de sa nature, et ce qui lui est accidentel.

527. Les règles particulières à certains contrats doivent se combiner pour chacun avec les règles générales, communes à tous les contrats. Ces règles communes sont les seules qui s'appliquent directement aux contrats innommés; toutefois, il paraît raisonnable de leur appliquer aussi, par analogie, certaines règles particulières des contrats avec lesquels ils peuvent présenter plus ou moins de similitude.

CHAPITRE II.

DES CONDITIONS ESSENTIELLES A LA VALIDITÉ DES CONVENTIONS.

528. Ces conditions sont au nombre de quatre : le consentement, la capacité, l'objet et la cause. V. art. 1108, et remarquez, 1° que la loi applique uniquement à la partie qui s'oblige les conditions de consentement et de capacité. Il n'y a rien à en conclure, quant au consentement; il est trop évident qu'il n'y aurait pas même *consentement*, si à la volonté de s'obliger, qui existe chez l'une des parties, ne se joignait pas la volonté de l'autre. Mais il est vrai, au contraire, que la capacité n'est requise, en général, que dans la partie qui s'oblige (V. art. 1125).

Remarquons, 2° quant à l'objet et à la cause, que ce sont des conditions d'existence des engagemens ou obligations qui doivent naître du contrat. Si donc, le contrat est de nature à produire des engagemens ou obligations réciproques, chaque engagement ou obligation doit avoir son objet et sa cause. L'objet, au surplus, doit surtout être certain, et la cause licite.

SECTION I.

Du consentement.

529. Le consentement requis pour la validité de la convention, doit être exempt de vices; trois causes

peuvent vicier le consentement, l'erreur, la violence et le dol. V. art. 1109.

530. L'erreur dans un contrat peut porter, 1° sur la nature même de la convention, par exemple, si l'une des parties entend louer et l'autre acheter; 2° sur la cause de l'obligation; 3° sur la chose qui en fait l'objet; 4° sur la personne avec laquelle on entend contracter; 5° enfin sur le motif qui engage à contracter.

531. La loi ne s'est pas occupée du premier cas; il est évident qu'alors, il n'y a pas convention. La convention ne peut non plus subsister avec effet dans le second, puisqu'elle manque réellement d'une des conditions essentielles à sa validité (V. art. 1131). La même décision doit naturellement s'appliquer au troisième cas, lorsque l'erreur porte *in ipso corpore rei*. Mais si l'erreur s'applique seulement à une qualité de la chose, on distingue si cette qualité fait la substance de la chose, ou si elle est seulement accidentelle; dans le dernier cas, l'erreur n'est point une cause de nullité. V. art. 1110, al. 1, et à ce sujet, *Ulp.*, L. 9, L. 14; *Julien*, L. 41, § 1, ff. *de contr. empt.;* mais V. surtout Cod. civ., art. 1641, 1644.

532. Quant à l'erreur sur la personne, elle n'annule la convention qu'autant que la considération de la personne en est la cause principale. V. art. 1110, al. dern. On sent, au surplus, que ce caractère de personnalité, toujours présumable dans les contrats de bienfaisance, doit se borner, en général, dans les contrats à titre onéreux, à ceux qui ont pour objet certains faits ou services (V. pourtant art. 2053).

L'erreur sur la qualité peut-elle constituer une erreur sur la personne?

533. L'erreur sur le motif qui engage à contracter, ne doit point se confondre avec celle qui tombe sur la cause de l'obligation. La loi ne s'en est pas occupée, et rien n'autorise à y voir une cause de nullité.

534. Observons, au reste, que dans les divers cas où l'erreur n'est pas par elle-même une cause de nullité, elle peut cependant l'être, si elle provient du dol (V. art. 1116).

535. Le consentement ne peut être obligatoire, s'il n'est pas libre. Ainsi le vice de violence, bien qu'il n'empêche pas absolument, comme l'erreur, l'existence d'un consentement tel quel, suffit néanmoins pour en paralyser l'effet, non en ce sens, qu'il n'y ait pas absolument de contrat, mais en ce sens, que le contrat ainsi formé, peut être annulé. La nullité étant ici le résultat nécessaire du défaut de liberté du consentement, il n'y a pas lieu de distinguer par qui la violence a été exercée. V. art. 1111.

Quid si la violence n'a pas eu pour objet de faire contracter l'obligation, quoiqu'elle en ait été la cause? *Quid, V. gr.* si je me suis obligé envers une personne, pour qu'elle me sauve du danger? V. *Ulp.*, L. 9, § 1, ff. *quod. met. caus.*

L'obligation dans le cas de cette loi ne peut-elle pas être au moins réduite?

L'obligation extorquée par violence est-elle nulle, même dans le for intérieur?

536. Au reste, l'engagement ne peut être annulé pour

défaut de liberté qu'autant que la violence a les caractères voulus par la loi : il faut, en général, pour cela, qu'elle ait été de nature à faire impression, c'est-à-dire, à inspirer de la crainte à une personne raisonnable; il faut que cette crainte soit celle d'exposer sa personne ou sa fortune à un mal; que ce mal soit considérable, qu'il soit présent. V. art. 1112, al. 1.

537. Il est rigoureux d'exiger, comme le fait la loi, que la violence soit de nature à faire impression sur une personne raisonnable; car, si la personne sur laquelle on l'a exercée n'est pas raisonnable, elle a pu concevoir une crainte chimérique; et son consentement, quand il est le résultat de cette crainte chimérique, n'a pas été plus libre que si la crainte eût été fondée. On peut dire, pour justifier la loi, que le défaut de raison, à moins qu'il ne provienne d'infirmité naturelle, constitue une faute qui ne mérite point d'indulgence. Cette rigueur, du reste, est bien tempérée par le principe qui, en cette matière, prescrit d'avoir égard à l'âge, au sexe et à la condition. V. art. 1112, al. dern.

Ne devrait-on pas aussi avoir égard au caractère de la personne, et à la faiblesse de son esprit?

538. Il n'est pas absolument nécessaire que ce soit la personne même ou la fortune du contractant qui soit menacée; le danger de ses proches a pu l'effrayer aussi légitimement que le sien propre, et détruire dès lors la liberté de son consentement. C'est en ce sens, que la violence exercée sur eux, sera pour lui une cause de restitution. Du reste, la loi limite l'application de cette

règle au conjoint, aux ascendans et aux descendans. V. art. 1113.

Ne pourrait-on pas, suivant les circonstances, l'étendre à d'autres parens et même aux amis?

L'emploi des voies de droit peut-il jamais constituer une violence?

539. D'après le caractère que doit avoir la violence, pour constituer un vice du consentement, il est clair que la simple crainte de déplaire à ses parens, en d'autres termes, la crainte révérentielle, ne saurait être une cause de nullité. V. art. 1114.

540. Le contrat formé par violence n'étant pas absolument nul, on n'a jamais douté qu'il ne pût être confirmé par le consentement, même tacite, bien plus par le simple silence de la personne devenue libre, pourvu toutefois que ce silence se soit prolongé pendant tout le temps fixé pour la restitution. V. art. 1115.

541. Une convention, sans être infectée d'une erreur qui exclue le consentement, ou d'une violence qui lui ôte toute liberté, peut néanmoins être le résultat de manœuvres, sans lesquelles le consentement n'aurait pas été donné. Le consentement n'en subsiste pas moins; mais il est juste que la partie trompée soit indemnisée par l'auteur des manœuvres; et lorsque l'auteur des manœuvres est la partie même envers laquelle l'engagement a été contracté, l'indemnité doit naturellement consister dans l'anéantissement de l'obligation. C'est en ce sens que le dol est une cause de nullité des conventions.

Tout artifice pratiqué par une personne, pour en circonvenir une autre, constitue un dol (V. *Ulp.*, L. 1, § 2, ff. *de dol. mal.*). Mais on sent bien, d'après ce qui vient d'être dit, que le dol pratiqué par un tiers ne peut annuler le contrat, et qu'il soumet seulement ce tiers à des dommages-intérêts.

Le dol, par quelque personne qu'il soit pratiqué, n'annule pas non plus le contrat, lorsqu'il n'en est pas la cause, mais qu'il y est seulement incident. C'est encore le cas de réclamer des dommages-intérêts contre l'auteur du dol.

Dans tous les cas, la bonne foi se présumant toujours, c'est à celui qui se plaint d'un dol à le prouver. V. art. 1116, et remarquez que la violence qui n'a pas les caractères requis pour constituer par elle-même une cause de nullité, pourrait, suivant les cas, être considérée comme dol.

Des principes ci-dessus, ne doit-on pas conclure qu'en cas d'aliénation consentie par dol, et de revente par l'acquéreur, la nullité ne pourrait être invoquée contre le second acquéreur?

542. Il résulte évidemment des principes exposés, que la convention contractée par violence ou dol n'est point nulle de plein droit, mais seulement *annulable* ou *rescindable*. Le Code civil décide la même chose de celle qui est formée par erreur. V. art. 1117.

N'en résulte-t-il pas qu'on pourrait appliquer aux trois causes de nullité la disposition de l'art. 1115? V., d'ailleurs, art. 1304 et 1338.

Faut-il appliquer notre article à toute espèce d'erreur?
Quid, V. gr., si l'erreur porte *in ipso corpore rei?*

543. Il est un quatrième vice, qui peut dans certains cas, détruire l'effet du consentement, quelque libre qu'on le suppose, et indépendamment de toute erreur, c'est la lésion. La lésion rend iniques les contrats intéressés, lorsqu'il y a disproportion entre les valeurs que chacun donne et reçoit; cette iniquité n'est pas, en général, dans le for extérieur, une cause de nullité des conventions, elle l'est dans certains contrats (art. 887, 1674), ou à l'égard de certaines personnes (art. 1305). V. art. 1118.

544. Le consentement ne peut évidemment former de lien qu'entre les personnes desquelles il émane; et d'un autre côté, il ne saurait lier les parties elles-mêmes, l'une envers l'autre, si la volonté du promettant n'est pas de s'engager lui-même, mais d'en engager un autre, ou si le stipulant n'a pas d'intérêt à l'accomplissement de l'obligation. De là, le principe qu'*on ne peut, en général, s'engager, ni stipuler en son propre nom que pour soi-même.* D'où il résulte deux choses : que celui qui promet le fait d'un tiers, n'engage pas ce tiers, et ne s'engage pas lui-même; et encore, que celui qui stipule pour un tiers, n'acquiert aucun droit, ni pour ce tiers, ni pour lui-même. V. art. 1119.

545. Mais observons, 1° que c'est s'engager pour soi-même, que de promettre son fait personnel pour le cas où le fait d'autrui n'aurait pas lieu. Ainsi, l'on peut valablement promettre le fait d'un tiers, quand on se porte

fort pour lui, puisqu'on se soumet alors personnellement aux dommages-intérêts, dans le cas où le tiers refuserait de tenir l'engagement. V. art. 1120.

Celui qui promet simplement le fait d'autrui ne peut-il pas être réputé se porter fort, quoiqu'il ne l'ait pas dit expressément?

Quid si le tiers pour lequel on s'est porté fort, après avoir ratifié, n'exécute pas l'obligation?

Par la même raison, on peut toujours promettre le fait d'autrui, en ajoutant à la promesse une clause pénale. V. *Just.*, *Instit.*, § 21, *de inutil. stip.*, nonobstant art. 1227.

546. Observons, 2° que l'on stipule pareillement pour soi-même, toutes les fois qu'on a un intérêt personnel, et appréciable en argent, à l'exécution ou l'inexécution d'une stipulation que l'on fait au profit d'un tiers. C'est ce qui arrive notamment, lorsque cette stipulation est la condition d'une autre stipulation, ou le mode d'une donation (ajoutons ou de toute autre aliénation), que le stipulant fait pour son propre compte. La loi même dans ce cas, contre la rigueur des principes, donne au tiers le droit de réclamer le profit de la stipulation. Mais il est clair que ce droit ne peut lui être acquis qu'après qu'il a déclaré vouloir en profiter. V. art. 1121.

Avant la déclaration du tiers, le stipulant peut-il révoquer la stipulation, malgré l'autre partie?

547. Remarquez, 3° que c'est, en quelque sorte, stipuler ou promettre pour nous-mêmes, que de stipuler ou promettre pour nos héritiers, qui continuent notre

personne, et même pour tous nos successeurs à la chose qui fait l'objet de la stipulation. Non seulement donc on peut stipuler pour ses héritiers ou ayant-cause, mais on est, en général, présumé l'avoir fait, s'il n'apparaît du contraire. V. art. 1122.

La stipulation faite pour un tiers nommément est-elle valable, si ce tiers devient héritier du stipulant? V. *Paul*, L. 17, § 4, ff. *de pact.*; *Cels.* L. 33, *eod.*

Peut-on stipuler ou promettre pour un seul de ses héritiers, et lui attribuer ainsi, en tout ou en partie, à l'exclusion des autres, soit le profit de la stipulation, soit la charge de la promesse? V. *Cels.*, L. 33, *de pact.*; *Venul.*, L. 137, § 8; *Jul.*, L. 56, § 1, ff. *de verb. obl.*; V. aussi Cod. civ. art. 1221, 4°.

Est-on toujours censé avoir stipulé ou promis exclusivement, pour l'héritier seul nommé dans la stipulation? V. *Cels.*, L. 33, et *Papin.*, L. 40, § 3, ff. *de pact.*

548. Remarquez, 4° qu'il n'est défendu de s'engager ou de stipuler pour un autre qu'autant qu'on le ferait *en son propre nom*.

Ainsi, dans notre droit français, les tuteurs et autres administrateurs légaux, les mandataires, peuvent, dans les limites de leurs fonctions, contracter valablement en cette qualité, pour les personnes dont les intérêts leur sont confiés. Le contrat alors est réputé émaner de ces personnes mêmes.

Il n'est pas même nécessaire d'avoir un mandat pour contracter valablement au nom d'autrui. On le peut en la seule qualité de gérant d'affaires. La ratification donnée par le maître aura alors le même effet à son égard que le mandat qui aurait précédé.

Le gérant d'affaires qui ne s'est pas porté fort devient-il personnellement créancier ou débiteur, soit que la ratification soit attendue, accordée ou refusée? V. art. 1375 et 1997.

549. Observons enfin qu'il y a des cas où l'on peut engager un tiers, même en s'engageant en son propre nom. Ainsi les préposés à la conduite d'un navire, à un commerce, à une manufacture ou même à quelque autre espèce d'affaire, peuvent, en contractant pour les affaires auxquelles ils sont préposés, engager accessoirement leurs commettans.

SECTION II.

De la capacité des parties contractantes.

550. La capacité de contracter est de droit commun; l'incapacité, au contraire, est une exception qui doit être déclarée par la loi. V. art. 1123, et remarquez que cette règle s'applique aux personnes mêmes qui ne jouissent pas des droits civils; les contrats étant, en général, de droit naturel.

551. L'absence entière ou la faiblesse présumée de la raison, sans laquelle on ne peut admettre de consentement valable, a dû faire prononcer l'incapacité des mineurs et des interdits; des motifs tirés du respect dû à la puissance maritale, et de la protection que le mari doit à sa femme, y ont fait joindre celle des femmes mariées. Ces incapacités, au reste, ne sont pas toutes également entières. On se borne ici à dire qu'elles ont lieu dans les cas exprimés par la loi. V. art. 1124, al. 1, 2, 3, et 4.

Quant à l'incapacité des mineurs, V. art. 450, 481-484, 487; voy. aussi art. 1305 et 1314.

Quant aux interdits, V. art. 502, 503, 504.

La minorité constitue-t-elle, comme l'interdiction, une véritable incapacité, qui puisse entraîner par elle-même la nullité des actes, ou son effet se borne-t-il à faire admettre la restitution pour lésion (art. 1118, 1305)?

Ne faut-il pas distinguer, à cet égard, entre le mineur non-émancipé, qui ne doit point, en général, agir par lui-même (art. 450), et le mineur émancipé, qui non seulement est réputé majeur pour certains actes (art. 481, 487), mais qui peut, d'ailleurs, avec ou sans assistance ou autorisation, faire par lui-même toute espèce d'actes?

Ne peut-on pas attaquer pour incapacité tout acte que le mineur non-émancipé aurait fait par lui-même (V. art. 450 et 509), et généralement tout acte, pour lequel les conditions et formes prescrites dans l'intérêt des mineurs, émancipés ou non, n'auraient pas été observées?

N'est-ce pas au contraire aux actes que le mineur a pu légalement faire par lui-même, et à ceux dans lesquels il a été dûment représenté ou assisté, que doit s'appliquer, en général, et sauf disposition contraire, la restitution pour lésion?

En ce qui concerne l'incapacité des femmes mariées, V. art. 215, 217, et à ce sujet, art. 1421, 1427, 1530, 1449, 1536, 1538, 1576.

L'incapacité de contracter existe-t-elle pour la femme mariée, indépendamment de celle d'aliéner? La femme séparée de biens ayant la libre disposition de son mobilier, et pouvant l'aliéner, n'en résulte-t-il pas qu'elle serait toujours tenue sur son mobilier, des obligations qu'elle contracterait sans autorisation? V. art. 217 et 1449.

552. La loi ne reconnaît pas d'autre incapacité générale, que celle des mineurs, des interdits et des femmes mariées (V., cependant, art. 499 et 513). Mais elle établit, en outre, des incapacités particulières à certains contrats (art. 450, 1595-1597, 1840, 2045, 2124). V. art. 1124, al. dern.

553. Quoique la capacité soit mise au nombre des conditions essentielles pour la validité des conventions, il est pourtant vrai que le défaut de cette condition n'empêche pas absolument la convention d'exister. On concevrait sans doute que la loi, ne voyant pas vraiment *une personne* dans l'incapable, assimilât l'incapacité à l'absence entière de la partie qui en est frappée, absence qui rendrait impossible la formation du contrat. Tels étaient, en effet, les principes, quant à la femme mariée non autorisée (1). Mais nous savons déjà que ces principes n'ont pas été admis par le Code (V. art. 225). Dès lors, dans le système général de la loi, on ne peut pas plus dire qu'il n'y a pas eu deux parties dans un contrat, sous prétexte que l'une d'elles ou toutes deux étaient incapables, qu'on ne peut dire qu'il y a défaut absolu de consentement, lorsque le consentement est infecté d'un vice (V. art. 1117). Le contrat n'est donc pas nul de plein droit, il peut seulement être attaqué, et uniquement dans les cas prévus par la loi, c'est-à-dire, qu'il y a lieu seulement à l'action en nullité ou en rescision, soumise aux conditions, restrictions et limitations dans

---

(1) V. Pothier, *Puissance maritale*, n° 5.

lesquelles la loi renferme toujours cette action (art. 1304-1314, 1338). V. art. 1124.

554. Par suite du même principe, ce n'est qu'aux personnes dans l'intérêt desquelles l'incapacité a été établie qu'appartient le droit d'attaquer le contrat. Les personnes capables ne peuvent donc se prévaloir de l'incapacité de l'autre contractant : si elles se trouvent ainsi, en quelque sorte, à la discrétion de celui-ci, elles doivent s'imputer d'avoir témérairement traité avec lui. V. art. 1125.

L'âge du mineur ou l'état mental de la personne, interdite ou non, ne peut-il pas fournir la preuve d'un défaut absolu de consentement? Dans ce cas, n'y aurait-il pas nullité de plein droit, et cette nullité ne pourrait-elle pas être invoquée également par les deux parties?

SECTION III.

De l'objet et de la matière des contrats.

555. La loi confond avec raison l'objet du contrat avec l'objet de l'obligation. En effet, le contrat n'ayant d'autre but, que de produire une ou plusieurs obligations, il a forcément pour objet ce qui fait la matière de l'engagement ou des engagemens qui doivent en naître. La matière d'un engagement peut consister, soit dans une chose qu'une partie devra *donner*, c'est-à-dire, *faire avoir* à l'autre, soit dans un fait qu'elle sera tenue d'accomplir ou dont elle devra s'abstenir. V. art. 1126, et remarquez que dans les contrats synallagmatiques, il y

a nécessairement autant d'objets que d'obligations réciproques.

556. Il ne peut exister d'obligation, si celui qui veut devenir créancier n'a pas d'intérêt à l'accomplissement de la promesse. Il faut donc que l'objet de l'obligation soit de nature à être utile au stipulant. Il suffit, au reste, d'une utilité quelconque ; ainsi le simple usage ou la simple possession d'une chose, peut, comme la chose même, c'est-à-dire, comme la propriété de cette chose, être l'objet du contrat. V. art. 1127.

557. L'obligation tendant toujours à approprier, sous certains rapports, la chose promise, au créancier, on conçoit que les choses qui ne sont pas susceptibles d'une propriété privée (V. art. 538, 540), ne puissent être l'objet d'une convention entre particuliers. Ce sont ces choses que la loi nous paraît exclure, en bornant à celles qui sont *dans le commerce*, la faculté de stipuler ou de promettre. V. art. 1128.

558. L'obligation serait inutile, si la chose due ne pouvait être reconnue. Ainsi l'objet de l'obligation doit être certain (art. 1108). Toutefois ce caractère peut exister sans que la convention contienne la détermination précise de la chose due; il suffit que la détermination ultérieure soit possible. Elle ne le serait pas, si la convention ne désignait au moins *l'espèce* de la chose. Mais, loin qu'on exige une désignation individuelle, il n'est pas même absolument nécessaire que la quotité soit déterminée, s'il y a des élémens de détermination. V. art. 1129, et à ce sujet, art. 1022, 1246.

Observons que le mot *espèce* est pris ici, par opposition au mot *individu*, pour une partie du *genre;* ce qui semblerait exclure les obligations de *genre,* mais ce qui n'exclut véritablement que les obligations d'un *genre illimité.* En effet, tout *genre limité* peut être considéré comme *espèce* du *genre illimité,* ou du *genre moins limité.* Du reste, le grand principe en cette matière, c'est que l'indétermination ne doit point être telle, qu'elle réduise presqu'à rien l'obligation.

559. Puisqu'il faut un objet à l'obligation, il est certain, sans qu'on ait eu besoin de s'en expliquer, qu'une chose qui n'existe plus (V. art. 1601), ou qui ne peut exister, ne saurait être la matière d'un engagement. Il en faut dire autant des faits impossibles ou contraires aux lois. Mais, une chose qui peut exister, quoiqu'elle n'existe pas encore, peut être la matière d'un engagement raisonnable et permis. V. art. 1130, al. 1. Seulement, l'incertitude de l'existence doit naturellement rendre l'obligation conditionnelle, à moins que ce ne soit la chance elle-même qui forme la matière de l'engagement.

560. Quoi qu'il en soit, des considérations de morale et d'ordre public ont fait excepter de la règle qui permet la stipulation sur les choses futures, les pactes sur des successions non ouvertes. La loi, plus sévère que le droit romain, embrasse le cas même ou le *de cujus* y consentirait. Voy. art. 1130, al. dern., et à ce sujet, art. 791, 1600; Voy., cependant, art. 761, 918, 1082, 1084, 1093.

Les choses qui n'appartiennent pas au promettant, ne peuvent-elles pas être l'objet d'une obligation, nonobstant article 1599?

SECTION IV.

De la cause.

561. La cause est ce qui, dans un contrat, détermine une partie à s'obliger. Cette cause déterminante de l'obligation ne doit pas être confondue avec la cause impulsive du contrat, autrement, le motif qui porte à contracter. La cause de l'engagement d'une partie, est le fait ou la promesse de l'autre, ou bien c'est la pure libéralité.

562. Un engagement sans cause est un acte de folie, auquel la loi ne peut donner d'effet, elle n'en peut accorder davantage à l'obligation sur fausse cause, qui est véritablement sans cause, puisqu'elle n'en a pas d'autre que l'erreur. La loi encouragerait elle-même à la violer, si elle sanctionnait une obligation sur une cause illicite. V. art. 1131, et remarquez que dans ces divers cas, la loi refusant tout effet à l'obligation, il y a nullité de plein droit. Il en est évidemment de même, lorsque l'objet de l'obligation ne réunit pas les conditions requises.

L'engagement est sans cause, soit qu'il n'en ait jamais existé, ou qu'elle ait cessé, ou que dépendant de l'avenir, elle ne se soit pas réalisée; il est sur une fausse cause, lorsque la cause n'est qu'apparente, et n'existe conséquemment que dans la pensée des contractans.

L'engagement est-il anéanti, quand la cause vient à cesser postérieurement à la perfection du contrat?

563. Le défaut d'expression de la cause dans l'acte qui prouve le contrat, n'empêchant pas qu'elle ne puisse effectivement exister, n'entraîne pas la nullité de l'obligation. V. art. 1132.

L'acte qui constate la convention sans expression de cause suffit-il pour en faire présumer une? Est-ce alors au défendeur à prouver qu'il n'en existe pas? V. *Paul.*, L. 25, § 4, *de probat.*

Si le demandeur est chargé de la preuve, peut-il la faire par témoins? V. art. 1341, 1348.

Si la cause exprimée est reconnue fausse, s'en suit-il que l'obligation soit nulle, lorsqu'elle a une autre cause licite?

564. La cause est illicite, non seulement lorsqu'elle est prohibée expressément par la loi, mais encore toutes les fois qu'elle est contraire aux bonnes mœurs ou à l'ordre public. V. art. 1133.

L'obligation contractée envers une personne, pour l'engager à faire ce qu'elle doit ou à s'abstenir d'une mauvaise action, a-t-elle une cause licite?

L'obligation sans cause, ou sur une fausse cause, ou sur une cause illicite, est-elle susceptible d'être ratifiée?

Le paiement qui en serait fait, est-il sujet à répétition?

Ne faut-il pas, à cet égard, distinguer entre l'absence ou la fausseté de la cause, et l'existence d'une cause illicite? V. *Paul.*, L. 1; *Ulp.*, L. 2; *Paul.*, L. 3; *Ulp.*, L. 4, *de cond. ob turp. caus.*

CHAPITRE III.

DE L'EFFET DES OBLIGATIONS, ou plus exactement, DE L'EFFET DES CONVENTIONS ET DES OBLIGATIONS QU'ELLES PRODUISENT.

SECTION I.

Dispositions générales.

565. Les conventions légalement formées produisent des obligations. C'est assez dire, qu'elles tiennent lieu de loi aux parties, dont chacune en particulier ne peut détruire, par sa seule volonté, cette œuvre de leur volonté commune (V., pourtant, art. 1865 5°, 2007). Mais ce qu'une seule volonté ne peut faire, la réunion des volontés peut l'opérer. Pareillement, la loi qui forme le lien, peut, dans certains cas, le relâcher ou le dissoudre.

La bonne foi, qui est l'ame des relations sociales, doit présider à l'exécution des conventions. Nous ne connaissons pas, dans l'application de ce principe, la distinction que faisaient les Romains, entre les actions dites *de droit strict*, et les actions dites *de bonne foi*. C'est donc une règle générale, que les conventions n'obligent pas seulement à ce qui y est exprimé, mais encore à toutes les suites que l'équité, l'usage ou la loi, donnent à l'obligation. Ces suites diffèrent, au reste, selon la diverse nature des obligations. V. art. 1134, 1135.

566. Les obligations ont pour objet une chose ou un fait, les unes sont dites, *obligations de donner*, les autres, *obligations de faire ou de ne pas faire*.

SECTION II.

De l'obligation de donner.

567. La loi prend ici le mot *donner* dans son acception la plus générale. Ainsi l'obligation de donner comprend celle de restituer la chose à son propriétaire, comme celle de transférer à une personne, soit la propriété, soit le simple usage ou la simple possession d'une chose (V. art. 1127). Dans un sens plus restreint, on n'entend par l'obligation de donner une chose, que celle d'en transférer la propriété.

568. L'obligation de donner, quelque sens que l'on veuille attribuer à ce mot, emporte toujours celle de livrer, c'est-à-dire, de remettre la chose au pouvoir du créancier, et de plus (si c'est un corps certain) de le conserver jusqu'à la tradition, c'est-à-dire, au moins, de veiller jusques-là à sa conservation; le tout à peine de dommages-intérêts. V. art. 1136, et n'en concluez pas que l'obligation de donner doive absolument se résoudre en dommages-intérêts.

569. Mais quels soins le débiteur doit-il à la chose? Sur ce point, on distinguait autrefois si le contrat avait pour objet l'utilité particulière du débiteur, ou l'utilité commune des parties, ou enfin l'utilité particulière du créancier. Au dernier cas, on n'exigeait que de la bonne foi, ce qui l'affranchissait de toute responsabilité, s'il

donnait à la chose due le même soin qu'à ses propres affaires. Dans les deux autres cas, on exigeait de lui, tantôt le soin ordinaire que les personnes prudentes apportent à leurs propres affaires, et tantôt tout le soin possible (1). Ce n'est pas ici le lieu d'examiner jusqu'à quel point cette théorie, assez généralement adoptée par les interprètes du droit romain, était, en effet, conforme aux textes sainement expliqués (2). Ce qu'il y a de sûr, c'est que le Code s'en éloigne, en exigeant, dans tous les cas, les soins d'un bon père de famille. Il en résulte que la négligence du débiteur dans ses propres affaires, ne devra jamais excuser celle qu'il aurait apportée à la conservation de la chose due. L'obligation, au reste, telle qu'elle est ici définie, est encore susceptible de plus ou moins d'étendue ; il existe sur ce point des règles particulières, pour les contrats dont la loi a déterminé les conditions et les effets. Il est même à remarquer que ces règles particulières semblent, en grande partie, basées sur l'ancienne théorie. V. art. 1137, et à ce sujet, art. 1882, 1927, 1928, 1992.

Ces règles particulières ne peuvent-elles pas être appliquées par analogie, même aux contrats innommés ?

570. Les contrats étant, en général, parfaits par le seul consentement, il est tout naturel que l'obligation naisse immédiatement de ce consentement. Ce principe appliqué ici à l'obligation de livrer *la chose* (c'est-à-dire,

---

(1) Voy. Pothier, *Obligations*, n° 142.
(2) Voy. M. Ducaurroy, *Inst. expl.*, n°s 1068-1073.

un corps certain), a toujours amené pour conséquence la mise aux risques du créancier (V. *Just. inst.*, § 3, *de empt. vend.*). Mais dans l'ancien droit, la propriété ne pouvant, en général, commencer que par la possession, on en concluait, même lorsqu'il s'agissait d'une obligation de *donner* (*dandi*), que le créancier ne devenait pas propriétaire avant la tradition (V. *Diocl. et Max.*, L. 20, *Cod.*, *de pact.*).

L'abrogation de ce dernier principe, déjà annoncée par l'art. 711, est ici formellement et textuellement prononcée. C'est une raison de plus, pour mettre la chose aux risques du créancier, puisqu'il en est devenu propriétaire. Et cependant le débiteur, devant répondre de sa faute, et même du cas fortuit auquel elle a donné lieu (art. 1137), répond par la même raison de la perte arrivée pendant sa demeure. V. art. 1138; V. aussi art. 1302.

S'il y a un terme pris pour la tradition, la propriété et les risques de la chose ne passeront-ils au créancier qu'à l'échéance du terme? V. art. 1138, 1185, 1583.

La translation de propriété, par le seul effet de l'obligation de donner, s'applique-t-elle aux obligations formées sans convention?

571. Observons, en passant, que la loi, indulgente pour les débiteurs, ne les constitue pas de plein droit en demeure, dès le moment que leur obligation est exigible. Le créancier qui a les moyens d'exiger, est présumé, s'il n'en use pas, ne pas vouloir être encore payé. Il faut donc qu'il manifeste sa volonté par un acte

légal, à moins que la convention des parties ne l'en dispense. V. art. 1139.

572. Au reste, les principes qui viennent d'être exposés, sur la translation de propriété par suite de l'obligation de donner, sont diversement appliqués, suivant que cette obligation a pour objet des immeubles ou des meubles. Nous ne doutons pas que leur application ne soit pleine et entière pour les immeubles, et conséquemment, qu'entre deux acquéreurs du même bien, la préférence n'appartienne nécessairement au plus ancien, sans distinguer même s'il a fait ou non transcrire son contrat. C'est un point, cependant, que le législateur ne voulait pas encore décider ici. V. art. 1140; V., à ce sujet, art. 1583, 2182; V., pourtant, art. 941.

573. Quant aux meubles, quoique la propriété s'en transmette également par l'effet immédiat de l'obligation, on n'a pas dû, néanmoins, accorder au premier acquéreur le droit de les revendiquer contre un second acquéreur de bonne foi, mis le premier en posseison : en fait de meubles, possession vaut titre (art. 2279). V. art. 1141.

SECTION III.

De l'obligation de faire ou de ne pas faire.

574. La nature des choses, ou, dans tous les cas, le respect dû à la liberté de l'homme, ne permet pas de contraindre précisément une personne à faire ce qu'elle a promis, ou à s'abstenir du fait qu'elle s'était interdit. De là le principe général, que toute obligation de faire

ou de ne pas faire, se résout en dommages-intérêts. V. art. 1142.

575. Mais quoiqu'il soit toujours loisible au créancier de s'en tenir, en pareil cas, à une condamnation pécuniaire, on conçoit qu'il peut, sans attenter à la liberté de son débiteur, obtenir de la justice la destruction de ce qui a été fait en contravention de l'engagement, se faire même autoriser à le détruire lui-même, aux dépens du débiteur; comme aussi, il peut être autorisé à faire ou faire faire par un autre, également aux dépens du débiteur, ce que celui-ci a manqué d'exécuter. Le tout, sans préjudice de plus amples dommages-intérêts, s'il y a lieu. V. art. 1143, 1144.

576. Celui qui s'est obligé à faire, et qui n'exécute point, ne contrevient réellement à son obligation, que lorsqu'il est mis en demeure. Aussi, n'est-ce que de ce moment qu'il doit, en général, les dommages-intérêts (V. art. 1146). Mais la contravention de celui qui s'est obligé à ne pas faire existant, matériellement, dès l'instant qu'il a fait ce qui lui était défendu, il est évident qu'il doit les dommages-intérêts, par ce seul fait, et sans sommation. V. art. 1145.

SECTION IV.

Des dommages-intérêts résultant de l'inexécution de l'obligation.

577. Les conventions tenant lieu de loi à ceux qui les ont faites, celui qui manque à les exécuter ne peut rester impuni, et la peine doit naturellement consister

dans l'indemnité de celui auquel l'obligation avait conféré un droit. C'est donc un principe commun à toute obligation, que son inexécution soumet le débiteur à des dommages-intérêts, c'est-à-dire, *ad id quod interest creditoris obligationem impletam esse* (V. art. 1136, 1142, 1143).

On manque à exécuter son engagement, non seulement quand on s'en dispense entièrement, mais même lorsqu'on n'exécute pas au temps convenu. Sous ce rapport, le retard dans l'exécution peut être compris sous le nom d'*inexécution*.

On ne peut dire que le débiteur manque d'exécuter son engagement, tant qu'il n'y a pas de la part du créancier volonté d'être payé. Aussi n'est-il, en général, passible de dommages-intérêts, que lorsqu'il est en demeure (V. art. 1139). Toutefois ce principe reçoit exception, lorsque l'obligation ne pouvant être utilement accomplie que dans un certain temps, le débiteur l'a laissé passer. V. art. 1146; V., pourtant, art. 1145.

578. Il n'est pas nécessaire, pour que les dommages-intérêts soient encourus, que l'inexécution ou le retard provienne de la mauvaise foi du débiteur. Il les doit, par cela seul, qu'il manque à son engagement sans excuse légitime. Or, il n'est excusable qu'autant que l'inexécution provient d'une cause étrangère qui ne peut lui être imputée. Il est évident dès-lors, que c'est à lui à prouver l'existence de cette cause. V. art. 1147.

Est-ce également au débiteur à prouver que la cause étrangère ne peut lui être imputée? V. art. 1807, 1808.

18.

579. Les causes étrangères au débiteur sont la force majeure et le cas fortuit. V. art. 1148.

580. Le principe général en matière de dommages-intérêts, c'est qu'ils consistent dans la perte éprouvée, et dans le gain dont on a été privé par suite de l'inexécution ou du retard. V. art. 1149. Mais ce principe s'applique diversement suivant les cas (art. 1150, 1151), il est sujet, d'ailleurs, à quelques exceptions ou modifications (art. 1152-1155).

581. Et d'abord, l'application du principe est différente, selon les diverses causes d'où procède l'inexécution. Ainsi, celui qui, sans être coupable de dol, manque seulement à accomplir son engagement, ne peut être tenu que des dommages-intérêts dont il s'est chargé en contractant; et il n'est réputé s'être chargé que de ceux qu'il a dès-lors prévus ou dû prévoir. Au contraire, celui qui se rend coupable de dol, s'oblige, *velit nolit*, à la réparation de tout le tort que le dol causera. Il doit donc même les dommages-intérêts imprévus. Voy. art. 1150, et à ce sujet, art. 1633, 1634, 1635.

582. Et néanmoins, comme il ne doit jamais que la réparation du dommage dont il est vraiment l'auteur, on sent bien qu'il ne peut, dans aucun cas, être tenu de ce qui n'est pas une suite immédiate et directe de l'inexécution de la convention. V. art. 1151.

583. Pour prévenir les difficultés qui s'élèvent souvent dans l'évaluation des dommages-intérêts, les parties peuvent d'avance en fixer le montant à une certaine somme (V. art. 1226); c'est alors un véritable forfait

qui ne permet plus aux juges d'entrer dans l'examen du fait. V. art. 1152; V., pourtant, art. 1231.

584. La loi elle-même règle, par une sorte de forfait semblable, les dommages-intérêts résultant du retard dans le paiement d'une somme d'argent. Ils consistent uniquement, mais ils consistent toujours, dans l'intérêt légal (V. L., 3 septembre 1807 (1), art. 2), *sauf*, dit la loi, *les règles relatives au commerce* (V. Cod. comm., art. 178, 179), *et au cautionnement* (V. Cod. civ., art. 2028). V. art. 1153, al. 1 et 2.

La loi elle-même indique ailleurs une autre exception pour le cas de société (V. art. 1846).

L'exception établie ici pour le commerce, doit-elle se borner au cas de *rechange?*

La disposition qui, dans les obligations de sommes d'argent, borne à l'intérêt légal les dommages-intérêts résultant du retard, a-t-elle pour objet de déroger à la faculté accordée par l'art. 1152? La faculté de stipuler une somme plus forte que cet intérêt, est-elle, même, absolument enlevée par la loi postérieure, qui renferme l'intérêt conventionnel dans la limite de l'intérêt légal? Faut-il, à cet égard, distinguer entre le prêt et les autres contrats? (V. L. du 3 septembre 1807, art. 1, 2 et 3).

Quid si la stipulation d'une somme plus forte était faite en prévoyance d'un dommage déterminé, qui viendrait effectivement à se réaliser par suite du retard dans le paiement?

585. Il est tout naturel et conforme aux principes généraux, que les intérêts *moratoires* ne courent pas de

---

(1) IV, B. 158, n° 2740.

plein droit (V. art. 1146, 1139). Mais il y a ceci de particulier, que la mise en demeure doit résulter d'une demande judiciaire. V. art. 1153, al. dern.; V., pourtant, Cod. proc., art 57.

Au reste, sous l'un et sous l'autre rapport, la règle admet de nombreuses exceptions.

Cas où les intérêts courent de plein droit. V. art. 456; 474 al. 1, 1473, 1652 al. 3, 1846, 1996, 2001.

Cas où ils courent en vertu d'une simple sommation. V. art. 474 al. dern., 1652 al. 4.

La demande du capital fait-elle courir les intérêts, ou faut-il y conclure spécialement?

586. Les intérêts d'un capital étant eux-mêmes une somme d'argent, il paraît d'abord tout simple, que le débiteur qui en retarde le paiement, en paie un nouvel intérêt. Ce redoublement d'intérêt est ce qu'on appelle *anatocisme*. Mais, comme l'anatocisme ne tarderait pas à devenir ruineux pour le débiteur, la loi ne permet de capitaliser ainsi des intérêts, soit par une demande, soit par une convention, qu'autant qu'il s'agit d'intérêts d'une année au moins. V. art. 1154.

Ne peut-on pas convenir dès le principe, que les intérêts à échoir porteront intérêt à l'expiration de chaque année? N'est-ce pas même uniquement au cas d'une convention antérieure à l'échéance que s'applique la restriction portée par notre article? Les intérêts dus pour moins d'une année, ne peuvent-ils pas toujours porter intérêt par l'effet d'une convention nouvelle?

587. La prohibition ou plutôt la restriction de l'ana-

tocisme ne s'applique qu'aux intérêts d'un capital non aliéné; toute autre espèce de revenu peut être capitalisé à l'échéance. Pareillement, les sommes auxquelles serait condamné un possesseur de mauvaise foi pour restitutions de fruits (V. Cod. proc. art. 129), suivent la règle générale. Il y a lieu également à l'appliquer au débiteur en l'acquit duquel un tiers aurait payé des intérêts dus pour moins d'une année; c'est vraiment un capital que ce tiers a avancé. V. art. 1155.

SECTION V.

De l'interprétation des conventions.

588. L'obligation conventionnelle n'étant que le produit de la volonté commune des contractans, c'est nécessairement d'après cette volonté qu'il faut en régler les effets. La volonté doit naturellement se manifester par les termes dont les parties se sont servies pour l'exprimer. S'ils sont clairs, il faut s'y arrêter, et ne pas supposer témérairement que les parties ont voulu autre chose que ce qu'elles ont dit. Mais si les termes sont obscurs ou ambigus, c'est alors qu'il y a lieu à interprétation. A cet égard, la loi a tracé diverses règles, toutes dictées par la droite raison, et puisées en grande partie dans le droit romain, qu'on appelle à juste titre *la raison écrite.*

589. La première, la grande règle en cette matière, c'est de rechercher la commune intention, et lorsqu'elle est suffisamment manifestée, de la faire prévaloir sur le

sens littéral. V. art. 1156; V. aussi *Papin.*, L. 259, ff. *de verb. signif.*

Cette règle, au reste, ne détruit pas le principe qui défend d'élever la question de volonté quand les termes sont clairs. Les mots, dans l'emploi qu'on en fait journellement, sont si souvent détournés de leur acception propre, qu'ils peuvent offrir ambiguité, lors même que leur sens grammatical est d'ailleurs bien fixé. Si donc les termes ne répugnent pas ouvertement à l'intention probable, ils sont susceptibles de s'interpréter conformément à cette intention.

590. Les règles suivantes tendent à reconnaître l'intention commune :

1° Sur ce point, le simple bon sens nous enseigne que les parties n'ont pas dû vouloir faire une stipulation inutile. Ainsi, entre deux sens, si l'un doit amener ce résultat, il faut évidemment le rejeter. V. art. 1157; V. aussi *Ulp.*, L. 80, ff. *de verb. obl.*

2° On n'est pas, en général, censé vouloir s'éloigner du droit commun; si donc les parties ont annoncé l'intention de faire un contrat déterminé, il est probable qu'elles ont voulu se conformer à sa nature. Sous ce rapport, la matière du contrat sert à fixer le sens des expressions équivoques qui ont pu être employées. V. art. 1158; V. aussi *Julien*, L. 67, ff. *de reg. jur.*

3° L'usage est l'expression des besoins et de la volonté de tous. Et d'après cela, il est naturel de supposer qu'on a voulu s'y conformer. L'usage du pays où l'on contracte, sert donc à expliquer les clauses ambiguës.

V. art. 1159; V. aussi *Ulp.*, L. 34, ff. *de reg. jur.* Bien plus, l'usage suffit pour suppléer les clauses omises. V. art. 1160.

4° Les diverses clauses d'un contrat ne forment entre elles qu'un seul tout. Il ne faut donc pas les isoler, mais les prendre dans leur ensemble pour les expliquer les unes par les autres. V. art. 1161, et à ce sujet, *Procul.*, L. 126, ff. *de verb. signif.*

591. Lorsque les termes sont obscurs ou ambigus, et que l'intention commune n'apparaît pas, il y a vraiment doute; alors la faveur de la liberté doit l'emporter, et faire admettre l'interprétation la moins onéreuse au débiteur. Cela est d'autant plus raisonnable, que le créancier, ordinairement maître des conditions du contrat, peut s'imputer de ne s'être pas expliqué plus clairement. V. art. 1162; V. aussi *Ulp.*, L. 38, § 18; *Cels.*, L. 99, ff. *de verb. obl.*; V., à ce sujet, art. 1602.

592. L'intention devant toujours prévaloir sur le sens littéral, on conçoit que la généralité des termes ne puisse jamais étendre l'effet d'un contrat, à des choses auxquelles les parties ne paraissent pas avoir pensé. Voy. art. 1163; et à ce sujet, art. 2048, 2049; V. aussi *Ulp.*, L. 9, § *fin.*, ff. *de transact.*

Toutefois cette règle n'empêcherait pas un traité qui aurait pour objet une universalité, de comprendre les choses particulières auxquelles les parties n'avaient pas pensé, mais qui rentrent dans cette universalité (Voy. *Diocl.* et *Maxim.*, L. 29, *Cod. de transact.*).

593. Nous avons déja dit qu'on ne suppose pas, en

général, l'intention de s'éloigner du droit commun, si cette intention n'est d'ailleurs bien manifeste. Lors donc, que la loi ayant réglé l'étendue d'une obligation, les parties ont exprimé son application à un cas particulier, qui peut-être présentait ou leur paraissait présenter plus de doute, ce n'est pas une raison pour en conclure, *à contrario*, qu'elles ont voulu exclure cette application, pour les cas non exprimés auxquels l'obligation s'étendait naturellement. V. art. 1164; V. aussi *Papin.*, L. 81, ff. *de reg. jur.*; L. 56, ff. *mand.*

594. Il nous reste à faire observer, que les articles qui composent cette section contiennent plutôt des conseils adressés aux juges que des règles impératives. Le seul principe fondamental, c'est qu'il faut rechercher l'intention commune des parties. Du reste, le juge peut toujours, pour la découvrir, choisir entre les diverses règles tracées par la loi, suppléer à leur insuffisance, ou même s'en écarter suivant les circonstances.

SECTION VI.

De l'effet des conventions à l'égard des tiers.

595. Les conventions, ne tirant leur force obligatoire que du consentement des parties, ne doivent produire d'effet qu'entre elles ou leurs représentans. Elles ne peuvent donc nuire aux tiers, c'est-à-dire, les obliger. La loi n'admet, à proprement parler, aucune exception à ce principe (V., pourtant, ce que nous avons dit ci-dessus, chap. II, sect. 1, n°s 548, 549; V. aussi C. comm., art. 519, 524). Elles ne peuvent non plus, en général,

leur profiter. Cependant la loi excepte ici le cas de l'art. 1121, (V. également ce que nous avons dit ci-dessus, n° 546; V. aussi art. 1208, 1210, 1285, 1287, 2036). V. art. 1165.

596. On sent bien, au reste, que les créanciers qui ont pour gage commun les biens corporels ou incorporels de leur débiteur (art. 2093), sont nécessairement intéressés dans les droits qu'il acquiert et dans les engagemens qu'il contracte.

De là, la faculté que la loi leur accorde, d'exercer les droits et actions de leur débiteur. La loi en excepte seulement ceux qui sont *exclusivement attachés à la personne*, ce qui comprend, 1° ceux qui sont déclarés *incessibles* ou *insaisissables* (V. art. 631, 634; C. pr., art. 581, 582; V. aussi C. civ., art. 841); 2° ceux qui, par leur nature, doivent dépendre entièrement du libre exercice de la volonté (V. art. 957, 1446). Voy. art. 1166, et à ce sujet, art. 618, 1446 *in fin.*, 2102 1°, 2225; C. pr., art. 778.

Doit-on considérer comme exclusivement attachée à la personne, l'action en nullité ou rescision, notamment pour incapacité?

597. Par suite du même principe, et pour que la mauvaise foi des débiteurs ne puisse soustraire aux créanciers leur gage, la loi permet à ceux-ci d'attaquer les engagemens pris, et généralement tous actes faits par le débiteur, en fraude de leurs droits. Notre Code ne distingue même pas, à cet égard, entre les actes par lesquels le débiteur se dépouille, et ceux par lesquels

il manque seulement d'acquérir. V. art. 1167, al. 1, et à ce sujet, art. 622, 788, 1053, 1447, 1464; C. pr., art. 873; C. comm., art. 443-447.

Ne faut-il pas toujours pour que les créanciers puissent faire annuler un acte de leur débiteur, que cet acte ait été fait dans l'intention de leur nuire? V. *Papin.*, L. 79, ff. *de reg. jur.*; V., pourtant, art. 622, 1053, 788, mais V. aussi art. 1447, 1464, et surtout C. comm., art. 443-447.

Faut-il que cette intention soit commune à ceux qui ont traité avec le débiteur? V. *Ulp.*, L. 1, L. 6 §§ 8 et 11, ff. *quæ in fraud.*; V. aussi C. comm., art. 444, 445.

Les art. 443-447, Cod. comm., s'appliquent-ils au débiteur non commerçant qui tombe en déconfiture?

Dans quel délai les créanciers doivent-ils attaquer les actes frauduleux?

598. En proclamant le principe de l'action révocatoire, le Code annonce des modifications portées à ce principe dans les titres des successions et du contrat de mariage. V. art. 1167, al. dern. La loi, sans doute, fait allusion ici à la disposition de l'art. 882, qui ne permet point d'attaquer un partage consommé, s'il n'y a eu préalablement opposition de la part des créanciers. Mais nous ne voyons, au titre du contrat de mariage, aucune modification au principe général, dont les art. 1447 et 1464 semblent, au contraire, contenir l'application pure et simple. Au reste, cette modification se trouve dans l'art. 873 du Code de Procédure.

CHAPITRE IV.

DES DIVERSES ESPÈCES D'OBLIGATIONS.

SECTION I.

Des obligations conditionnelles.

599. Sous ce nom la loi comprend non seulement l'obligation conditionnelle proprement dite, dont l'existence est suspendue par une condition, mais encore l'obligation résoluble, qui bien que parfaite dans le principe, dépend réellement aussi d'une condition, puisque l'événement de cette condition doit la résilier (art. 1168).

§ I.

De la condition en général et de ses diverses espèces.

600. Cet intitulé comprend, 1° les principes sur la nature et les diverses espèces de conditions (art. 1168-1174); 2° les règles sur l'accomplissement des conditions (art. 1175-1178); 3° les effets généraux de la condition, avant et après son accomplissement (art. 1179, 1180).

601. Le mot *condition*, dans un sens étendu, s'applique à tout fait, toute circonstance, d'où dépend l'existence d'une chose ou d'un droit, *quod condit*. En ce sens, les diverses clauses d'un contrat, les charges dont on accompagne une donation ou autre aliénation, peu-

vent être, et sont souvent appelées *conditions*. Sous ce rapport, il n'y aurait guère d'obligations qui ne fussent *conditionnelles*. Mais dans la propriété des termes, on ne donne ce nom qu'à celles qui sont spécialement subordonnées au cas d'un événement incertain.

L'événement n'est vraiment incertain qu'autant qu'il est futur. En effet, un événement déja arrivé peut bien être ignoré des contractans, mais cela n'empêche pas qu'il ne soit certain dans la nature des choses. Nul doute dès-lors que cette ignorance n'ait pour effet de retarder l'exécution d'une obligation qui, dans la pensée des parties, ne devait prendre naissance que par cet événement, mais elle n'en retarde nullement l'existence. Pareillement, si l'événement ignoré avait été pris pour condition résolutoire, l'ignorance pourrait bien donner lieu à l'exécution provisoire de l'obligation, et suspendre, de fait, les restitutions jusqu'à la connaissance acquise. Mais en réalité, l'obligation n'aurait jamais existé, et c'est pour défaut de cause dès le principe, que les restitutions devraient s'opérer après la connaissance acquise. V. art. 1168, nonobstant, art. 1181.

602. Tout événement futur n'est pas par là même incertain. S'il doit nécessairement arriver dans un temps quelconque, cet événement n'est qu'un terme qui retardera l'exigibilité ou bornera la durée de l'obligation, mais qu'il ne faut pas confondre avec une condition suspensive ou résolutoire. Toutefois cette règle n'a pas d'application aux dispositions testamentaires. Voy. ci-dessus n° 420.

603. Considérée sous le rapport de l'effet qu'elle doit produire, quant à l'obligation qui en dépend, la condition est *suspensive* ou *résolutoire* (V. art. 1168). Les principes particuliers à chacune de ces deux espèces font l'objet de deux paragraphes distincts (V. ci-dessous §§ ii et iii).

604. Considérée en elle-même, la condition est *positive* ou *négative* : *positive*, quand elle consiste dans le cas où un événement arrivera; *négative*, quand elle consiste au contraire dans le cas où un événement n'arrivera pas. Cette division, que le Code n'a pas expressément consacrée, n'en est pas moins utile à connaître pour l'application des dispositions diverses de la loi. (V. art. 1176, 1177.)

605. Le Code lui-même divise les conditions en *casuelles*, *potestatives* et *mixtes*, suivant que l'événement qui les constitue est plus ou moins indépendant de la volonté des contractans.

Il considère comme dépendant du hasard, et nomme *casuelle*, celle qui n'est nullement au pouvoir de l'une des parties, ce qui comprend évidemment celle qui dépendrait de la volonté d'un tiers. V. art. 1170. Il appelle *potestative*, celle qui est au pouvoir de l'une ou de l'autre des parties. V. art. 1171. Il appelle *mixte*, celle qui dépend tout à la fois de la volonté d'une des parties et de la volonté d'un tiers. V. art. 1172.

Quid si la condition dépend à la fois de la volonté d'une des parties, et d'un hasard autre que la volonté d'un tiers?

Il est bien à remarquer, au reste, que sauf la disposition de l'art. 1174 (où même le mot *condition potestative* ne peut guère être pris dans le sens que lui attribue l'art. 1:71), le Code, dans aucune des dispositions suivantes, ne se reporte à la division ci-dessus. Cette division qu'il a prise dans les anciens auteurs, et qu'il n'a pas d'ailleurs bien exactement reproduite, n'est pas sans importance par application aux legs; mais il ne paraît pas qu'elle en offre beaucoup dans l'application aux obligations conventionnelles.

606. La liberté des conventions entraîne naturellement celle de les faire sous telles conditions qu'on le juge à propos. Et toutefois la raison elle-même renferme ce principe dans de certaines limites.

607. Et d'abord, l'existence de l'obligation conditionnelle étant entièrement subordonnée à l'événement prévu, il est clair que cette obligation doit être nulle, si l'événement est impossible, ou s'il consiste dans un fait illicite. V. art. 1172; V., pourtant, art. 900.

Observons, au surplus, que la loi ne se borne pas à déclarer la convention nulle, mais qu'elle prononce aussi la nullité de la condition. Il est à croire que, confondant ici les charges avec les conditions proprement dites, elle a voulu dire, que la partie à laquelle une charge pareille serait imposée, ne serait pas tenue de la remplir. Ce qui, du reste, est sans difficulté, et ce qui, d'ailleurs, serait la conséquence nécessaire de la nullité de la convention.

608. Au contraire, la condition de ne pas faire une chose impossible, ne doit pas annuler l'obligation

(pourvu, toutefois, que cette obligation ait une autre cause). V. art. 1173. Mais dans ce cas, si l'obligation n'est pas nulle, on sent bien, du moins, qu'elle n'est pas conditionnelle, puisque dès le principe, il est certain que la condition ne s'accomplira pas.

Quid si la condition est de ne pas faire une chose illicite?

Quid si une obligation est contractée sous la condition résolutoire de faire une chose impossible ou illicite?

609. Une condition peut bien rendre incertaine l'existence d'une obligation, mais non la subordonnner entièrement à la volonté du débiteur; car alors, il n'y a pas de lien. Une obligation est donc nulle, si elle est contractée sous une condition potestative de la part du débiteur. V. art. 1174.

Toute condition, qui consiste dans un fait au pouvoir du débiteur, annule-t-elle l'obligation?

Doit-on annuler également la stipulation *cum volueris*, et la stipulation *si volueris?* V. *Paul*, L. 46, §§ 2 et 3, ff. *de verb. obl.*

Quid de la stipulation, *si vous le jugez raisonnable?* V. *Ulp.*, L. 11, § 7, ff. *de leg.* 3°.

L'art. 1174 s'applique-t-il également à la condition suspensive et à la condition résolutoire?

610. Les docteurs ont agité la question de savoir si les conditions devaient s'accomplir *in formâ specificâ*, ou si, au contraire, il suffisait qu'elles fussent accomplies *per æquipollens*. Le Code tranche cette question en s'en référant ici, comme dans tous les cas d'interprétation des conventions, à la commune intention des parties. V. art. 1175.

611. Cette règle sert à décider, quand une condition est censée accomplie ou défaillie. On distingue, à cet égard, entre les conditions positives et négatives. Les premières ne sont défaillies et les secondes accomplies, que lorsque l'événement ne peut plus arriver. Mais il est réputé ne pouvoir plus arriver, quand les parties ont fixé un terme, s'il n'arrive pas avant l'expiration de ce terme. V. art. 1176, 1177.

Si la condition positive consiste dans un fait du créancier qui intéresse le débiteur, celui-ci ne peut-il pas, à défaut de terme stipulé, en faire fixer un, après l'expiration duquel la condition serait censée défaillie?

Réciproquement, si la condition négative consiste dans un fait du débiteur qui intéresse le créancier, celui-ci ne peut-il pas faire fixer un terme, après lequel la condition serait réputée accomplie? V. *Papin.*, L. 115, § 2, ff. *de verb. obl.*

Lorsqu'il devient certain, avant l'échéance du terme apposé à la condition négative, que l'événement n'arrivera pas, le débiteur peut-il être immédiatement contraint à l'exécution?

Quid si la condition positive s'accomplit avant l'échéance du terme?

L'événement est-il réputé ne pouvoir plus arriver, toutes les fois qu'il consiste dans le fait d'une personne, et que cette personne est morte?

612. La bonne foi veut encore que l'on considère, comme accomplie, la condition dont le débiteur conditionnel a empêché l'accomplissement. V. art. 1178; V., pourtant, *Paul*, L. 38, ff. *de statu, lib.*

Suit-il de là que, si je m'oblige, sous une condition négative qui dépende de mon fait, la condition soit réputée accomplie dès que le fait est en mon pouvoir? V. *Papin.*, L. 115, § 2, ff. *de verb. obl.*

La condition est-elle également réputée accomplie, lorsqu'elle dépendait du fait du créancier, s'il n'a pas tenu à lui qu'elle ne le fût? V. *Pompon.*, L. 54, § 2, ff. *de legat.* 1".

613. La condition, tant qu'elle n'est pas accomplie, suspend l'existence du droit qui lui est subordonné; et néanmoins, comme ce droit, lorsqu'il viendra à naître, sera toujours le produit de la convention qui est parfaite dès l'origine, ses effets remonteront au jour de cette convention. C'est sur ce principe que la loi semble fonder la transmission du droit éventuel du créancier à ses héritiers. V. art. 1179.

La rétroactivité donne-t-elle au créancier le droit de se faire tenir compte des fruits perçus avant l'événement de la condition suspensive? *Quid* à l'égard des fruits perçus avant l'événement de la condition résolutoire?

614. Du reste, le créancier ayant au moins, avant l'événement de la condition, l'espérance d'un droit, qu'il ne dépend point de l'autre partie de lui enlever, peut naturellement faire tous les actes conservatoires. V. art. 1180.

§ II.

De la condition suspensive.

615. L'obligation n'est véritablement contractée sous une condition suspensive, que quand elle dépend d'un événement futur et incertain jusqu'à l'arrivée duquel elle est suspendue (V. art. 1168). La loi, cependant, semble considérer, comme telle, celle qui dépend d'un

événement actuellement arrivé, pourvu qu'il soit inconnu des parties. Mais, si elle accorde à cette dernière le nom d'obligation conditionnelle, parce qu'elle en a l'apparence et la forme, il est certain qu'elle lui en refuse les effets, puisqu'elle la fait naître du jour même de la convention, tandis que la véritable obligation conditionnelle *ne peut être exécutée*, disons mieux, n'existe pas avant l'événement. V. art. 1181.

616. Si l'obligation n'existe pas encore, il est clair que la chose qui en fait l'objet n'est pas mise aux risques du créancier. Lors donc que la chose périt entièrement sans la faute du débiteur, l'événement postérieur ne pouvant réaliser une obligation sans objet, les parties doivent être respectivement quittes l'une envers l'autre. C'est en ce sens que l'on dit que *l'obligation est éteinte*. Il en est autrement, lorsque la chose est simplement détériorée : l'événement réalisant alors l'obligation, l'effet rétroactif doit faire considérer la chose comme ayant été, dès le principe, aux risques du créancier, qui ne peut dès-lors obtenir de diminution de prix. Le Code lui réserve seulement le droit de faire résoudre l'obligation, c'est-à-dire de faire résilier la convention toute entière. A plus forte raison a-t-il ce droit, quand la détérioration provient du fait du débiteur, sans préjudice de la faculté qui est laissée, d'exiger la chose avec dommages-intérêts. V. art. 1182.

Le créancier, dans ce dernier cas, n'a-t-il pas droit aux dommages-intérêts, même lorsqu'il demande la résolution ? V. art. 1184 et 1645.

Quid si la chose a péri en entier par la faute du débiteur ?

§ III.

De la condition résolutoire.

617. La condition résolutoire ne suspend point l'obligation, mais elle révoque l'engagement existant, qui, par suite de l'effet rétroactif, est censé après l'événement n'avoir jamais existé. Ainsi l'obligation s'exécute jusque-là, sauf restitution de part et d'autre à l'événement. V. art. 1183; voy. aussi art. 1134, al. 9.

Quid si la chose qui fait l'objet de l'obligation vient à périr avant l'événement? V. *Ulp.*, L. 2, et *Paul*, L. 3, ff. *de in diem add.*

En cas de résolution d'une aliénation, ne faut-il pas maintenir, comme actes d'administration, les baux faits par l'acquéreur avant l'événement de la condition?

618. Observons ici que l'effet de la condition résolutoire n'est pas toujours et nécessairement aussi complet que le suppose l'art. 1183. Si un événement incertain avait été seulement assigné pour limite à la durée d'un engagement, cet événement constituerait bien certainement une condition résolutoire, dont l'accomplissement éteindroit l'obligation; mais il ne donneroit pas lieu à restitution de ce qui aurait été payé; bien plus, il ne libérerait même pas le débiteur en demeure.

619. La condition résolutoire est d'un fréquent usage, particulièrement, dans les contrats synallagmatiques, pour le cas où l'une des parties manquerait à ses engagemens. Dans ces contrats, en effet, où l'engagement d'une partie est toujours pour l'autre la cause de celui

qu'elle prend, il est assez naturel que celle-ci n'entende point demeurer obligée, si l'engagement réciproque n'est pas accompli. Cette intention de sa part est tellement probable, que la loi n'oblige pas même à l'exprimer.

Et cependant, comme il ne peut dépendre de chacun des contractans de forcer l'autre à la résiliation du contrat, en se dispensant de l'exécuter, on sent bien que la résolution doit être seulement facultative pour la partie envers laquelle il y a inexécution, et que dans le cas même où elle use de cette faculté, il lui est dû des dommages-intérêts.

D'un autre côté, la condition n'étant ici sous-entendue que par une raison d'équité, doit admettre dans ses effets un tempérament d'équité. C'est pour cela que la résolution n'a lieu qu'autant qu'elle est prononcée par le juge, qui, non seulement doit examiner si c'est par sa faute que le débiteur a manqué à son engagement, mais qui peut même en tout cas, prendre en considération sa position, et lui accorder un délai suivant les circonstances. V. art. 1184.

620. Au reste, le principe de la résolution des contrats synallagmatiques, pour inexécution des engagemens, est diversement appliqué aux divers contrats dont la loi a déterminé les effets spéciaux (V., à ce sujet, art. 1655, 1657). Nul doute non plus qu'on ne puisse, dans tous les cas, augmenter l'efficacité de cette condition résolutoire par le moyen d'une stipulation expresse (Voy. art. 1656).

Lors même qu'il a été expressément stipulé, que faute

d'exécution dans un certain temps, la résolution aurait lieu de plein droit, la résolution n'est-elle pas, en général, facultative pour la partie envers laquelle l'engagement n'a pas été exécuté?

Dans le même cas, n'est-il pas encore nécessaire, pour opérer la résolution, que la partie qui manque à son engagement ait été mise en demeure par une sommation? V. articles 1656, 1139, 1146. Cette sommation même suffit-elle? Tant qu'il n'est point intervenu de jugement qui prononce la résolution, la partie ne pourrait-elle pas l'éviter en exécutant et payant les frais; en telle sorte, que la clause de résolution de plein droit produirait pour effet unique d'ôter aux juges le pouvoir d'accorder un délai? V. art. 1656.

Le choix accordé à la partie envers laquelle l'engagement n'a pas été exécuté, lui permet-il de varier entre les deux partis qui lui sont offerts, et de revenir de l'un à l'autre?

L'action en résolution pour inexécution des engagemens doit-elle être considérée comme une action en rescision, bornée dans sa durée par l'art. 1304? Cette action, au contraire, ne naît-elle pas du contrat même, et n'a-t-elle pas la durée ordinaire de trente ans? Faut-il distinguer à cet égard entre la condition résolutoire expresse, et celle qui est sous-entendue par la loi?

La résolution pour inexécution des engagemens ne s'applique-t-elle pas à l'aliénation, comme au contrat qui la produit? N'emporte-t-elle pas le droit de revendiquer contre les tiers acquéreurs? Ceux-ci pourraient-ils invoquer la prescription de dix ou vingt ans?

SECTION II.

Des obligations à terme.

621. L'obligation à terme est celle qui dépend, sous certain rapport, de l'expiration d'un laps de temps.

Ce qui distingue essentiellement le *terme* de la *con-*

dition, c'est sa certitude, soit qu'il consiste dans un temps fixe, soit qu'il consiste dans un événement, incertain peut-être, quant à l'époque de son arrivée, mais qui ne peut manquer de se réaliser dans un temps quelconque.

622. Le terme peut avoir pour objet de retarder l'exécution d'une obligation, ou d'en limiter la durée. Sous ce rapport, on peut reconnaître un terme *suspensif* et un terme *résolutoire*; la loi ne s'occupe que du premier, dont elle compare les effets avec ceux de la condition suspensive. La différence substantielle, c'est que la suspension, au lieu de s'appliquer à l'existence même de l'obligation, ne s'applique qu'à son exécution. Voy. art. 1185.

Le terme, au reste, peut être exprès ou tacite (Voy. *Just., Inst.*, § 5, *de verb. obl.*). Il peut être établi par la convention ou accordé par le juge (V. art. 1244; C. pr., art. 122 et 123). Au dernier cas, on l'appelle *terme de grâce* (V. art. 1292).

623. Le terme suspendant l'exécution, la chose qui fait l'objet de l'obligation ne peut être exigée; mais, comme elle est due, elle ne pourrait être répétée s'il y avait paiement. V. art. 1186; voy. pourtant C. comm., art. 446, 447; C. civ., art. 1167, 1753; C. pr., art. 820.

Le débiteur qui a payé avant l'échéance du terme ne peut-il pas prétendre par là même qu'il a trop payé, et se faire tenir compte, à ce titre, de l'intérêt jusqu'à l'époque de l'exigibilité?

624. Il est certain, au reste, que le terme n'empêche

pas le créancier de faire des actes conservatoires, puisque ce droit appartient même au créancier conditionnel (art. 1180). Parmi ces actes, il faut évidemment ranger la demande en reconnaissance ou vérification d'écriture (V., à ce sujet, art. 1324; C. pr., art. 193, et L. du 3 septembre 1807) (1).

Le créancier ne pourrait-il pas même, suivant les cas, obtenir condamnation avant l'échéance, sauf à n'exécuter qu'à l'expiration du terme?

625. Le terme est ordinairement une faveur accordée au débiteur, faveur dont il est maître d'user ou de ne pas user. Toutefois il en est autrement, si c'est *aussi* (ajoutons, ou si c'est uniquement) en faveur du créancier qu'il est convenu; ce que la loi ne présume pas, mais ce qui, à défaut même d'une stipulation expresse, peut s'estimer d'après les circonstances. V. art. 1187, et à ce sujet, art. 1944; C. comm., art. 146 et 187.

626. Le terme n'est jamais accordé au débiteur, qu'en raison de la confiance du créancier en sa solvabilité. Si même le créancier, en contractant, s'est fait donner des sûretés, c'est uniquement dans ces sûretés qu'il est réputé avoir placé sa confiance. De là, la déchéance encourue dans deux cas : 1° faillite du débiteur; 2° diminution par son fait des sûretés données par le contrat. V. art. 1188.

La faillite rend-elle exigibles les créances garanties par une

---

(1) IV, B. 158, n° 2741.

hypothèque, un cautionnement ou un engagement solidaire? V. C. comm., art. 448.

Doit-on assimiler ici la déconfiture à la faillite?

Au cas même, où c'est sans le fait du débiteur que les sûretés sont diminuées, celui-ci n'est-il pas obligé, pour conserver le bénéfice du terme, à fournir de nouvelles sûretés? V. art. 2131; voy. aussi art. 2020.

Si c'est par le fait du débiteur que les sûretés sont diminuées, peut-il se soustraire à la déchéance prononcée par l'art. 1188 en fournissant de nouvelles sûretés?

L'aliénation d'une partie du bien hypothéqué à la dette, doit-elle être considérée comme diminution de sûreté? Voy. art. 2114, 2166, 2180 3°, 2186.

627. Aux deux cas prévus par l'art. 1188 le Code de Procédure en ajoute quelques autres, dans lesquels, comme dans ceux-ci, le débiteur ne pourrait ni obtenir de terme de grâce, ni profiter de celui qu'il aurait obtenu (V. C. pr., art. 124).

Les mêmes cas emporteraient-ils déchéance du terme de droit?

628. Quant au terme *résolutoire*, dont la loi n'a pas parlé, il n'y a nulle difficulté, dans notre droit, à lui attribuer, comme à la condition résolutoire, l'effet d'éteindre l'obligation (V. art. 1134), pourvu qu'il arrive avant le paiement effectué, et avant la demeure du débiteur. V., ci-dessus, n° 618.

SECTION III.

Des obligations alternatives.

629. Nous avons vu en traitant de l'objet des contrats, qu'il n'était pas nécessaire que cet objet fût précisément déterminé, pourvu qu'il fût déterminable. L'indétermination peut être entre tous les individus d'un genre plus ou moins limité; il y a alors ce qu'on appelle obligation *indéterminée* (V. art. 1246); comme, aussi, l'indétermination peut n'exister qu'entre deux ou plusieurs individus désignés. L'obligation, alors, est alternative (art. 1189, 1196).

630. L'obligation alternative n'a vraiment pour objet qu'une seule des choses comprises sous l'alternative; par conséquent, il n'y a qu'une obligation; mais la chose particulière qui doit être l'objet de cette obligation, reste inconnue jusqu'à la détermination qui aura lieu ultérieurement (ordinairement par la délivrance que fera le débiteur). Et, comme il n'en est aucune sur laquelle la détermination ne puisse faire porter et concentrer l'obligation; on peut dire, sous certain rapport, qu'elles y sont toutes comprises. Il est certain, cependant, que chaque chose en particulier semble n'être due que conditionnellement, car la question de savoir, si l'une plutôt que l'autre sera ou non en définitive la chose due, dépend d'un événement futur et incertain. Mais il faut se garder d'en conclure que l'obligation alternative soit pour cela conditionnelle; car, dès le principe, il y a une chose due.

De cet exposé, il résulte qu'il n'y a pas obligation alternative, lorsqu'une seule chose étant due, une autre est cependant *in facultate solutionis*. L'obligation dont il s'agit a reçu de quelques auteurs le nom d'obligation *facultative*.

L'obligation n'est pas non plus alternative, lorsqu'une seule chose étant due, une autre est promise pour le cas où le débiteur manquerait à son engagement. Il y a alors obligation avec clause pénale (V., ci-dessous, sect. VI).

Enfin il n'y a pas obligation alternative lorsque, sans s'obliger à donner ou à faire une chose, on en promet une autre, pour le cas où celle-là ne serait pas donnée ou faite, c'est simplement une obligation conditionnelle.

Tant que la chose due sous l'alternative n'est pas déterminée, l'obligation est-elle translative de propriété?

Si des meubles et des immeubles sont dus sous l'alternative, la créance est-elle mobilière ou immobilière?

631. L'obligation alternative n'ayant qu'un objet, il est évident que le débiteur est libéré par la délivrance d'une des choses comprises sous l'alternative. V. art. 1189.

632. En vertu du principe qui veut qu'on interprète en faveur du débiteur, c'est à lui qu'appartient, en général, le choix. Mais rien n'empêche de l'attribuer au créancier, par la convention; seulement, il faut s'en expliquer expressément. V. art. 1190.

633. L'obligation devant en définitive être déterminée à l'une des choses comprises sous l'alternative, c'est une de ces choses qu'il faut délivrer en totalité. Le débiteur

ne peut donc, malgré le créancier, se libérer par le paiement d'une partie de l'une et d'une partie de l'autre. V. art. 1191; voy. aussi art. 1243, 1244.

Quid si les diverses choses comprises sous l'alternative étant divisibles, l'obligation a été contractée par plusieurs débiteurs ou envers plusieurs créanciers, sans solidarité; ou si l'une des parties, soit le débiteur, soit le créancier, vient à mourir, laissant plusieurs héritiers? V. art. 1220 et 1221 3°.

634. L'obligation n'ayant pour objet aucune des choses en particulier, elle n'est pas nulle, parce qu'une ou plusieurs d'entre elles ne pouvaient être le sujet ou la matière de l'engagement. Elle ne s'applique alors qu'à celles qui ont les qualités requises. Si donc il n'y en a qu'une qui ait ces qualités, l'obligation n'est pas alternative, mais pure et simple. V. art. 1194.

635. Par suite du même principe, aucune des choses n'est mise en particulier aux risques du créancier, et tant qu'il en reste une qui puisse être la matière de l'engagement, l'obligation subsiste et se concentre sur celle-là. C'est en ce sens, que supposant seulement deux choses ainsi dues, la loi dit que par la perte de l'une, l'obligation devient pure et simple; ce qui exclut la faculté d'offrir le prix de celle qui a péri.

Cette règle reçoit son application au cas même où la perte est arrivée par la faute du débiteur, si, comme on doit le supposer, le choix appartenait à celui-ci; car le créancier, alors, ne peut se plaindre de ce qu'en détruisant ou laissant périr l'une, le débiteur ait déterminé l'obligation à l'autre. Toutefois, si la chose qui reste venait ensuite à périr, même par cas fortuit, il ne serait pas juste que la faute antérieure du débiteur lui procurât sa libération. Dans ce cas, il paraîtrait raisonnable de lui faire payer le prix de celle qui a péri par sa faute. Mais notre Code, sans s'attacher à cette rigueur de principes, oblige le débiteur en faute, à l'égard d'une des deux, à payer le prix de celle qui a péri la dernière. V. art. 1193.

636. Les principes sont différens, lorsque le choix appartenait au créancier. Alors encore, il est vrai, la perte d'une des choses par cas fortuit, concentre l'obligation sur celle qui reste; mais la faute du débiteur ne devant pas dépouiller le créancier de la prérogative qu'il s'était réservée, on ne pouvait lui refuser le droit de demander à son choix la chose qui reste, ou le prix de celle qui a péri par la faute. Il est évident qu'il doit avoir aussi le choix entre le prix de l'une ou de l'autre chose, si toutes deux ont péri par la faute du débiteur. Mais notre Code va plus loin, il lui accorde ce choix par cela seul, que le débiteur est en faute à l'égard de l'une d'elles. V. art. 1194.

Les règles établies par les art. 1193 et 1194 pour le cas de perte arrivée par la faute du débiteur, s'appliqueraient-elles au cas de perte arrivée par un fait de sa part, qui ne constituerait pas une faute.

Si de deux choses dues sous l'alternative, l'une périt d'abord par le fait, mais sans la faute du débiteur, et que l'autre plus précieuse vienne à périr ensuite par cas fortuit, le créancier, soit qu'il ait ou non le choix, ne doit-il pas se contenter du prix de celle qui a péri la première.

Si de deux choses ainsi dues, au choix du créancier, la première, plus précieuse, périt par cas fortuit, le créancier ne doit-il pas se contenter du prix de celle qui périt la dernière par le fait ou la faute du débiteur?

Les règles établies pour le cas de perte par le fait ou la faute du débiteur, ne s'appliqueraient-elles pas au cas d'aliénation d'une des choses?

Si le créancier avait le choix, ne pourrait-il pas suivre la chose aliénée entre les mains du tiers acquéreur?

637. La loi n'a pas eu besoin de s'expliquer sur le cas où toutes les choses viendraient à périr en même temps par le fait ou la faute du débiteur; il est clair que celui-ci doit alors le prix de l'une d'elles, à son choix ou à celui du créancier, suivant que ce choix avait été primitivement attribué à l'un ou à l'autre.

638. Que si toutes les choses ont péri, ensemble ou séparément, sans la faute, ajoutons, et sans le fait du débiteur, cette perte comprenant nécessairement l'objet de l'obligation, il est clair que c'est le cas ordinaire de libération par la perte de la chose due, libération, au reste, qui n'a lieu, en général, qu'autant que la perte a précédé la demeure du débiteur. V. art. 1195; et à ce sujet, art. 1302, 1138, 1139.

639. C'est ordinairement, et sauf le cas de perte, par l'effet du choix, que l'obligation alternative se trouve déterminée, soit par la délivrance faite par le débiteur qui avait le choix, soit par la demande du créancier dans le cas contraire.

Le débiteur après son offre, et le créancier après sa demande, ne peuvent-ils pas varier? V. art. 1261 et 1262.

Si le paiement d'une des choses n'a eu lieu que par l'erreur du débiteur qui croyait devoir purement et simplement la chose payée, pourrait-il répéter? V. *Cels.*, L. 19, ff. *de leg.* 2°, et *Julien*, L. 32, § *fin.*, ff. *de cond. ind.*

Quid si par erreur on avait payé les deux choses? Le débiteur pourrait-il, à son choix, répéter l'une ou l'autre? Voy. *Ulp.*, L. 26, § 13, ff. *de cond. ind.*; *Just.*, L. *pen. Cod.*, *eod.* Voy. aussi *Julien*, L. 32, *ppio*, ff. *eod.*

640. Le Code, dans les diverses décisions qu'il a consacrées en cette matière, a toujours supposé l'alternative existant entre deux choses seulement. Il est évident que la nature de l'obligation est la même, lorsqu'elle en comprend un plus grand nombre. En usant donc de discernement, il sera facile d'appliquer à ce cas les principes posés. V. art. 1196.

641. Les mêmes principes s'appliqueront en général aux obligations qui ont pour objet un genre plus ou moins limité, obligations dont la loi reconnaît et consacre l'existence (V. art. 1129, 1246), mais dont elle n'a pas réglé en détail les effets.

SECTION IV.

Des obligations solidaires.

642. Une même chose peut être due à plusieurs ou par plusieurs; chacun alors n'est en général créancier ou débiteur que pour sa part, pourvu que la chose soit divisible; mais la loi ou le titre de l'obligation peut constituer chacun créancier ou débiteur pour le total *in solidum*. Il y a alors obligation solidaire.

§ I.

De la solidarité entre les créanciers.

643. La solidarité entre créanciers n'est pas, à beaucoup près, aussi usitée dans notre pratique française, qu'elle paraît l'avoir été dans le droit romain. On ne la conçoit guère qu'en supposant plusieurs intéressés dans une créance, qui, pour en faciliter le recouvrement, et assurer la conservation du droit de tous par la diligence d'un seul, se donnent, à cet effet, le pouvoir d'agir les uns pour les autres. Ainsi, en réalité, le bénéfice de l'obligation étant partageable entre tous, chacun n'est créancier que pour sa part; pour tout ce qui l'excède, il n'est que le mandataire des autres. Mais à l'égard du débiteur, chacun est réputé créancier pour le tout; et, néanmoins, comme il n'y a qu'une dette, le paiement fait à l'un libère envers tous les autres. Cette solidarité, au reste, ne peut résulter que de la volonté des parties qui doit, dès-lors, être formellement exprimée par le titre. V. art. 1197.

Si une même chose avait été promise ou léguée à plusieurs sous une disjonctive, ne résulterait-il pas de ce legs ou de cette promesse, une sorte de solidarité entre créanciers? Voy. *Paul*, L. 16, ff. *de Leg.* 2°; *Just.*, L. 4, *Cod., de verb. sign.*

644. Chaque créancier ayant pouvoir de recevoir, il est clair que le débiteur peut, dans le principe, payer à qui bon lui semble; mais chacun étant en droit de demander, il ne peut se dispenser de payer à celui qui le poursuit le premier. V. art. 1198, al. 1.

645. Le pouvoir donné à chaque créancier de recevoir le paiement, ne lui attribuant pas en propre la totalité de la créance, ne lui donne pas le droit d'en disposer pour tout ce qui excède sa part; il ne peut donc, comme à Rome, faire remise de toute la dette. V. art. 1198 *in fin.*; voy. aussi art. 1365.

Concluez qu'il ne peut transiger, compromettre, ou faire novation.

646. Au contraire, chacun peut conserver la créance commune, et conséquemment interrompre la prescription au profit de tous. V. art. 1199.

La minorité d'un des créanciers suspendrait-elle la prescription à l'égard des autres?

§ II.

De la solidarité de la part des débiteurs.

647. Le but de la solidarité des débiteurs est d'assurer les droits du créancier, en donnant à celui-ci la faculté de contraindre chacun au paiement du total de la dette. Mais le but étant rempli lorsque le créancier est payé, il est bien entendu que le paiement fait par l'un libère tous les codébiteurs. V. art. 1200; et remarquez que la solidarité n'est pas la seule cause qui puisse forcer l'un de plusieurs débiteurs à subir pour le tout l'obligation commune. Voy. art. 1221, 1222. Mais son caractère particulier est dans l'engagement personnel à chacun de payer pour les autres, engagement qui subsistera pour tous, tant que l'un d'eux demeurera obligé.

648. Les co-débiteurs solidaires ne sont, à le bien prendre, que des cautions mutuelles, qui s'obligent à payer les uns pour les autres la dette ou la partie de dette qui ne les concerne pas personnellement (Voy. art. 1216), mais le créancier peut, suivant son intérêt, ou les considérer comme tels, ou considérer chacun comme débiteur principal et comme aussi totalement obligé à la prestation de la chose due que s'il avait seul contracté.

649. L'obligation solidaire est une, par rapport à la chose qui en fait l'objet; mais elle se compose d'autant de liens qu'il y a de personnes obligées. Les co-débiteurs doivent donc nécessairement la même chose, mais ils peuvent la devoir différemment. V. art. 1201.

650. Nul n'étant présumé vouloir s'engager pour autrui, une obligation contractée conjointement n'est pas par cela même réputée solidaire, s'il n'y a stipulation expresse ou disposition de la loi. V. art. 1202, et à ce sujet, art. 395, 396, 1442, 1033, 2002; Cod. comm., art. 22, 140, 187; Cod. pén., art. 55.

La stipulation de solidarité doit-elle avoir lieu en termes sacramentels?

La solidarité ne peut-elle pas résulter d'un testament?

La solidarité prononcée par le Code pénal, art. 55, s'applique-t-elle au cas où le délit est poursuivi par la voie civile?

Les dommages-intérêts, dépens et autres restitutions, encourus pour dol ou fraude, ne sont-ils pas dus solidairement par tous les complices?

Les personnes chargées conjointement, par la loi ou par la

justice, d'une administration commune, ne sont-elles pas tenues solidairement de leur négligence? V. art. 396, 1033; V., pourtant, art. 1995.

651. Chacun des obligés solidaires étant tenu, comme s'il était seul débiteur, le créancier peut s'adresser à son choix à l'un d'eux, sans que celui-ci puisse, comme un cofidéjusseur, opposer le bénéfice de division. Voy. art. 1203, et à ce sujet, art. 2025 et 2026.

652. Les poursuites dirigées contre l'un d'eux n'éteignant point la dette, il est juste que le créancier puisse toujours revenir contre les autres. V. art. 1204.

653. Les codébiteurs étant dans la réalité des cautions mutuelles, il s'ensuit que tout ce qui perpétue l'obligation à l'égard de l'un, la perpétue, en général, à l'égard des autres.

654. Ce principe s'applique, 1º au cas de perte de la chose arrivée, soit par la faute (ajoutons, ou par le fait), soit pendant la demeure de l'un, ou de plusieurs d'entre eux. Aucun d'eux ne sera donc libéré par cette perte; mais, d'un autre côté, le fait de l'un ne devant pas augmenter l'obligation des autres, il ne sera dû de dommages-intérêts que par ceux qui seront en faute ou en demeure. V. art. 1205.

655. Le principe s'applique, 2º à l'interruption de la prescription, qui ne peut avoir lieu à l'égard de l'un, sans s'étendre à tous les autres. V. art. 1206, et remarquez que la reconnaissance du débiteur a le même effet que l'interpellation (art. 2249).

656. Nous avons dit que le fait de l'un ne devait pas augmenter l'obligation des autres. Cependant notre Code, apparemment pour éviter des frais, veut que la demande, formée contre un seul, fasse courir contre tous les intérêts moratoires. V. art. 1207.

Quid si les uns n'étant obligés qu'à terme ou sous condition, la demande est formée contre un autre avant l'échéance du terme ou l'événement de la condition?

657. La dette solidaire étant une, on conçoit que, non seulement le paiement fait par l'un, doit libérer les autres, mais qu'en général, tout ce qui tend à éteindre ou anéantir la dette, enfin à repousser l'action du créancier, doit produire le même effet à l'égard de tous. Et néanmoins la loi, qui comprend ici sous le nom d'*exceptions* tous les moyens de défense ou de libération, distingue avec raison trois classes d'exceptions : celles qui résultent de la nature de l'obligation, celles qui sont personnelles à l'un des débiteurs, et celles qui sont communes à tous. Chacun évidemment peut opposer celles qui résultent de la nature de l'obligation, celles qui lui sont personnelles à lui-même, et celles qui sont communes à tous. V. art. 1208, al. 1.

A l'égard de celles qui sont particulières à l'un des co-débiteurs, la loi défend seulement aux autres d'opposer celles qui sont *purement personnelles*. V. art. 1208, al. dern.

Remarquons, à ce sujet, que parmi les exceptions que l'on peut appeler *personnelles*, il en est qui sont tellement inhérentes à la personne, qu'une caution même ne pourrait les invoquer (V. art. 2012, 2036, et à ce sujet, art. 1125, 1268). Il est clair que celles-là ne peuvent aucunement être invoquées par l'un des co-débiteurs, du chef d'un autre. Mais il en est, au contraire, qui, bien que nées dans la personne d'un seul des co-débiteurs, et n'atteignant que son engagement, ne sont pas cependant *purement personnelles*, et que les autres pourront faire valoir jusqu'à concurrence de la part de celui-ci dans la dette commune.

658. C'est évidemment une exception personnelle de cette classe, qui naîtrait de la confusion, si elle venait à s'opérer entre l'un des co-débiteurs et le créancier. V. art. 1209; voy. aussi art. 1300, 1301, et remarquez, 1° qu'il n'est pas absolument nécessaire pour réaliser le cas de confusion, et donner lieu à l'application de notre article, que le débiteur et le créancier deviennent, comme la loi le suppose ici, héritiers l'un de l'autre; il suffit que les qualités de débiteur et de créancier se trouvent réunies; 2° que si c'était seulement pour partie que l'un devînt héritier de l'autre, il s'opérerait encore une confusion partielle, dont les effets, moins étendus, se règleraient encore par les mêmes principes.

Quid au cas de compensation? V. art. 1294.
Quid si l'un des coobligés n'a contracté que par erreur, dol ou violence?

659. Quant à la remise de la dette, elle n'est point, en général, réputée personnelle, à moins qu'il n'y ait réserve expresse (art. 1285). Mais il ne faut pas confondre avec la remise de la dette, celle de la solidarité, qui

consiste dans le consentement à la division. Cette division, appliquée à l'un des codébiteurs, ne produit qu'une exception personnelle, mais une exception personnelle de la seconde classe. V. art. 1210.

Ne pourrait-on pas en remettant la solidarité à l'un, se la réserver contre les autres sans aucune déduction?

660. Il est clair que la remise tacite de la solidarité produit les mêmes effets que la remise expresse. Cette remise tacite a lieu, 1° lorsque le créancier reçoit divisément la part de l'un des débiteurs; il faut alors que la quittance lui soit donnée sans réserve, et qu'elle porte que c'est *pour sa part;* 2° lorsque la demande, formée contre lui, également *pour sa part*, a été suivie d'acquiescement ou d'un jugement de condamnation. Voy. art. 1211.

Ne faut-il pas même que le jugement soit passé en force de chose jugée?

661. Remarquez que l'on peut renoncer à la solidarité pour les intérêts et arrérages échus, sans pour cela vouloir y renoncer à l'égard des arrérages à échoir, et du capital. Mais la loi présume cette volonté, lorsque le paiement divisé a été continué pendant dix ans consécutifs. V. art. 1212.

662. Il reste à établir les effets de la solidarité entre les co-débiteurs. Le principe à cet égard, c'est que la dette se divise de plein droit, et que chacun n'étant tenu que pour sa part et portion, c'est-à-dire en raison de l'intérêt qu'il a dans la cause de la dette, celui qui a

payé peut réclamer contre les autres tout l'excédant de cette part et portion. V. art. 1213. Il peut agir à cet effet, soit comme subrogé aux droits du créancier (V. art. 1251 3°), soit par une action en recours, qui naît de la société formée entre les coobligés, ou du mandat qu'ils se sont réciproquement donné.

L'action en recours ne comprend-elle pas les intérêts de la somme payée ?

Le recours a-t-il lieu dans le cas même où la dette solidaire naît d'un délit ?

663. Mais, quoiqu'il pût sembler que par l'effet de la subrogation, le débiteur qui a payé, fût autorisé à réclamer le total de chacun des autres débiteurs, sous la seule déduction de sa portion personnelle, la loi, soit pour éviter le circuit d'action, soit à cause des rapports établis entre les codébiteurs par l'espèce de société qui subsiste entre eux, ne permet de répéter contre les autres, que la part et portion de chacun d'eux. Voy. art. 1214, al 1.

Quid s'il y avait subrogation conventionnelle ? V. art. 875.

664. Bien entendu, au reste, que l'insolvabilité de l'un des débiteurs ne peut rester exclusivement à la charge de celui qui a payé, et que la perte qui en résulte doit se répartir contributoirement entre tous. V. art. 1214, al. dern.

665. Cette règle s'applique au cas même où l'un des codébiteurs aurait été précédemment déchargé de la solidarité ; car cette décharge accordée à l'un par le

créancier ne peut nuire aux autres. Voy. art. 1215.

Dans ce cas, le débiteur déchargé de la solidarité, peut-il se faire garantir par le créancier?

666. Nous avons supposé jusqu'à présent que la dette avait été contractée par tous les coobligés pour une affaire commune; mais elle peut ne concerner que l'un d'eux; il est clair alors que les autres, quoique tenus envers le créancier comme débiteurs principaux, ne seraient véritablement envers le codébiteur que des cautions, vis-à-vis desquelles celui-ci serait tenu de toute la dette. V. art. 1216.

Suit-il de là que les autres codébiteurs n'auraient aucun recours les uns contre les autres? V. art. 2033.
Pourraient-ils exercer ce recours sans justifier de l'insolvabilité de l'intéressé?
La dette se divisant entre les codébiteurs en proportion de l'intérêt qu'ils ont dans l'affaire, si l'un d'eux est déchargé de la solidarité, est-ce sa part et portion ainsi calculée, ou sa portion virile, dont le créancier doit subir la déduction? Voy. art. 1210 et 1863.

SECTION V.

Des obligations divisibles et indivisibles.

667. L'obligation est divisible ou indivisible, suivant que la chose ou le fait qui en est l'objet, est ou n'est pas susceptible d'être due par parties.

Ainsi la divisibilité ou indivisibilité de la dette se juge par son objet. Seulement il faut remarquer que cet objet, considéré en lui-même, peut être divisible (il suffirait pour cela qu'il fut susceptible de division intellectuelle); mais que le rapport sous lequel il est considéré dans l'obligation, peut lui faire perdre son caractère, et attribuer à l'obligation tous les effets de l'indivisibilité. V. art. 1217, 1218.

668. Les auteurs reconnaissent trois espèces d'indivisibilité :

1° L'indivisibilité absolue appelée par Dumoulin, *individuum naturâ et contractu*, qui a lieu lorsque la chose ou le fait n'étant par leur nature, et sous quelque point de vue qu'on les considère, nullement susceptibles de parties, ne peuvent être ni stipulés, ni promis pour partie; tel est, par exemple, un droit de passage ou de vue ;

2° Une autre espèce d'indivisibilité qui se rencontre plus fréquemment, c'est lorsque la chose ou le fait sont bien susceptibles d'une division, soit réelle, soit intellectuelle, et pourraient en conséquence être stipulés ou promis pour partie; mais que, considérés sous le rapport sous lequel ils sont l'objet de l'obligation, ils n'admettent pas cette division. C'est ce que Dumoulin appelle *individuum obligatione*. On peut donner pour exemple l'obligation de faire une construction ;

Enfin une troisième espèce d'indivisibilité reconnue par les auteurs, n'affecte pas l'obligation elle-même, mais seulement le paiement. Ainsi l'obligation reste divisible, mais elle ne peut s'acquitter partiellement. C'est ce que Dumoulin appelle *individuum solutione*.

669. Notre Code semble d'abord s'être conformé à

cette théorie, en reconnaissant deux espèces d'obligations indivisibles (art. 1217, 1218), et en classant ensuite parmi les obligations divisibles, certaines dettes qui ne peuvent s'acquitter partiellement. Toutefois il faut convenir que si l'art. 1217 reproduit exactement l'idée de l'indivisibilité *naturâ et contractu*, l'art. 1218, qui, dans la pensée du législateur semble destiné à définir l'indivisibilité *obligatione*, n'en donne pas une idée également exacte, puisqu'on pourrait conclure des termes employés, que l'indivisibilité, dans ce cas, affecterait non pas l'obligation elle-même, mais seulement son *exécution;* ce qui confondrait cette espèce d'indivisibilité avec la simple indivisibilité de paiement. Enfin cette confusion sera d'autant plus difficile à éviter, que dans l'art. 1221 5°, où le législateur paraîtrait avoir voulu définir l'indivisibilité *solutione*, les caractères qu'il donne pour la reconnaître, sont presque identiques avec ceux qu'il a établis dans l'art. 1218.

Au reste, cette confusion n'offrira guère d'embarras dans la pratique, si, comme nous l'établirons, notre législateur a confondu également les effets autrefois très différens des deux indivisibilités.

670. Quoi qu'il en soit, l'indivisibilité de l'obligation tenant toujours uniquement à celle de la chose ou du fait qui en est l'objet, il est clair qu'elle ne peut résulter de la stipulation de solidarité. Cette stipulation n'empêche donc pas la dette d'être divisible entre les héritiers de chacun des créanciers ou débiteurs. V. art. 1219.

§ I.

Des effets de l'obligation divisible.

671. Lorsqu'une seule personne s'oblige envers une autre, il est juste que l'obligation, même divisible, soit exécutée entre les contractans eux-mêmes, comme si elle était indivisible (V. art. 1244). Mais à la mort d'une des parties, ses héritiers, qui tous ensemble sont la continuation de sa personne, ne doivent succéder à ses dettes actives ou passives, que chacun en proportion de la part pour laquelle il la représente : de là, le principe de la division entre eux, si l'objet de l'obligation en est susceptible. V. art. 1220.

La division une fois opérée peut-elle cesser si les portions viennent à se réunir en une seule personne ?

672. Le principe de la division, qui reçoit exception en cas d'indivisibilité, est en outre soumis à plusieurs limitations ou modifications à l'égard des héritiers du débiteur d'une dette divisible.

Ainsi, 1° nous avons déjà vu que les héritiers étaient tenus hypothécairement pour le tout. V. art. 1221 1°, 873 ; voy. aussi art. 2083 ;

2° La dette d'un corps certain ne pouvant être acquittée *in specie* que par celui qui le possède, il est naturel que l'héritier dans le lot duquel il est tombé puisse être poursuivi seul, sauf son recours. V. art. 1221 2° ;

3° La loi indique, comme faisant exception au principe de la division, le cas d'une dette alternative de choses au choix du créancier, dont l'une est indivisible.

Il est clair que celui qui détient la chose indivisible, ne peut se refuser à la payer sous le prétexte de la divisibilité de l'autre chose, puisque le choix du créancier détermine l'obligation à celle-là. V. art. 1221 3°. Remarquez, au surplus, que dans aucun cas la division d'une obligation alternative ne détruit la règle de l'article 1191;

4° Le tort que la division des dettes causerait souvent au créancier, a fait admettre qu'un des héritiers pourrait être chargé seul par le titre de l'exécution de l'obligation; cet héritier peut donc être poursuivi pour le tout, sauf son recours. V. art. 1221 4°.

Le titre dont il s'agit ici n'est-il pas nécessairement un testament? V. *Jul.*, L. 56, § 1, ff. *de verb. obl.*

L'héritier pourrait-il être privé de son recours par une clause expresse?

Tous les héritiers ne pourraient-ils pas être chargés solidairement du paiement de la dette?

Pourrait-on convenir que la créance appartiendra en entier à l'un des héritiers du créancier?

5° Enfin, une exception, qui dans sa généralité ne connaît pas de bornes, embrasse tous les cas où l'intention des parties a été que l'obligation, quoique naturellement divisible, ne pût s'acquitter partiellement. Cette intention qui peut résulter, soit de la nature de l'engagement, soit de la chose qui en fait l'objet, soit de la fin qu'on s'est proposée dans le contrat, semble confondre absolument l'obligation divisible à laquelle elle s'applique avec l'obligation indivisible. Car notre législateur ne se borne pas à refuser à chaque héritier du débiteur la faculté de se libérer en payant sa part (seul effet attribué par les anciens auteurs à l'indivisibilité *solutione*); il veut que chacun puisse être poursuivi pour le tout, sauf son recours. V. art. 1221 5°.

N'en faut-il pas conclure que tous les autres effets de l'obligation indivisible (art. 1222-1225) seraient également applicables?

§ II.

Des effets de l'obligation indivisible.

673. Le premier effet de l'indivisibilité, c'est que chacun de ceux à qui la dette est commune est tenu pour le total (ajoutons, envers chacun de ceux auxquels la créance est commune), et sans qu'il soit besoin de stipuler la solidarité. Cette règle comprend le cas où l'obligation est contractée dans le principe par plusieurs débiteurs ou envers plusieurs créanciers, et celui où la mort des contractans fait passer la dette ou la créance à leurs héritiers. V. art. 1222, 1223.

674. Au reste, chacun n'étant créancier ou débiteur pour le total qu'à raison de l'impossibilité de la division, ne l'est pas *totaliter*. L'un des créanciers ne peut donc faire remise de la dette, ou recevoir le prix au lieu de la chose. Toutefois, comme le profit de l'obligation est divisible entre tous, chacun peut faire remise de sa part dans ce profit ou en recevoir l'estimation : auquel cas le débiteur n'est pas moins tenu de payer la chose entière aux autres, qui, seulement, doivent lui tenir compte de la valeur qu'il a payée ou qui lui a été remise. V. art. 1224.

Si la dette se résout en dommages-intérêts, chacun des créanciers peut-il obtenir condamnation *in solidum*?

Le débiteur assigné par l'un des créanciers n'a-t-il pas le droit de faire mettre les autres en cause?

675. Ce qu'il y a de sûr, c'est que le droit qu'a le créancier d'agir contre chacun des débiteurs ou héritiers de débiteurs, *in solidum*, n'empêche pas d'accorder à l'assigné, qui ne s'est pas obligé pour les autres, un délai pour les mettre en cause. Et ce n'est que faute de les avoir appelés qu'il serait condamné seul à la prestation réelle ou aux dommages-intérêts. Cette règle s'applique au cas où la dette par sa nature pouvait être également acquittée, soit par l'assigné, soit par chacun des autres. Mais l'assigné doit toujours être condamné seul, si elle était de nature à n'être acquittée que par lui, sauf dans tous les cas son recours. V. art. 1225.

Quid si la dette était de nature à ne pouvoir être acquittée que par tous ensemble, le refus des uns pourrait-il nuire aux autres? (V. art. 1232).

Les codébiteurs d'une chose indivisible répondent-ils mutuellement de leur insolvabilité?

676. Un second effet de l'indivisibilité est relatif à l'interruption de la prescription. Le total étant dû à chaque créancier ou héritier, l'interruption faite par l'un, ou la suspension établie en sa faveur, profite à tous (V. art. 709, 710).

Pareillement, le total étant dû par chaque débiteur ou héritier, l'interruption faite contre l'un conserve intégralement le droit du créancier (V. art. 2249).

La perte de la chose indivisible, arrivée par le fait d'un des débiteurs ou héritiers, libère-t-elle les autres?

SECTION VI.

Des obligations avec clause pénale.

677. On peut pour assurer l'exécution d'une obligation, se soumettre, à titre de peine, à une obligation secondaire, en cas d'inexécution. La clause qui établit cette seconde obligation conditionnelle, est ce qu'on appelle *clause pénale*. V. art. 1226, et distinguez bien l'obligation avec clause pénale, de l'obligation alternative ou facultative, et de l'obligation contractée principalement sous la condition d'un fait dépendant de la volonté du débiteur.

678. La clause pénale n'ayant pour but que d'assurer l'exécution de l'obligation principale, ne saurait être obligatoire lorsque celle-ci est nulle (Voy., pourtant, art. 1120 et 1121). Mais on sent bien que la nullité de la clause pénale ne saurait entraîner celle de l'obligation principale. V. art. 1227.

679. Le but de la clause pénale étant bien connu, il est tout simple que le créancier puisse toujours, au lieu de la faire valoir, poursuivre l'exécution de l'obligation principale. V. art. 1228. Il en serait autrement s'il y avait novation consentie pour le cas où le premier engagement ne serait pas exécuté (V. art. 1271, 1°).

680. A l'intention d'assurer l'exécution de l'obligation par la stipulation d'une clause pénale, se joint ordinai-

ement celle de dédommager le créancier de l'inexécution. La peine est donc *compensatoire* des dommages-intérêts. V. art. 1229, al. 1 ; et remarquez que cette compensation qui, de droit commun, n'aurait lieu que jusqu'à due concurrence, a, dans les principes du Code civil, un effet plus étendu, et que la peine stipulée, quoiqu'elle ne soit peut-être pas l'équivalent exact des dommages-intérêts, est considérée comme destinée absolument dans l'intention des parties à en tenir lieu (V. art. 1152).

681. Les dommages-intérêts encourus pour inexécution de l'obligation, comprenant l'estimation de la chose due, qui ne doit pas être payée deux fois, la peine compensatoire de ces dommages-intérêts ne peut en général être demandée en même temps que le principal dont elle tient lieu. Et toutefois, la condamnation aux dommages-intérêts pouvant s'encourir à raison du simple retard dans l'exécution, et se cumuler, sous ce rapport, avec l'accomplissement tardif de l'obligation, il en est de même de la peine, si elle est stipulée pour simple retard. V. art. 1229, al. dern.

Comment distinguer si la peine est stipulée pour simple retard? Faudra-t-il qu'on l'ait dit expressément?

Le cas de retard est-il le seul pour lequel on puisse stipuler une peine *rato manente pacto*?

Quid, *V. gr.*, si la clause pénale a été ajoutée à une transaction (art. 2047)? V. *Ulp.*, L. 10, § 1, ff. *de pact.; Scæv.*, L. 122, § 6, ff. *de verb. obl.*

682. La peine n'étant stipulée qu'à titre de dommages-

intérêts, il est naturel qu'elle ne soit encourue que du jour de la demeure, sans qu'il y ait lieu de distinguer si l'obligation primitive contenait ou non un terme. V. art. 1230; et à ce sujet, art. 1139, 1145 et 1146.

683. Toujours par suite du même principe, la peine peut n'être encourue que pour partie, quand l'obligation principale a été exécutée en partie. V. art. 1231. C'est, du reste, comme on voit, une disposition facultative laissée à l'arbitrage des juges; et l'on aurait tort d'en conclure que toute exécution partielle, soit que le créancier y ait ou non consenti (V. art. 1244), soit qu'elle lui ait ou non profité, donnerait lieu à modifier la peine.

684. Une obligation indivisible ne pouvant utilement s'exécuter par partie, il est clair que s'il y a plusieurs débiteurs, ou si, comme la loi le suppose, le débiteur a laissé plusieurs héritiers, la contravention d'un seul ferait encourir à celui-ci la peine pour le tout. Du reste, l'indivisibilité de la dette n'ayant pas pour effet de rendre chaque codébiteur responsable du fait des autres (effet que la solidarité elle-même ne produit qu'imparfaitement, V. art. 1205), ceux qui n'ont point contrevenu sembleroient devoir être affranchis de la peine. Toutefois, la loi considérant ici la clause pénale comme constituant pour tous une obligation conditionnelle divisible, et voyant apparemment dans la contravention de l'un l'accomplissement de la condition (nonobstant art. 1175), permet de demander la peine contre chacun pour sa part et portion, et hypothécairement pour le

tout; sauf bien entendu le recours contre celui qui l'a fait encourir. V. art. 1232.

685. Mais lorsque l'obligation divisible par sa nature se trouve effectivement divisée entre plusieurs (Voy. art. 1220), c'est bien le cas d'appliquer le principe qui permet de modifier la peine eu égard à l'exécution partielle. La contravention de chacun n'ayant donc lieu que pour sa part, la peine n'est encourue que pour cette part, et le contrevenant seul en est tenu. Voy. art. 1233, al. 1.

686. Au reste, il ne faut pas perdre de vue qu'une obligation divisible de sa nature peut acquérir, par l'intention des contractans, le caractère d'indivisibilité, au moins quant au paiement (art. 1218, 1221 5°). Or, il serait possible que la clause pénale elle-même lui imprimât ce caractère, car cette clause pourrait avoir été ajoutée précisément dans l'intention que le paiement ne pût se faire partiellement. Il est clair alors que le fait d'un seul des cohéritiers (ajoutons ou codébiteurs), empêchant que l'exécution n'ait lieu pour la totalité, doit faire encourir la peine entière. Ici donc, comme au cas d'indivisibilité proprement dite, la loi permet au créancier de poursuivre le contrevenant pour le tout, et chacun des autres pour sa portion (nous ajoutons, *et hypothécairement pour le tout*). V. art. 1233, al. dern.

Quid si l'obligation primitive étant divisible sous tous les rapports, l'un des cohéritiers ou codébiteurs y a contrevenu pour le total?

La règle établie par l'art. 1232 et par l'art. 1233, al. dern., ne s'appliquerait-elle pas au cas de perte de la chose due, arrivée par le fait ou la faute de l'un des débiteurs ou héritiers?

Lors même que l'obligation est indivisible, la contravention envers l'un des créanciers ou héritiers de créancier, feroit-elle encourir la peine pour le total et envers tous? Voy. *Paul*, L. 2, § *fin.*, ff. *de verb. obl.*; *Ulp.*, L. 3, § 1, *cod.*

CHAPITRE V.

DE L'EXTINCTION DES OBLIGATIONS.

687. La loi reconnaît neuf manières d'éteindre les obligations: les sept premières sont l'objet d'autant de sections dont se compose ce chapitre; la huitième est la condition (ajoutons, *ou le terme*) résolutoire (V. ci-dessus n°s 617, 618, 622, 628); la neuvième est la prescription (V. art. 2219), elle fait l'objet d'un titre particulier. V. art. 1234.

SECTION I.

Du paiement.

688. Le Code comprend sous cette rubrique, non seulement le paiement proprement dit (§§ 1, 2 et 3), mais encore les offres, qui, lorsqu'elles sont valables et suivies de consignation, tiennent lieu de paiement (§ 4), et même la cession de biens, qui ne se rattache que fort indirectement à l'idée de paiement (§ 5).

§ I.

Du paiement en général.

689. Le paiement est l'accomplissement réel de l'obligation de donner ou de faire. Le paiement, comme on voit, suppose une dette qu'il a pour objet d'éteindre.

De là, deux conséquences :

1° S'il n'y a pas de dette, il n'y a pas, à proprement parler, de paiement, et il y a lieu à répétition ;

2° La prestation faite à titre de paiement doit faire présumer qu'il existait une dette.

Du reste, il n'est pas nécessaire, pour qu'il y ait paiement proprement dit, que la dette fût obligatoire dans le for extérieur. Aussi la loi n'admet-elle pas la répétition à l'égard des obligations naturelles. Mais il faut pour cela qu'elles aient été acquittées *volontairement*. V. art. 1235, et à ce sujet, art 1376 et suivans. V. aussi art. 1965, 1967.

L'acquittement d'une obligation naturelle sera-t-il réputé volontaire, lorsque le paiement aura eu lieu par erreur?

Si l'on accordait alors la répétition, quelle différence resterait-il entre le cas où la chose payée n'était nullement due, et celui où elle était due naturellement.

690. Pour que le paiement soit valable, il n'est pas toujours nécessaire qu'il soit fait par le débiteur lui-même; il est clair qu'il peut l'être pour toute personne intéressée à lui procurer sa libération (V., à ce sujet art. 1251 3°). Le paiement, même fait par un tiers sans intérêt, libère le débiteur, quand il est fait en son nom

et en son acquit. Bien plus, ce tiers peut en son propre nom forcer le créancier à recevoir; mais il faut pour cela, que le paiement qu'il veut faire, tende à la libération du débiteur, et n'ait pas pour but d'obtenir la subrogation aux droits du créancier. V. art. 1236, et remarquez que notre article n'ôte pas au tiers sans intérêt la faculté de payer avec subrogation, si le créancier consent à cette subrogation (art. 1250, 1°).

Le tiers non subrogé a-t-il toujours un recours contre le débiteur ?

691. La règle que le paiement peut être fait par toute personne, n'étant fondée que sur le défaut d'intérêt du créancier à exiger le fait personnel du débiteur, reçoit naturellement exception, lorsque cet intérêt existe au contraire pour le créancier. V. art. 1237. Cette exception s'applique à certaines obligations de faire.

692. Le paiement, au moins dans l'obligation de donner proprement dite, devant avoir pour effet de transférer au créancier la propriété de la chose due (si toutefois elle ne lui a pas déjà été acquise par l'obligation même (art. 1138), on conçoit que pour payer alors valablement, il faut avoir la libre disposition de la chose, disposition qui n'appartient, en général, qu'au propriétaire capable. Autrement, le débiteur n'est pas libéré, et la chose peut, suivant les cas, être revendiquée (V. art. 2279). Mais la revendication d'une chose qui se consomme par l'usage devenant impossible après la consommation faite de bonne foi, et le créancier ayant tiré alors de la chose tout l'avantage qu'il devait

en attendre, cette consommation valide le paiement. V. art. 1238.

Faut-il être capable d'aliéner pour payer valablement la dette d'un corps certain?

La loi n'admettant point, en général, la revendication des choses mobilières (art. 2279), ne faut-il pas en conclure que le paiement de ces choses, quoique fait *à non domino*, est valable, sans distinguer si les choses se consomment ou non par l'usage, et si elles sont ou non consommées?

Si la chose donnée en paiement par celui qui n'en était pas propriétaire, vient à périr par cas fortuit, ne périt-elle pas pour le débiteur qui reste obligé d'en fournir une autre? V. *Africain*, L. 38, § 3, ff. *de solut.*

En serait-il de même si la chose qui a péri avait été payée par le propriétaire incapable?

693. En règle générale, le paiement n'est valable qu'autant qu'il est fait au créancier, ou, ce qui revient au même, à celui qui a pouvoir de recevoir pour lui. A défaut même de pouvoir, il suffit que le créancier ratifie postérieurement ou que le paiement ait tourné à son profit. V. art. 1239.

Quid si le pouvoir était expiré? V. art. 2005.
Quid si le débiteur a payé sur un faux pouvoir?

694. Bien plus, le débiteur n'ayant aucune faute à se reprocher lorsqu'il paie de bonne foi à celui qui est en possession de la créance, et cette possession elle-même étant, jusqu'à un certain point, imputable au véritable créancier, la loi alors déclare le paiement valable. Voy. art. 1240.

695. Au contraire, le paiement fait au créancier lui-même ne serait pas valable, si celui-ci était incapable. Le créancier pourrait alors agir de nouveau en paiement, mais il serait repoussé par l'exception de dol, si la chose payée avait tourné à son profit. V. art. 1241.

Faut-il que le profit subsiste encore au moment où le paiement est demandé de nouveau? *Quid* si la somme payée a été employée en une acquisition qui, depuis, a péri par cas fortuit? V. art. 1306.
Le débiteur qui a payé à l'incapable peut-il répéter?

696. On ne peut non plus payer utilement au créancier, au préjudice d'une saisie-arrêt ou opposition légalement formée (V. C. pr., art. 557, 558, 563, 564, 565). Mais dans ce cas, le paiement, valable entre le débiteur et le créancier, n'est nul qu'à l'égard des créanciers saisissans ou opposans. V. art. 1242.

Si la somme due par le tiers-saisi excède le montant des causes de l'opposition, celui-ci peut-il payer l'excédant au créancier? *Quid* s'il survient de nouvelles saisies avant la mainlevée de la première?

697. Le paiement doit naturellement consister dans la chose même ou le fait qui est l'objet de l'obligation. Le créancier peut bien admettre des équivalens, mais il ne peut y être forcé. V. art. 1243.

698. Ce serait véritablement admettre des équivalens dans l'exécution des obligations, que de permettre au débiteur de se libérer par des paiemens partiels; il ne le peut donc, en général, que du consentement du créan-

cier. Et néanmoins, l'équité exige que les juges, prenant en considération la position du débiteur, puissent lui accorder des délais modérés (ce qui peut emporter division du paiement), et suspendre l'exécution des poursuites. Mais remarquez, 1° que la plus grande réserve est recommandée aux juges dans l'exercice de ce pouvoir; 2° que pendant le sursis accordé, tout doit demeurer en état. V. art. 1244; V. aussi Cod. proc., art. 122-125, 127, et C. civ., 2212, V., cependant, C. comm., art. 157 et 187.

Les juges peuvent-ils accorder des délais nonobstant toute stipulation contraire?

Peut-on surseoir l'exécution des poursuites faites en vertu d'un titre exécutoire?

699. La chose due, si c'est un corps certain, étant aux risques du créancier du jour même de l'obligation (art. 1138), doit être délivrée dans l'état où elle se trouve; bien entendu, toutefois, que le débiteur répond des détériorations provenues d'un fait ou d'une faute à lui imputable (art. 1147), et de celles qui surviennent pendant sa demeure (art. 1138). Ajoutons, à moins que, dans ce dernier cas, la délivrance faite en temps utile n'eût pas dû préserver le créancier du préjudice résultant des détériorations (V. art. 1302). V. art. 1245, et à ce sujet, art. 1018, 1614.

700. Si la dette est indéterminée, le débiteur est libéré en donnant une chose du genre promis, à son choix. Et néanmoins, la bonne foi qui doit présider à l'exécution (art. 1134), ne l'oblige pas, sans doute, à

donner une chose de la meilleure qualité, mais elle ne lui permet pas de l'offrir de la plus mauvaise. Voy. art. 1246.

701. Le lieu où le paiement doit être fait, peut être déterminé par la convention; mais dans le silence du contrat, on doit croire que celui qui s'est seulement obligé à livrer une chose, n'a pas entendu s'obliger à la transporter d'un endroit à un autre; et le lieu du paiement est déterminé suivant les cas, soit par la situation de la chose due au temps de l'obligation, soit par le domicile du débiteur. Voy. art. 1247, et à ce sujet, art. 1609. V. pourtant, art. 1651.

702. Au reste, le débiteur étant obligé à remettre la chose due au pouvoir du créancier, et ayant seul intérêt à se procurer la preuve de sa libération, il s'ensuit que les frais du paiement, c'est-à-dire tous ceux qui sont nécessaires pour parvenir à la délivrance, et même ceux de quittance, doivent, en général, rester à sa charge. V. art. 1248, et à ce sujet, art. 1608, 1593.

§ II.

Du paiement avec subrogation.

703. L'effet du paiement est, en général, de libérer le débiteur en éteignant le droit du créancier; cette règle est sans exception, toutes les fois qu'il y a paiement valablement fait par le débiteur lui-même et de ses propres deniers. Mais si le paiement est fait par un tiers, c'est-à-dire ici, par tout autre que l'obligé principal ou que l'obligé unique, ou s'il est fait des deniers d'autrui,

il peut y avoir subrogation aux droits du créancier. Auquel cas, le paiement a toujours l'effet de libérer le débiteur envers son premier créancier; mais les droits de celui-ci passent, en tout ou en partie, à celui qui a payé ou qui a fourni les deniers.

704. De droit commun, celui qui paie pour le débiteur, ou qui fournit à celui-ci des fonds pour l'acquittement de sa dette, sans intention de lui faire donation, devient par là même son créancier, soit à titre de mandataire ou de gérant d'affaire, soit à titre de prêteur. Mais cette nouvelle créance entièrement distincte de celle que le paiement a éteinte, ne participe point aux priviléges ou autres prérogatives dont jouissait celle-ci. On conçoit cependant que l'on pourrait, sans injustice pour les autres créanciers, lui attribuer ces prérogatives, qui continueraient à subsister au profit du premier créancier, si le tiers ne le payait pas ou ne fournissait pas la somme nécessaire pour le payer. Tel est le principe de la subrogation, qui peut naturellement résulter d'une convention faite avec le créancier, ou même d'une convention avec le débiteur; et que la loi elle-même établit dans certains cas, sans qu'on ait besoin de la stipuler. V. art. 1249.

705. Lorsque le créancier reçoit son paiement d'un tiers, on conçoit qu'étant maître de disposer de sa créance, il puisse, s'il le veut, subroger à ses droits celui qui ne le paye qu'à cette condition. Mais, en général, il faut une convention expresse, convention qui ne pourrait plus intervenir utilement, si un paiement

pur et simple avait déjà éteint les droits du créancier. V. art. 1250.

Pour que la subrogation produise tous les effets dont elle est susceptible, ne suffit-il pas de dire dans la quittance, que le créancier subroge dans ses droits?

706. Il paraît d'abord plus étrange que la subrogation puisse s'opérer sans le concours de la volonté du créancier, et qu'une convention avec le débiteur puisse attribuer ainsi à un tiers les droits d'autrui. Mais le créancier étant entièrement désintéressé par le paiement qu'il reçoit, on n'a pas dû refuser au débiteur cette facilité. Il peut donc, en empruntant une somme à l'effet de payer sa dette, et l'employant effectivement à cette destination, procurer au prêteur la subrogation. Mais la loi alors, pour prévenir les fraudes, exige des formes propres à constater que le prêt est réellement antérieur au paiement, qu'il a été fait en vue d'acquérir subrogation, et qu'il a effectivement servi à opérer le paiement. Voy. art. 1251 2°; V. aussi art. 2103 2° et 5°.

Lorsque la destination et l'emploi des deniers prêtés sont constatés par l'acte d'emprunt et la quittance, est-il nécessaire qu'il soit dit explicitement que le prêteur sera subrogé?

707. La subrogation légale s'opère sans le concours de la volonté du créancier ou du débiteur, dans les cas déterminés par la loi; c'est une faveur fondée sur l'équité, qui n'est en général accordée qu'à ceux qui sont intéressés à payer la dette d'autrui (V. art. 1251, 2029, 874; V., pourtant, C. comm.; art. 159 et 187).

Remarquons à ce sujet que le droit, refusé à juste titre au tiers sans intérêt, de forcer le créancier à la subrogation (V. art. 1236 *in fin.*), peut, au contraire, être raisonnablement accordé à celui qui est intéressé à faire le paiement. Ajoutons que celui qui, en payant, avait droit d'obtenir la subrogation, doit facilement être supposé avoir eu l'intention d'exiger ce que le créancier ne pouvait lui refuser. Telles sont les vues qui paraissent avoir dirigé le législateur dans l'établissement de la subrogation légale, bénéfice plus étendu que ne l'était en droit romain celui *de cession d'actions*, puisqu'il a lieu *de plein droit*, c'est-à-dire qu'il n'a pas besoin d'être réclamé avant le paiement. V. art. 1251, al. premier.

708. Le Code indique ici quatre cas de subrogation légale :

1° Lorsqu'un créancier en paie un autre qui lui est préférable. V. art. 1251 1°. On conçoit en effet l'intérêt qu'il peut avoir à faire ce paiement, soit pour éviter les frais d'une procédure d'ordre (V. C. pr., art. 775), soit pour prévenir ou arrêter des poursuites inopportunes contre le débiteur.

Le droit de se faire ainsi subroger n'appartient-il qu'au créancier hypothécaire ou privilégié?

2° Lorsque l'acquéreur d'un immeuble hypothéqué emploie le prix de son acquisition au paiement des créanciers hypothécaires. V. art. 1251 2°. Son intérêt alors est d'éviter, s'il est possible, par ce paiement, les poursuites que ces créanciers pourraient diriger contre lui. Du reste, la subrogation qui s'opère à son profit lui procure d'abord l'avantage évident d'être libéré par compensation envers son vendeur; mais, en outre, dans le cas où il viendrait ensuite à subir l'expropriation ou le délaissement, auxquels il reste exposé si le paiement qu'il a fait n'a pas suffi pour éteindre toutes les hypothèques, la subrogation lui assure le droit d'être colloqué sur le prix de la revente, au rang des créanciers qu'il a payés.

Quid si l'acquéreur avait payé au delà du prix de son acquisition?

Si les créanciers payés par l'acquéreur avaient hypothèque sur d'autres immeubles, l'acquéreur serait-il subrogé dans l'effet de ces hypothèques?

Même question pour le créancier, qui, ayant hypothèque spéciale sur un immeuble, paye un créancier à lui préférable, dont l'hypothèque s'étend, en outre, sur d'autres immeubles?

3º La loi établit d'une manière générale la subrogation au profit de toute personne qui, étant tenue avec d'autres ou pour d'autres, avait intérêt d'acquitter la dette. V. art. 1251 3º. En effet, l'équité ne saurait permettre ici que le créancier refusât à celui qu'il oblige à payer en tout ou en partie la dette d'autrui, de lui transmettre les droits qu'il avait contre les autres débiteurs. V., à ce sujet, art. 874, 2029; V., pourtant, art. 875, 1214.

4º Enfin, la même subrogation est accordée à l'héritier bénéficiaire qui paye de ses deniers personnels les dettes de la succession. V. art. 1251 4º. Cette subrogation est d'autant plus juste, que les paiemens alors peuvent être censés faits autant dans l'intérêt des créanciers héréditaires que dans l'intérêt propre de l'héritier.

709. Le subrogé succédant aux droits du créancier par lui payé, il est tout simple qu'il puisse les faire valoir, même contre les cautions. Du reste, cette succession aux droits du créancier ayant pour principe un paiement, et conséquemment un acte fait dans l'intérêt de celui-ci, la loi ne veut pas qu'elle tourne contre lui-même. De là la préférence qui lui est accordée sur le subrogé qui ne lui a fait qu'un paiement partiel. V. art. 1252.

La même préférence appartiendrait-elle à celui qui payerait ensuite avec subrogation ce qui restait dû au créancier?

Le créancier qui transporterait purement et simplement une partie seulement de sa créance, serait-il, pour le surplus, préféré au cessionnaire?

Sous tous autres rapports, les effets de la subrogation diffèrent-ils de ceux du transport?

Faut-il notamment appliquer à la subrogation les articles 1690 et 1691?

Doit-on sur les deux questions distinguer entre les diverses espèces de subrogations?

§ III.

De l'imputation des paiemens.

710. Le même débiteur pouvant être tenu de plusieurs dettes envers le même créancier, dans ce cas, si la somme qu'il paye n'est pas suffisante pour les acquitter toutes, il faut bien savoir sur laquelle ce paiement doit être imputé.

Le débiteur étant le maître de l'emploi de son argent,

c'est à lui qu'appartient, en général, le droit de déclarer quelle dette il entend acquitter. V. art. 1253; et remarquez que cette disposition n'ôte pas au créancier la faculté de s'opposer à une imputation qui préjudicierait à ses droits, par exemple, à ceux qui résulteraient pour lui des art. 1187 et 1244.

711. Ce serait préjudicier aux droits du créancier, que d'imputer le paiement sur un capital produisant intérêt, plutôt que sur les intérêts échus. V. art. 1254; V., à ce sujet, art. 1908.

712. Si l'imputation n'est pas faite par le débiteur, elle peut l'être par le créancier dans la quittance. Le débiteur qui reçoit cette quittance, est réputé adhérer à l'imputation qu'elle contient; il peut néanmoins réclamer dans la suite, s'il y a eu dol ou même simple surprise. V. art. 1255.

713. A défaut d'imputation expresse, la loi la fait elle-même d'après l'intention présumée des parties et leur intérêt respectif.

Ainsi elle impute d'abord sur la dette échue, parce que c'est la seule dont le paiement pouvait être exigé.

Si elles sont toutes échues, c'est sur la plus onéreuse au débiteur; car c'est à lui qu'appartient le droit de faire l'imputation. V. *Papin.*, L. 97, ff. *de sol.*

Quid s'il y a plusieurs dettes dont aucune n'est échue?

Si le débiteur n'a pas d'intérêt à acquitter l'une plutôt que l'autre, l'intérêt du créancier veut que l'imputation se fasse sur la plus ancienne.

Est-ce la plus anciennement échue ou la plus anciennement contractée?

Enfin, toutes choses égales, l'imputation doit se faire proportionnellement sur toutes. V. art. 1256; V., au surplus, art. 1848.

L'art. 1848 fait-il exception aux art. 1253 et 1256?

§ IV.

Des offres de paiement, et de la consignation.

714. Le débiteur ayant intérêt à se libérer, peut, en cas de refus du créancier, se procurer les avantages du paiement, en mettant le créancier en demeure de recevoir, par des offres réelles, et en se dessaisissant de la chose due, par la consignation. V. art. 1257; et remarquez que tant que le créancier n'a pas consenti à recevoir, il n'y a pas, à proprement parler, paiement, et que la chose ou la somme offerte, ou même consignée, n'est pas devenue encore la propriété du créancier. Cependant, il est vrai de dire que les offres suivies de consignation tiennent lieu de paiement, mais seulement à l'égard du débiteur, en ce sens qu'elles le libèrent, et mettent ou laissent la chose aux risques du créancier, pourvu qu'elles soient valables.

Lorsque les offres sont suivies de consignation, est-ce du jour des offres, ou du jour de la consignation, que ces effets sont acquis au débiteur? V. Cod. civ., art. 1259 2°; Cod. pr., art. 816.

715. Pour que les offres soient valables, il faut d'a-

bord que le créancier n'ait aucun motif légitime pour refuser le paiement.

Ainsi il faut qu'elles aient lieu entre personnes capables, l'une de payer, l'autre de recevoir. V. art. 1258 1° et 2°, et à ce sujet, art. 1236-1242.

Il faut que les offres soient entières (V. art. 1244). Or, elles n'ont pas ce caractère, si elles ne comprennent tout ce qui est dû, en capital, intérêts et frais. Que si, à défaut de liquidation, le montant des frais n'est pas encore connu, il suffit d'offrir pour cet objet une somme, *sauf à parfaire*. V. art. 1258 3°.

Il faut que les offres ne soient pas faites avant le temps. V. art. 1258 4°, et à ce sujet, art. 1186, 1187.

Il faut que la chose offerte soit due (V. art. 1235). Si donc la dette n'a été contractée que sous condition, les offres ne peuvent avoir lieu avant l'événement de la condition. V. art. 1258 5°.

Les offres seraient-elles nulles pour être excessives ?

Le paiement devant être fait au lieu convenu (article 1247), c'est là que la chose doit être offerte. Mais quoique, à défaut de convention, le paiement doive se faire au domicile du débiteur (art. 1247, al. dernier), les offres, qui ont pour objet de mettre le créancier en demeure, doivent toujours, dans ce cas, être faites à la personne ou au domicile de celui-ci; bien entendu, au reste, que le domicile d'élection pourra, suivant la règle générale, tenir lieu du domicile réel (art. 111). V. art. 1258 6°; V., cependant, art. 1264.

Quid si le paiement devant être fait dans un lieu convenu, le créancier n'a dans cet endroit, ni son domicile réel, ni un domicile d'élection?

Enfin, le fait des offres devant être constaté par un procès-verbal régulier, on sent bien qu'elles ne peuvent être faites que par le ministère d'un officier public, ayant pour cela caractère, c'est-à-dire, par un huissier. V. art. 1268 7°. Le procès-verbal, du reste, doit constater et la réalité et l'intégrité des offres (C. pr., art. 812) et la réponse du créancier (C. pr., art. 813).

716. Quoique la consignation faite au refus des offres ne puisse libérer le débiteur qu'autant qu'elles auront été jugées valables, il n'est cependant pas nécessaire, pour procéder à la consignation, d'attendre le jugement. Il suffit :

1° Que le créancier soit dûment prévenu à l'avance de la consignation. V. art. 1259 1°;

2° Qu'il y ait dessaisissement du débiteur, par la remise de la chose due dans le dépôt indiqué par la loi (1); bien entendu que la remise doit être complète, et comprendre conséquemment le principal et les intérêts; la loi même exige les intérêts *jusqu'au jour du dépôt.* V. art. 1259 2°;

Ne doit-on pas aussi consigner les frais?
Quant aux intérêts, ne suffirait-il pas de consigner ceux qui ont couru jusqu'au jour des offres. V. Cod. civ., art. 1257, et Cod. pr., art. 816.

---

(1) V. L. 26 avril 1816, tit. x (VII, B. 81, n° 623), et Ordon. 3 juillet 1816 (VII, B. 98, n° 876).

3° Qu'il soit dressé procès-verbal détaillé de la consignation, et des circonstances dans lesquelles elle a eu lieu. V. art. 1259 3°;

4° Enfin, que le créancier soit dûment averti de la consignation faite en son absence, et mis en demeure de la retirer. V. art. 1259 4°.

717. Les frais des offres et de la consignation valablement faites, étant nécessités par l'injuste refus du créancier, il est tout simple qu'ils soient à sa charge. V. art. 1260.

Quid si le créancier accepte les offres?

718. Nul ne pouvant être lié par sa seule volonté, il est naturel que le débiteur ne le soit pas par ses offres, tant qu'elles n'ont pas été acceptées, ou confirmées par jugement. La dette alors, n'ayant jamais été éteinte, subsiste avec tous ses accessoires. V. art. 1261.

719. Au contraire, après l'acceptation ou le jugement (pourvu qu'il soit passé en force de chose jugée), le débiteur peut bien encore, avec le consentement du créancier, retirer sa consignation; mais c'est alors une nouvelle dette qu'il contracte à la place de l'ancienne, qui est éteinte; et dès lors les accessoires ne revivent pas. Cette règle s'applique aux codébiteurs ou cautions (s'ils ne consentent à s'engager de nouveau). V. art. 1262. Elle s'applique également aux priviléges ou hypothèques, sauf au débiteur la faculté de consentir une nouvelle hypothèque dans les formes légales. V. art. 1263.

720. Les règles qui viennent d'être tracées pour les

offres et la consignation ne sauraient s'appliquer au cas où la dette est d'un corps certain, qui doit être livré au lieu où il se trouve. Il n'est pas besoin alors de faire des offres réelles : il suffit de sommer le créancier d'enlever après quoi ; il peut y avoir lieu à consignation, mais seulement avec permission de justice. V. art. 1264.

Quid si la dette est d'une chose indéterminée, ou d'un corps certain livrable dans un lieu indiqué ?

§ V.
De la cession de biens.

721. La cession de biens n'est pas un paiement, mais c'est une voie ouverte par la loi, ou par la volonté des parties, au débiteur qui se trouve hors d'état de payer ses dettes, pour le soustraire aux poursuites de ses créanciers, et arriver à une libération au moins partielle.

722. Le mot *cession* n'est pas ici synonyme de vente ou transport. La cession n'est, en général, comme on va le voir, qu'un simple abandon de la possession et de la jouissance des biens, fait aux créanciers, pour qu'ils puissent se payer par leurs mains sur les fruits et sur le prix des biens abandonnés. V. art. 1265.

723. La cession est volontaire ou judiciaire. Voy. art. 1266.

724. Les conditions et les effets de la première ne pouvoient être précisément déterminés : les parties étant respectivement maîtresses de s'imposer des sacri=

fices plus ou moins étendus, leurs conventions à cet égard doivent seules faire loi. V. art. 1267.

725. La cesssion judiciaire est un bénéfice que la loi accorde, nonobstant toute stipulation contraire, mais seulement au débiteur malheureux et de bonne foi. Son objet est de le libérer de la contrainte par corps; il faut pour cela, qu'il fasse en justice l'abandon de tous ses biens. V. art. 1268.

726. Quant à la manière d'obtenir ce bénéfice, Voy. C. pr., art. 898-903, et C. comm., art. 569-573.

727. Cette cession ne confère pas aux créanciers la propriété des biens, mais elle vaut pouvoir pour eux de les faire vendre en justice (sans saisie préalable), et d'en percevoir les revenus jusqu'à la vente. V. art. 1269; V. aussi C. pr., art. 904, et C. comm., art. 574.

Les fruits échus depuis la cession sont-ils immobilisés? V. C. pr., art. 689.
Si le débiteur vendait ses biens après la cession, en transmettrait-il la propriété?

728. La cession judiciaire étant un bénéfice accordé par la loi, ne peut, en général, être empêchée par la résistance des créanciers; mais la loi, comme nous l'avons vu, règle les conditions requises pour l'obtenir, et détermine elle-même certains cas où le bénéfice cesse, soit à raison de la qualité de la personne, soit à raison de la nature de ses dettes. V. art. 1270, al. 1; C. pr., art. 905; C. comm., art. 575.

729. Le seul effet vraiment libératoire de la cession

judiciaire est de décharger le débiteur de la contrainte par corps; et néanmoins, comme elle procure aux créanciers le moyen de se faire payer sur le prix et le revenu des biens abandonnés, on peut dire, sous ce rapport, qu'elle libère le débiteur jusqu'à concurrence de leur valeur. Du reste, elle n'éteint pas l'action sur les biens qu'il pourrait acquérir par la suite; il ne peut continuer à profiter du bénéfice qu'en les abandonnant, comme les premiers, jusqu'à parfait paiement. V. Cod. civ., art. 1270, al. 2 et 3; C. comm., art. 568.

SECTION II.

De la novation.

730. De même qu'on peut, du consentement du créancier, payer une chose à la place d'une autre, celui-ci peut évidemment recevoir, en remplacement d'une obligation précédente, une obligation nouvelle. Il y a alors extinction de l'ancienne dette par la création de la nouvelle. C'est ce qu'on appelle *novation*.

731. Ce mode d'extinction, admis même à Rome, où le simple consentement du créancier ne suffisait pas, en général, pour détruire l'obligation, l'est, à plus forte raison, chez nous, où le principe contraire est en vigueur. On sent, au reste, que le principe du droit français diminue l'importance des conditions légales auxquelles est subordonnée la novation : car, si en leur absence, il ne doit pas y avoir novation proprement dite, il se peut cependant qu'il y ait extinction de l'obli-

gation : il suffit pour cela que les parties aient voulu opérer cette extinction.

732. Quoi qu'il en soit, il n'y a novation qu'autant qu'un nouvel engagement a été contracté à l'effet d'éteindre l'ancien. Du reste, il n'importe que le nouvel engagement émane de l'ancien débiteur envers l'ancien créancier (pourvu, bien entendu, qu'il y ait alors changement dans la nature ou dans l'objet de la dette), ou qu'il émane d'un nouveau débiteur envers l'ancien créancier; ou enfin qu'il émane de l'ancien débiteur envers un nouveau créancier; V. art. 1271; et remarquez qu'on concevrait même un quatrième cas, celui où un nouveau débiteur s'engagerait envers un nouveau créancier.

L'extinction de l'ancienne obligation ayant pour cause la nouvelle, et réciproquement, *quid* si l'une des deux est nulle, ou simplement naturelle? V. *Ulp.*, L. 1, § 1, ff. *de novat.*

Quid si l'une ou l'autre est conditionnelle ou à terme? V. *Ulp.*, L. 5, L. 8, § 1, L. 14, ff. *de nov.*

733. La novation consiste essentiellement dans l'extinction de l'ancienne dette et la création d'une nouvelle; elle ne peut donc, en principe, s'opérer qu'entre parties capables, l'une de s'obliger, et l'autre d'aliéner sa créance. V. art. 1272. Remarquez, toutefois, que l'incapacité d'une des parties ne saurait autoriser l'autre à refuser effet à la novation, si l'incapable ne réclame pas (V. art. 1125).

Si la nouvelle dette est contractée par un incapable, et que celui-ci attaque son engagement, la première doit-elle nécessairement revivre?

734. Un nouvel engagement pouvant avoir toute autre cause que l'extinction du premier, et nul n'étant facilement supposé renoncer à ses droits, la novation ne se présume pas; et néanmoins la loi française n'exige pas que la volonté de l'opérer soit expresse, pourvu qu'elle résulte clairement de l'acte. V. art. 1273.

735. Une obligation pouvant être acquittée par un tiers sans le consentement du débiteur (art. 1236), il s'ensuit que la novation par la substitution d'un nouveau débiteur peut s'opérer sans le concours du premier. V. art. 1274.

Pour que la novation soit irrévocable, ne faut-il pas alors que l'ancien débiteur ait déclaré vouloir en profiter? Voy. art. 1121.

736. Mais, le plus ordinairement, le nouveau débiteur qui s'oblige envers le créancier lui est donné par le premier; il y a alors délégation dans le sens du Code civil : on conçoit que cette délégation n'opère novation qu'autant qu'il y a décharge du premier débiteur; la loi semble même exiger que cette décharge soit expresse. V. art. 1275; V., pourtant, art. 1273. Remarquons, au surplus, que c'est seulement dans le cas de décharge du débiteur qu'il y a *délégation parfaite*. Cette délégation emporte toujours une novation, et peut même en comprendre plusieurs.

737. Il est clair que la délégation parfaite ne laisse, en général, aucun recours au créancier contre le déléguant en cas d'insolvabilité du délégué; il faut excepter le cas d'une réserve expresse, et celui où l'insolvabilité actuelle

du délégué rendrait effectivement sans cause la décharge consentie par le délégataire. V. art. 1276; V., pourtant, art. 1694.

Dans les deux cas exceptés, l'ancienne dette subsiste-t-elle avec tous ses effets ?

738. Si la délégation imparfaite n'opère pas novation, *à fortiori* doit-on le dire de la simple indication d'une personne pour payer ou pour recevoir. V. art. 1277.

739. La novation éteignant la dette, en éteint conséquemment tous les accessoires; et cependant la convention expresse de faire passer à leur rang les priviléges et hypothèques de l'ancienne créance à la nouvelle, ne nuisant point aux tiers, est autorisée par la loi. Voy. art. 1278.

Si la nouvelle dette était plus forte que l'ancienne, quel serait l'effet de la réserve?

740. Il en est autrement de la convention de faire passer sur les biens d'un nouveau débiteur les priviléges et hypothèques qui grevaient les biens du premier; car elle nuirait à ses créanciers antérieurs. V. art. 1279.

741. La réserve des priviléges et hypothèques étant, à vrai dire, une nouvelle constitution à laquelle la loi permet *benigniter* d'attribuer le rang de l'ancienne, ne peut frapper les biens sans le consentement du propriétaire (art. 2124). Ainsi la réserve ne pourrait porter sur les biens mêmes d'un codébiteur solidaire, libéré par la novation faite, sans son concours, avec son codébiteur. V. art. 1280.

Pourrait-elle porter sur les biens de l'ancien débiteur dans le cas de l'art. 1274? V. *Paul*, L. 30, ff. *de nov.*

742. Il est certain que la novation libère les codébiteurs ou cautions, et qu'ils ne sont obligés à la nouvelle dette qu'autant qu'ils y ont accédé. Si le créancier exige leur accession, la novation est conditionnelle, et leur refus fait défaillir la condition V. art. 1281.

La novation faite avec la caution libère-t-elle le débiteur principal? V., à ce sujet, art. 1365, al. dernier.

SECTION III.

De la remise de la dette.

743. Le consentement, qui forme les obligations, peut aussi les éteindre (art. 1134). Tel est le principe de la remise ou décharge conventionnelle, qui peut, en général, avoir lieu à titre gratuit ou onéreux.

Toute obligation peut-elle s'éteindre par le mutuel dissentiment? *Quid* si l'obligation est de donner un corps certain, dont elle a eu pour effet de transférer au créancier la propriété (art. 1138)?

La remise gratuite est-elle assujettie pour sa validité aux règles des donations?

744. La remise ne peut résulter que d'une convention; mais cette convention n'a pas besoin d'être expresse. Ainsi le créancier qui remet volontairement son titre au débiteur, s'ôtant par là le moyen de le poursuivre, est présumé avoir reçu son paiement, ou, en tout cas, faire remise de la dette. La présomption est exclusive de la

preuve contraire, lorsque c'est le titre original qui a été remis. V. art. 1282.

Quid si c'est l'original d'un acte notarié passé en brevet?

745. Elle dispense seulement de prouver la libération, lorsque c'est la grosse d'un titre dont il reste minute; car le créancier peut encore s'en procurer une nouvelle expédition. V. art. 1283.

Ne suffit-il pas que le titre ou la grosse du titre soit en la possession du débiteur, pour en faire présumer la remise volontaire?

La remise tacite ne peut-elle pas résulter d'autres circonstances? V. *Papin.*, L. 26, ff. *de probat.*

746. La remise du titre ou de la grosse du titre supposant, comme on l'a dit, ou que le créancier est désintéressé, ou qu'il a l'intention d'abandonner entièrement son droit en se privant des moyens de le faire valoir, il est évident, s'il y a plusieurs coobligés à la même dette, que cette remise, quoique faite à un seul d'entre eux, doit, en général, profiter à tous. La loi s'en explique formellement à l'égard des codébiteurs solidaires. Voy. art. 1284.

A plus forte raison, pareille remise, si elle était faite au débiteur principal, profiterait-elle à ses cautions.

Celle qui serait faite à une caution profiterait-elle au débiteur principal et aux autres cautions?

Quid si cette remise est faite à l'un de plusieurs débiteurs conjoints, mais non solidaires?

Le codébiteur auquel a été faite la remise du titre ou de la grosse, ne peut-il pas, comme au cas de paiement prouvé, exercer son recours contre les autres?

747. Quant à la remise de la dette faite par une convention expresse, son effet, à cet égard, est plus ou moins étendu suivant l'intention des parties; mais la loi, d'après les rapports existans entre les coobligés, et eu égard à la nature des diverses obligations, considère comme réelle ou comme simplement personnelle la remise adressée à l'un d'eux.

748. Ainsi, chacun des codébiteurs solidaires devant *totum et totaliter*, la remise faite à l'un est, en général, réputée réelle, et par conséquent applicable à tous. Mais il en est autrement si le créancier a réservé ses droits contre les autres. Et toutefois, dans ce cas même, on conçoit que le codébiteur déchargé ne profiterait pas effectivement de la remise qui lui est faite, si ses codébiteurs pouvaient être actionnés pour le tout; car ceux-ci auraient leur recours contre lui (art. 1213, 1214): aussi ne restent-ils tenus que déduction faite de sa part. Voy. art. 1285 (V. *Paul*, L. 21, § 5, ff. *de pact.*).

Quid si le créancier s'était réservé expressément le droit d'agir contre les autres pour le total? V. *Ulp.*, L. 22, ff. *de pact.*

749. La remise de l'obligation accessoire n'entraîne pas, en général, extinction de l'obligation principale. Ainsi, quoique la remise de la chose donnée en nantissement emporte naturellement remise du droit de gage (V. art. 2076), elle ne suffit pas pour faire présumer celle de la dette. V. art. 1286.

750. Le débiteur principal ayant intérêt à la libération de ses cautions, la remise qui lui est faite leur est applicable (V., pourtant, *Ulp.*, L. 22; *Paul*, L. 32, ff. *de pact.*). Au contraire, la caution n'ayant point ordinairement d'intérêt à ce que le débiteur principal et les autres cautions soient libérés, la remise qui lui est faite est considérée comme personnelle (V. *Paul*, L. 23; V., pourtant le même *Paul*, L. 24 et 25; *Ulp.*, L. 26, ff. *de pact.*). V. art. 1287.

La remise faite à une caution ne doit-elle pas, au moins, profiter à ses cofidéjusseurs, jusqu'à concurrence de la part pour laquelle ceux-ci auraient recours contre elle (Voy. art. 2033)?

L'attermoiement consenti envers le débiteur principal s'appliquerait-il à ses cautions? V. *Paul*, L. 58, § 1, ff. *de mandat.*

751. Lorsqu'une caution, pour obtenir sa décharge personnelle, a donné quelque chose au créancier, on peut douter si cette prestation a eu lieu à compte de la dette principale, ou si elle est seulement le prix de la diminution de sûreté. La loi, toujours favorable à la libération, suppose que c'est un acompte qui tourne à la décharge de tous. V. art. 1288.

Quid si l'on prouvait l'intention contraire?

SECTION IV.

De la compensation.

752. Lorsque deux personnes se trouvent réciproquement créancières et débitrices, chacune, en général, a

plus d'intérêt à ne rien débourser, qu'à payer d'une part pour recevoir de l'autre : tel est le principe de la compensation qui éteint les deux dettes. Voy. art. 1289; Voy. aussi *Pompon.*, L. 3, ff. *de compens.*

753. La loi détermine la manière dont la compensation s'opère, et les cas où elle est admise ou refusée (V. ledit art. 1289). Mais remarquez que la limitation des cas n'est relative qu'à la compensation légale. Du reste, la compensation peut encore avoir lieu, mais sans produire précisément les mêmes effets :

1° Par la volonté commune des parties, dans tous les cas;

2° Par la volonté même d'une seule, lorsque c'était uniquement dans l'intérêt de celle-ci que la loi l'empêchoit;

Enfin la compensation peut encore s'opérer hors les cas exprimés, par l'effet d'une demande reconventionnelle.

754. La compensation, dans les cas exprimés, étant fondée sur l'intérêt commun des parties, la loi n'attend pas, pour lui faire produire ses effets, que celles-ci s'en soient expliquées : elle l'opère à leur insu, bien plus, malgré elles; elle déroge même ici au principe de l'indivisibilité de l'obligation entre les contractans (Voy. art. 1220, 1244), en admettant jusqu'à due concurrence la compensation de deux dettes inégales. V. art. 1290.

755. On sent bien, d'après la nature de la compensation, qui est un paiement fictif, qu'elle ne peut être admise, s'il n'y a identité dans l'objet des deux dettes;

c'est pour cela que la loi exige, en principe, qu'elles soient de sommes d'argent ou de choses *fungibles* de la même espèce. Il faut, de plus, qu'elles soient liquides, c'est-à-dire, que non seulement leur existence soit certaine, mais que leur quotité soit déterminée. Enfin, il faut qu'elles soient exigibles. V. art. 1291, al. 1. Mais remarquez :

1° Que la loi considère comme liquides en argent les prestations de denrées dont le prix est fixé par les mercuriales. V. art. 1291, al. 2;

2° Que le terme de grace, n'étant accordé qu'en raison de l'impossibilité où se trouve le débiteur de faire le paiement, ne peut exclure la compensation, qui lui offre un moyen facile de se libérer. V. art. 1292.

756. Lorsque les choses dues sont compensables, il n'importe, en général, de quelle cause procèdent les dettes. V. art. 1293, al. 1; V. aussi *Anton.*, L. 2, *Cod.*, *de comp.*

757. Cependant la loi, à raison de la défaveur qui s'attache à l'un des débiteurs, ou de la faveur particulière dont jouit l'un des créanciers, admet trois exceptions :

1° En cas de spoliation;

2° En cas de dépôt ou de commodat (V., à ce sujet, art. 1885);

3° En cas d'une dette d'alimens déclarés insaisissables (V., à ce sujet, C. pr., art. 581).

La compensation n'ayant jamais lieu qu'entre dettes de choses fungibles, et les choses fungibles ne pouvant être l'objet d'un prêt à usage ou d'un dépôt, qu'était-il besoin d'excepter du principe de la compensation les cas de prêt à usage et de dépôt?

Tout ce qui est insaisissable n'est-il pas incompensable?

758. Nul ne pouvant s'approprier la créance d'autrui, on sent bien qu'une dette ne peut, en général, être opposée en compensation que par la personne même qui en est créancière.

Cette règle n'empêche pas la caution, qui ne peut demeurer obligée quand le débiteur principal ne l'est plus, d'opposer la compensation de ce que le créancier doit à celui-ci. Mais elle empêche le débiteur principal ou le débiteur solidaire d'opposer la compensation de ce que le créancier doit à la caution ou au codébiteur. V. art. 1294.

La caution solidaire peut-elle opposer en compensation la créance du débiteur principal? V. art. 2021.

Le débiteur solidaire ne peut-il aucunement opposer la compensation de ce qui est dû à son codébiteur?

759. Pareillement, nul ne pouvant être contraint à payer pour autrui, on ne peut opposer en compensation que ce qui est dû par le demandeur lui-même.

Ainsi la dette même du cédant ne peut être opposée au cessionnaire de la créance, si cette dette est postérieure à la *perfection* de la cession (V. art. 1690). Que si cette dette existait antérieurement, le cessionnaire n'a pu acquérir une créance qui était de plein droit éteinte (art. 1290); et cependant la loi la fait revivre contre le débiteur qui, en acceptant purement et simplement la cession, a contribué à tromper le cessionnaire. Voy. art. 1295.

Le cessionnaire, trompé par l'acceptation, peut-il agir contre les cautions, ou faire valoir les priviléges et hypothèques attachés à la créance cédée?

760. On pourrait douter que deux dettes payables en des lieux différens fussent compensables, car il n'y a pas parfaite identité; la loi, néanmoins, permet d'en opposer la compensation : mais la charge de payer dans un certain lieu, constituant réellement un accroissement de dette, il est clair que cet accroissement doit entrer en ligne de compte, et qu'on doit faire raison des frais de remise. V. art. 1296.

Cette compensation est-elle légale ou seulement facultative?

761. La compensation a l'effet d'un double paiement. Ainsi les règles sur l'imputation des paiemens lui sont applicables. V. art. 1297.

762. Par suite du même principe, les causes qui empêchent le paiement doivent empêcher également la compensation. On ne peut donc pas plus compenser qu'on ne peut payer au préjudice des droits acquis à un tiers : ce qui s'applique au cas de saisie-arrêt, si le tiers-saisi devient ensuite créancier du saisi son créancier. V. art. 1298.

763. La compensation s'opérant, comme on l'a dit, de plein droit, l'extinction des deux dettes avec leurs accessoires, tels que priviléges ou hypothèques, a eu lieu dès le moment qu'elles ont coexisté avec les conditions

requises. Toutefois, si le paiement, qui ne pouvait plus être exigé, a eu lieu, de fait, de la part d'un des débiteurs, celui qui a reçu ne peut à la fois profiter de la libération que la compensation lui avait procurée, et retenir ce qui a été payé nonobstant la compensation. Il redevient donc nécessairement débiteur. Mais l'action que l'autre peut intenter, jusqu'à concurrence de la créance dont il n'a pas opposé la compensation, n'étant en réalité qu'une répétition pour paiement indû, ne doit point jouir, en général, au préjudice des tiers, des priviléges et hypothèques attachés à l'action primitive. Néanmoins, la loi, *ex æquitate*, réserve ces priviléges et hypothèques à celui qui, lorsqu'il a payé, avait une juste cause d'ignorance. V. art. 1299.

Ne doit-on pas appliquer à l'obligation des cautions, ce que la loi dit ici des priviléges et hypothèques ?

Si c'est sciemment que le débiteur, qui est en même temps créancier, paie sans opposer la compensation, n'est-il pas privé de toute action ? V. art. 1377.

SECTION V.

De la confusion.

764. Il y a, en général, confusion, quand il y a concours de deux qualités incompatibles dans un même sujet.

Cette incompatibilité existe évidemment entre les qualités de créancier et de débiteur d'une même dette ; il en résulte nécessairement que, si elles se trouvent réunies dans une même personne (ce qui arrive lorsque le créancier et le débiteur deviennent héritiers l'un de l'autre, ou qu'ils ont un héritier commun), cette réunion éteint l'obligation active et passive. V. art. 1300; et remarquez l'expression vicieuse de la loi, qui suppose mal à propos l'extinction de deux créances.

765. L'extinction de l'obligation n'étant fondée que sur l'incompatibilité des qualités, il s'ensuit naturellement que si la dette ou la créance était commune à plusieurs, la confusion opérée dans la personne de l'un des créanciers ou débiteurs, n'éteindrait point, en général, les droits et les obligations des autres. Et toutefois, l'on sent bien que le codébiteur qui réunit en sa personne la qualité de créancier, ne peut à ce dernier titre, exiger des autres un paiement pour lequel il leur devrait lui-même garantie. Comme, aussi, les créanciers ne peuvent exiger du débiteur, qui se trouve en même temps co-créancier, le paiement dont ils seraient comptables envers lui.

Appliquez cette règle :

1° En cas de confusion entre le créancier et le débiteur principal : la dette alors est éteinte; V. art. 1301, al. 1.

2° En cas de confusion entre le créancier et la caution : la dette n'est pas éteinte; V. art. 1301, al. 2.

3° En cas de confusion dans la personne du créancier et de l'un des débiteurs solidaires : la dette n'est éteinte qu'en partie; V. art. 1301, al. dern., dont le sens est plus clair que l'expression. V., au surplus, art. 1209.

Dites-en autant, 4°, du cas où la confusion aurait lieu entre l'un des créanciers solidaires et le débiteur.

Quel serait l'effet de la confusion des deux qualités de débiteur principal et de caution? *Quid* si l'un des débiteurs solidaires devient héritier de l'autre, ou s'ils ont un héritier commun. V. *Ulp.*, L. 5, ff. *de fidej.*; V. aussi *Afric.*, L. 38, § *ult.*, *de solut.*; mais voy. C. civ., art. 2035.

766. Il est évident, au reste, que la confusion ne s'opérerait que pour partie, si la succession qui la produit était déférée seulement pour partie. Dès-lors il ne pourrait s'ensuivre qu'une extinction partielle de l'obligation. V., à ce sujet, art. 870, 873, 1220.

767. N'oublions pas non plus que les effets de la confusion cessent en cas d'acceptation bénéficiaire (art. 802), ou de séparation de patrimoines (art. 878).

Quid si d'une manière quelconque la cause qui avait produit la confusion vient à cesser? V. art. 1698, 2177.

SECTION VI.

De la perte de la chose due.

768. Nul ne pouvant être tenu à l'impossible, ni répondre, sans s'y être formellement obligé, des événemens dont les causes ne lui sont pas imputables, il est naturel que la perte de la chose due (en comprenant, sous ce nom, son extinction, sa mise hors du commerce, ou sa disparition) libère le débiteur; mais il faut pour cela que la perte ne procède pas de sa faute, ajoutons, ou de son *fait*. V. art. 1302, al. 1, et à ce sujet art. 1138, 1147, 1148, 1042, 1245, V. aussi art. 1380-1386.

769. Le débiteur en demeure, étant par cela même en faute, doit indemniser le créancier du tort que sa demeure lui a occasionné; il répond donc, en général, du cas fortuit. Exceptez-en le cas où la chose ayant dû périr également chez le créancier, sa perte ne peut être imputée à la demeure du débiteur. Mais n'appliquez pas cette exception, lorsque le débiteur, s'étant expressément chargé du cas fortuit, doit en répondre indistinctement, ajoutons, et quand même il ne serait pas en demeure. V. art. 1302, al. 2, 1138, *in fin.*, 1042.

770. Le débiteur d'un corps certain, étant obligé à la conservation de la chose (art. 1136) doit nécessairement, pour établir sa libération, prouver le cas fortuit. Voy. art. 1302, al. 3.

Quid si le créancier prétend que le cas fortuit a été précédé de la faute du débiteur? V. art. 1808.

Si la perte provient d'incendie chez le débiteur, la faute de celui-ci ne sera-t-elle pas, en général, présumée? V. art. 1733.

771. Le voleur, étant toujours en demeure, ne saurait, en général, être libéré par la perte de la chose, *de quelque manière qu'elle arrive*. V. art. 1302, al. dern.

Mais doit-on conclure de là, que le voleur ne fût pas admis à prouver que la chose serait également périe chez le propriétaire?

772. Il est clair que le débiteur ne peut être entièrement libéré par la perte partielle, et que tout ce qui reste de la chose est nécessairement dû. (V., pourtant, *Paul*, L. 49, ff. *de leg.* 2°.)

Par la même raison, tous les droits et actions qui ont pu naître de la perte, doivent appartenir au créancier; et l'on sent qu'à cet effet, le débiteur est tenu de lui fournir tous les moyens d'agir qu'il a en son pouvoir. La loi même semble exiger de sa part une cession d'actions, nécessaire, en effet, en droit romain (V. *Just. Inst.*, § 3, *in fin.*, *de empt. vend.*), mais dont la nécessité ne paraîtrait guère conciliable avec la simplicité de nos principes actuels. V. art. 1303.

Si la chose principale périt, l'accessoire sera-t-il dû? Voy. *Paul*, L. 1; *Gaius*, L. 2, ff. *de pec. leg.*

SECTION VII.

De l'action en nullité ou en rescision des conventions.

773. Une obligation qui, à proprement parler, serait nulle, n'aurait pas besoin d'être éteinte, car on ne détruit que ce qui existe. Dès-lors il peut paraître étonnant que la nullité soit mise par la loi (art. 1234) au nombre des manières d'éteindre les obligations. Toutefois, il est certains actes, vicieux dès l'origine, que la loi permet d'attaquer dans les cas, et de la manière qu'elle détermine (V. art. 1117, 1125). Si cette attaque a lieu dans les termes du droit, l'acte tombera, et les choses seront, en général, mises au même état que si cet acte n'avait pas existé. Sous ce rapport, on pourra dire que l'acte était nul; car la cause de l'attaque, qui subsistait dans le principe, constituait une nullité conditionnelle, et la condition accomplie produira ici son effet ordinaire (V. art. 1179). Mais il n'en est pas moins vrai que

jusqu'à l'événement de la condition, l'acte existait légalement, et qu'il aurait continué ainsi à exister, si la condition ne s'était pas accomplie. C'est donc réellement l'attaque dirigée contre cet acte, qui le détruit, et qui éteint l'obligation qu'il produisoit. Tel est le but de l'action en nullité ou en rescision dont il s'agit ici, et qu'il ne faut pas confondre avec la faculté ouverte à toute partie intéressée, d'invoquer une nullité proprement dite, en d'autres termes, une *nullité de plein droit*.

774. Il importe donc de distinguer une convention nulle, ou plus généralement un acte nul, de la convention ou de l'acte quelconque qui donne seulement lieu à une action en nullité ou en rescision (V. art. 1117). L'acte nul est un simple fait qui n'a point d'existence légale, et que ne peut dès-lors confirmer, ni le laps de temps, ni aucun fait approbatif; car le néant n'est pas susceptible de confirmation. Il peut sans doute en résulter l'apparence d'une obligation, apparence trompeuse qui, de fait, aura souvent suffi pour amener une exécution. Alors, il sera presque toujours nécessaire de s'adresser à la justice pour faire déclarer la vérité, et pour faire ordonner par elle la restitution ou la destruction de ce qui, en réalité, aura été donné ou fait sans cause. Mais les intéressés n'auront pas besoin d'attaquer directement l'acte nul. Ils pourront agir et procéder pour l'exercice de leurs droits, précisément comme si cet acte n'existait pas, et seront toujours à temps, si on leur oppose l'acte, de repousser l'usage qu'on en voudrait faire contre eux, en prouvant la nullité.

Il en est tout autrement de l'acte contre lequel la loi

admet seulement l'action en nullité ou en rescision. Valable jusqu'à l'attaque, il est susceptible d'être confirmé par approbation ou exécution volontaire (art. 1338); bien plus, il suffit qu'il ne soit pas attaqué dans le délai et par les personnes que la loi détermine, pour demeurer à l'avenir à l'abri de toute attaque. Dans l'un, comme dans l'autre cas, la nullité conditionnelle à laquelle il était sujet, ne pouvant plus se réaliser, il vaut dès l'origine, comme s'il avait été exempt de tout vice.

775. Ces principes sont constans, mais la difficulté consiste à reconnaître les actes nuls, et ceux qui sont seulement annulables ou rescindables. Il est évident que tout dépend ici de la volonté du législateur, qui, en soumettant à certaines conditions l'existence régulière et légale des actes, a pu attacher à l'absence de ces conditions, suivant leur importance, des conséquences plus ou moins rigoureuses. Toutefois, il ne paraît pas impossible d'établir, à cet égard, une théorie, au moins en ce qui concerne les contrats. Ainsi, selon nous, la loi ayant déterminé les conditions *essentielles pour la validité des conventions* (V. art. 1108), la conséquence naturelle à laquelle il faut s'attacher, à moins de disposition contraire, c'est qu'en l'absence d'une de ces conditions, la convention n'existe pas aux yeux de la loi, qu'elle est conséquemment nulle de plein droit.

Par application de cette règle, on décidera que le défaut absolu de consentement, l'absence d'un objet certain et dans le commerce qui fasse la matière de l'engagement, enfin l'absence d'une cause licite dans l'obligation, produiraient une nullité radicale. Il faudrait, en général, dire la même chose du défaut de formes dans certains contrats, où la forme extérieure est requise comme condition d'existence (1) (V. art. 931, 1394, 2117, *in fin.*, 2127).

Mais la loi elle-même en décide autrement pour l'incapacité (V. art. 1125); sans doute, parce qu'en droit naturel la capacité des parties n'est jamais une condition distincte de leur consentement.

Pareillement, les vices, dont le consentement peut être infecté, ne faisant pas absolument défaillir la condition du consentement, ces vices ne devaient pas plus que l'incapacité de la personne, annuler entièrement la convention. Sur ce point, encore, la loi est formelle. (V. art 1117).

776. Cette distinction importante une fois établie entre les actes nuls et ceux qui sont seulement annulables ou rescindables, nous ne pensons pas qu'il y ait lieu, quant à ceux-ci, de s'attacher aujourd'hui à la différence qui pourrait exister entre l'action en nullité et l'action en rescision. La loi, en effet, semble les confondre (art. 1117, 1304), elle les soumet aux mêmes règles, quant à leur durée, leur forme, leurs résultats,

---

(1) Cette règle, on le sent bien, ne peut s'appliquer aux formes spéciales prescrites uniquement dans l'intérêt de certaines personnes, pour suppléer à la capacité qui leur manque. L'absence de ces formes ne doit alors avoir d'autre effet que de laisser subsister le vice d'incapacité, qui n'est point une cause de nullité radicale.

et aussi quant aux fins de non recevoir qui pourraient les écarter.

777. La convention sujette à nullité ou à rescision n'étant pas dépourvue de toute validité, et la ratification pouvant facilement se présumer, la loi, par des raisons d'ordre public, borne plus ou moins, suivant les cas, la durée de l'action (V., notamment, art. 1676). Elle limite à dix ans sa plus longue durée. Il est clair, au surplus, qu'on n'a dû, en général, faire courir le délai que du jour où la cause de nullité ou de rescision aura cessé. La loi elle-même fait l'application spéciale de cette règle aux diverses causes de nullité ou rescision qu'elle énumère. V. art. 1304.

En cas de nullité pour défaut d'autorisation maritale, le délai ne devrait-il pas courir contre le mari, du jour où il aurait eu connaissance de l'acte?

Les règles sur la suspension et l'interruption de la prescription, sont-elles ici applicables?

La nullité peut-elle, après le délai, être proposée par voie d'exception?

778. Les principales causes de nullité ou de rescision sont, comme on voit, les vices du consentement, erreur, violence ou dol (V. art. 1109-1117), et l'incapacité des contractans mineurs, interdits, ou femmes mariées (V. art. 1124; V. aussi art. 503, 504, 499, 513).

La lésion est aussi une cause de rescision, mais seulement dans certains contrats ou à l'égard de certaines personnes (V. art. 1118).

779. Les majeurs ne sont restituables pour lésion que

dans certains contrats. Voy. art. 1313, et à ce sujet, art. 887, 1674. C'est donc surtout aux mineurs que cette cause de rescision est applicable. Mais dans quels cas doit-elle leur être appliquée? sur ce point les opinions se divisent, et nous ne pouvons qu'exposer ici notre système, sans nous dissimuler les objections dont il est susceptible.

780. Et d'abord, nous pensons qu'il faut bien distinguer la restitution pour lésion accordée aux mineurs (art. 1118, 1305), et la nullité résultant de leur incapacité (art. 1125). Nous appuyons cette distinction sur l'art. 1311, qui ne confond pas l'engagement *nul en la forme* (1) avec l'engagement sujet à restitution.

Cela posé, nous considérerons, comme nul en la forme, tout engagement, disons mieux, tout acte que le mineur ne pouvait consentir ou faire par lui-même et sans assistance, lorsqu'il n'y aura pas été légalement représenté ou assisté.

Ainsi, selon nous, tout acte passé par le mineur non

---

(1) Il est évident que par engagement *nul en la forme*, la loi entend là, celui qui, en raison seulement de la minorité, était assujetti à des formes spéciales que l'on a négligées, par exemple, si le mineur a vendu ou partagé à l'amiable. Car, s'il s'agissait d'un contrat solennel, *puta*, d'une donation, la ratification du mineur ne pourrait pas plus que celle d'un majeur, couvrir la nullité radicale qui résulterait du défaut de formes (V. art. 1339, et ci-dessus, n° 774). L'art. 1311, ainsi expliqué, établit donc clairement, que parmi les engagemens du mineur, il y en a que le défaut de forme permet d'attaquer pour incapacité, sans prouver la lésion.

émancipé, autrement que par le ministère de son tuteur, est *nul en la forme*. Nous fondons cette proposition sur l'art. 450, et sur la combinaison des art. 509 et 502. V. aussi art. 1990.

Tout acte passé par le mineur émancipé sans l'assistance de son curateur dans les cas où elle est requise, est également nul en la forme.

A plus forte raison en est-il de même, lorsque la loi assujettissait l'acte à des formes particulières qui n'ont pas été observées (V. art. 457-467, 484).

781. Au contraire, si le mineur non émancipé a été légalement représenté, si le mineur émancipé a été légalement assisté, ou si l'assistance n'était pas requise, l'acte n'est pas annulable pour incapacité, mais il est, en général, rescindable pour lésion, s'il n'y a disposition contraire. Nous fondons cette dernière proposition sur les art. 463, 481, 487, 1308, 1309, 1314, 466, 840, 942, 1074, 783. Nous l'appuyons surtout sur l'art. 481 du Code de procédure.

782. Nous interprétons donc ainsi l'art. 1305 : la simple lésion donne lieu à la rescision en faveur du mineur non émancipé contre toute sorte de conventions *valablement faites*, c'est-à-dire, *passées en son nom par son tuteur*, et à l'égard du mineur émancipé, contre toutes conventions qui excèdent les bornes de sa capacité, *telle qu'elle est réglée par l'art*. 481, c'est-à-dire, *contre les conventions pour lesquelles il n'est pas réputé majeur*. V. art. 1305, et remarquez, qu'en s'attachant à l'interprétation proposée, on appliquera égale-

ment à l'interdit la disposition relative au mineur non émancipé (V. art. 509).

Un mineur, qui aurait contracté avec un autre mineur, pourrait-il être restitué. *Quid* s'ils sont tous deux lésés? Voy. *Paul.*, L. 11, § 6, ff. *de minor.*

783. Lorsque c'est la lésion qui est cause de la rescision d'un engagement, il est clair qu'on ne peut y avoir égard, si elle ne résulte de l'acte même. V. art. 1306.

784. La restitution des mineurs est fondée sur l'équité, et ne doit pas être facilement refusée. Aussi la loi ne veut-elle pas qu'une simple déclaration de majorité, qui serait aussi facilement surprise au mineur que l'engagement lui-même, puisse y mettre obstacle. V. art. 1307.

Quid si le mineur avait présenté un faux acte de naissance?

785. Au reste, la loi admet elle-même, pour des motifs graves, des exceptions au principe de la restitution.

Ainsi, indépendamment de la règle qui assimile le mineur émancipé au majeur, pour les actes de pure administration (art. 481), la restitution cesse encore:

1° Dans l'intérêt du commerce, à l'égard des engagemens que le mineur, dûment autorisé (V. C. comm., art. 2 et 3), a pris à raison de son commerce ou de son art. V. art. 1308; V. aussi art. 487.

2° La faveur du mariage faisant attribuer à celui qui est capable de le contracter, la capacité de consentir les conventions matrimoniales, sans autre assistance que celle qui est requise pour le mariage lui-même (Voy. art. 1095 et 1398), l'irrévocabilité essentielle à ces conventions, ne permettait pas, lorsque les conditions légales ont été observées, de les laisser exposées à la rescision pour lésion. V. art. 1309.

3° Le privilége de minorité ne devant pas être une raison pour causer impunément du tort à autrui, l'obligation qui naît d'un fait illicite n'est pas rescindable, comme celle qui naît des conventions V. art. 1310.

4° Dans l'intérêt des mineurs eux-mêmes, avec lesquels on ne pourrait traiter avec sûreté, la loi qui prend d'ailleurs toutes les précautions pour les protéger dans les aliénations d'immeubles et dans les partages, ne leur permet pas d'attaquer ces actes, en raison de leur minorité, lorsqu'ils ont eu lieu avec les formalités requises. V. art. 1314; V. aussi art. 466 et 840.

5° La même irrévocabilité est assurée aux donations dûment acceptées par le tuteur (art. 463).

6° La lésion n'étant jamais une cause de rescision contre les transactions légalement consenties, nous n'hésitons pas à en conclure que l'observation des formes prescrites par l'art. 467 exclurait la restitution.

786. Enfin une disposition, évidemment applicable à tous les cas où les actes ne sont pas nuls de plein droit (V. art. 1338), défend aux mineurs d'attaquer, soit pour incapacité, en cas de vices de formes, soit pour lésion, les engagemens qu'ils auraient ratifiés en majorité. V. art. 1311.

787. L'effet de l'annulation étant de remettre les choses au même état, que si l'acte n'avait pas eu lieu, il s'ensuit que les parties doivent, en général, se tenir

mutuellement compte de ce qu'elles ont reçu; mais cette obligation, ne pouvant être fondée pour l'incapable que sur l'équité qui ne permet pas de s'enrichir aux dépens d'autrui, se réduit à son égard, à ce qui est prouvé avoir tourné à son profit. Voy. art. 1312; Voy. aussi art. 1241.

CHAPITRE VI.

DE LA PREUVE DES OBLIGATIONS ET DE CELLE DU PAIEMENT.

788. C'est, en général, à celui qui allègue un fait en sa faveur, à en fournir la preuve; c'est donc à celui qui se prétend créancier à prouver sa créance, c'est à celui qui se prétend libéré à prouver sa libération. V. art. 1315.

789. Cette preuve peut se faire de cinq manières, qui font l'objet d'autant de sections V. art. 1316.

SECTION I.

De la preuve littérale.

790. L'écrit qui établit l'existence ou l'extinction d'une obligation peut être indifféremment désigné sous les noms d'*acte* ou de *titre*, deux mots qui d'ailleurs se prennent souvent dans une autre acception, et qui ont alors chacun un sens différent.

Les titres, sous le rapport de leur forme, sont authentiques ou privés. A cette division se rattachent les trois premiers paragraphes de cette section ; car les tailles mêmes sont une sorte de titres privés.

Sous un autre rapport, on divise les titres en originaux ou copies; enfin, eu égard à leur objet, on les distingue en primordiaux et récognitifs ou confirmatifs. Ces deux divisions sont l'objet des paragraphes 4 et 5.

§ I.

Du titre authentique.

791. Plusieurs conditions sont nécessaires pour l'authenticité d'un acte; il faut, 1° qu'il soit reçu par un ou plusieurs officiers publics ; 2° que ces officiers soient compétens, eu égard à la nature du fait à constater, et au lieu dans lequel l'acte est reçu ; 3° enfin, il faut l'accomplissement des solennités requises. V. art. 1317, et à ce sujet, L. 25 ventose an XI (1).

Le procès-verbal de conciliation n'est-il pas un acte authentique? V. C. pr., art. 54.

792. En l'absence d'une des conditions, l'acte n'est point authentique et ne peut faire preuve, s'il n'est pas signé des parties. Mais dans le cas contraire, l'imperfection de la solennité ne doit pas ôter à cette signature, la force que la loi lui attache. V. art. 1318; V. aussi L. 25 ventose, art. 68.

Doit-on appliquer ici les art. 1325 et 1326?

---

(1) III, B. 258, n° 2440.

793. Le principal effet de l'authenticité, c'est que l'acte fait pleine foi de la convention, ajoutons, ou du fait quelconque, qu'il constate; en telle sorte, que la partie qui en nie la vérité, est obligée d'avoir recours à une procédure en faux, soit principal, soit incident. Cette procédure même n'arrête pas l'exécution, s'il n'y a mise en accusation du prévenu de faux principal, ou jugement qui suspende provisoirement l'exécution de l'acte attaqué par inscription en faux incident. V. art. 1319.

794. La foi que la loi attribue à l'acte authentique s'applique aux parties, à leurs héritiers et ayant-cause (art. 1319). Il faut dire même qu'elle s'applique aux tiers, qui ne peuvent révoquer en doute le témoignage de l'officier public. Mais il y a cette différence, que l'acte, à leur égard, prouve seulement *rem ipsam*. Au contraire, à l'égard des parties, ajoutons, ou de leurs héritiers et ayant-cause, l'acte fait *pleine foi;* il fait foi même des *énonciations*, pourvu toutefois qu'elles aient un rapport direct à la disposition. Autrement, elles ne pourraient servir que d'un commencement de preuve par écrit. V. art. 1320.

Doit-on admettre sous l'empire du Code civil la maxime *in antiquis enunciativa probant.*

L'acte authentique fait-il pleine foi de la vérité des déclarations y contenues?

Pourrait-on, sans s'inscrire en faux, prouver la simulation?

L'inscription de faux est-elle nécessaire en cas de surcharge ou autre vice manifeste?

795. Il arrive souvent que les parties dérogent à leurs

conventions, ou les modifient, par un acte destiné à rester secret, que l'on nomme contre-lettre. La loi réserve à ces sortes d'actes tout l'effet dont ils sont susceptibles entre les parties; mais pour prévenir les fraudes, elle ne leur donne aucun effet contre les tiers. V. art. 1321; V. pourtant, art. 1396, 1397.

L'art. 1321 déroge-t-il à l'art. 40 de la loi du 22 frimaire an VII (1), sur l'enregistrement? Doit-on, en conséquence, maintenir aujourd'hui entre les parties, l'effet de la contre-lettre qui élève le prix d'une vente au dessus de la somme portée dans le contrat?

§ II.

De l'acte sous seing-privé, ou plus exactement *des écrits privés*.

796. Les particuliers peuvent, sans avoir recours au ministère d'un officier public, constater eux-mêmes par un écrit à ce destiné, revêtu à cet effet de signature, et remis au pouvoir de la partie intéressée, les faits qui se sont passés entre eux. En d'autres termes, les faits peuvent se constater par *actes sous seing-privé* (art. 1322-1328). Mais, en outre, la loi accorde à certains écrits, signés ou non, et qui n'ont pas le caractère d'*actes*, une foi plus ou moins pleine. Ces écrits, sous ce rapport, forment aussi des *titres* (art. 1329-1332).

797. Les parties reconnaissant nécessairement pour vrai le fait constaté par écrit, lorsqu'elles le signent, il est tout simple que l'acte sous seing-privé fasse, entre elles, leurs héritiers et ayant-cause, la même foi que

---

(1) II, B. 248, n° 2224.

l'acte authentique. Mais rien ne prouvant que la signature apposée au bas d'un écrit privé, soit celle de la personne à laquelle on l'attribue, l'acte ne peut produire d'effet qu'autant qu'il est lui-même reconnu ou légalement tenu pour tel. V. art. 1322; et remarquez que l'acte reconnu ou tenu pour tel, ne peut être dépourvu de toute force à l'égard même des tiers : il doit toujours, comme l'acte authentique, prouver *rem ipsam*; mais il ne fait pas foi de sa date (art. 1328).

Fait-il foi de sa date à l'égard de tout ayant-cause?

798. Chacun est obligé de reconnaître ou de désavouer formellement sa propre écriture ou signature; mais on peut se borner à méconnaître celle de son auteur. V. art. 1323.

799. En cas de dénégation ou méconnaissance, c'est au demandeur à prouver la vérité de son titre; à cet effet, la vérification est ordonnée en justice. V. art. 1324; et remarquez que la vérification en justice devra, en général, donner à l'acte la même foi que la reconnaissance (Voy. Cod. proc., art. 214; Voy. pourtant, *ibid*, art. 200 2°).

Forme à suivre pour arriver à la reconnaissance ou à la vérification d'écriture. V. C. pr., art. 193-195; et remarquez que l'art. 193 est modifié par la loi du 2 septembre 1807 (1), art. 2.

Cas où l'écrit est tenu pour reconnu. V. Cod. proc., art. 194, 199.

---

(1) IV, B. 158, n° 2741.

LIVRE III, TITRE III.   373

Le porteur d'un acte sous seing-privé peut-il conclure au paiement sans conclure préalablement à la reconnaissance? *Quid*, dans ce cas, si le défendeur faisait défaut? V. Édit de décembre 1684, Déclaration du 15 mai 1703; V. aussi C. pr., art. 150 et 434.

800. L'équité voulant que les parties qui contractent ensemble soient dans une égalité de position, qui permette à chacune de faire valoir ses droits, la loi assujettit à une condition particulière la validité des actes sous seing-privé qui contiennent des conventions synallagmatiques; ils doivent être faits en autant d'originaux qu'il y a de parties ayant un intérêt distinct. On sent dès-lors la nécessité de mentionner dans l'acte même l'accomplissement de cette formalité, dont l'absence, autrement, pourrait toujours être alléguée. V. art. 1325, al. 1, 2 et 3.

Du reste, l'acte n'étant pas entièrement nul à défaut de cette mention, doit naturellement être validé par l'exécution de la convention. V. art. 1325, al. dern., et à ce sujet, art. 1338, al. 2 et 3.

Si l'acte n'est pas fait double, la convention doit-elle valoir, lorsqu'elle est d'ailleurs prouvée?

L'acte peut-il être considéré comme commencement de preuve?

L'exécution a-t-elle le même effet à l'égard de l'acte qui n'a pas été fait double qu'à l'égard de celui qui, seulement, n'en contient pas la mention? Peut-on distinguer ces deux cas?

Un acte qui, en constatant un contrat synallagmatique, constate en même temps qu'une des parties a satisfait à son obligation, ne pourrait-il pas être fait simple?

801. La crainte des surprises qui pourraient être pratiquées envers un débiteur, soit en abusant d'un blanc seing, soit en présentant à sa signature un acte, non écrit par lui, qui exprimerait une somme ou quantité plus forte que celle qu'il doit effectivement, a fait établir, pour les promesses par lesquelles *une seule partie s'engage envers l'autre,* lorsqu'elles ont pour objet une somme d'argent ou une chose *appréciable,* la nécessité d'un *bon* ou *approuvé* écrit de la main du débiteur, et portant en toutes lettres la somme ou quantité due. Et néanmoins, cette règle, qui contrarierait la simplicité des opérations commerciales, ne s'applique pas aux marchands; elle ne s'applique pas non plus à certaines classes de personnes qui, souvent, ne savent que signer leur nom. V. art. 1326.

Qu'entend-on par *chose appréciable?*

Si plusieurs personnes souscrivent, conjointement ou solidairement, une promesse, sans engagement réciproque, notre article est-il applicable? Faut-il alors autant de bons ou approuvés qu'il y a d'obligés?

Le billet qui ne porte pas le bon ou approuvé, est-il entièrement nul?

802. S'il arrive que le bon ou approuvé ne s'accorde pas avec le corps de l'acte, il y a évidemment erreur; la loi permet de prouver de quel côté elle se trouve; mais dans le doute, on s'attache à la maxime : *in dubiis quod minimum est sequimur* (V., à ce sujet, art. 1162). Cette règle s'applique, non seulement lorsque la somme la plus forte se trouvant exprimée dans le corps de l'acte écrit d'une main étrangère, le bon, toujours écrit de la main

de l'obligé, doit évidemment prévaloir pour la somme la plus faible; elle s'applique même lorsque l'acte étant, comme le bon, écrit de la main de l'obligé, ce bon, portant une somme plus faible, semblerait n'être qu'une formalité surérogatoire. V. art. 1327; et remarquez que la loi, dans la généralité de ses termes, comprend, sans le mentionner, un cas plus douteux peut-être que celui sur lequel elle s'est expliquée, savoir, lorsque c'est dans le corps de l'acte, écrit d'une main étrangère, que se trouve exprimée la somme la plus faible.

803. La facilité qu'auraient eue les parties contractantes, de frauder les tiers par des actes antidatés, n'a pas permis qu'un acte sous seing-privé fît foi de sa date, à l'égard de ceux-ci; mais l'enregistrement, la mort d'un des signataires, ou la relation de l'acte dans un acte public, fixant nécessairement sa confection à une époque antérieure, lui donnent date certaine. Voy. art. 1328, et à ce sujet, art. 1410, 1743, 2102 1°.

Que doit-on entendre ici par *tiers?* Sous ce nom ne pourrait-on pas comprendre même les héritiers, en cas de mort civile du signataire? *Quid* à l'égard du signataire lui-même, si de son vivant il avait été frappé d'incapacité?

La certitude de la date ne peut-elle résulter que d'une des trois circonstances ici indiquées?

804. Quoique les écrits privés tirent principalement leur force des signatures dont ils sont revêtus; et bien qu'un titre soit, en général, sans vertu, s'il n'est remis au pouvoir du créancier (V., à ce sujet, art. 1282, 1283), la loi, néanmoins, en considération de diverses circon-

stances, s'est éloignée de cette rigueur. Elle accorde, en conséquence, à certains écrits manquant d'un ou plusieurs des caractères constitutifs d'un acte, une force différente, suivant la nature de l'écrit, la qualité des personnes, et le fait qu'il s'agit d'établir.

805. L'obligation imposée aux marchands, de tenir registre exact de leurs opérations, donne aux énonciations contenues dans leurs livres, une certaine gravité. Cette gravité est telle, que les registres des marchands peuvent suffire pour faire preuve complète contre d'autres marchands (V. C. comm., art. 12 et 109). Ils n'ont pas la même force contre les autres personnes. Toutefois, il paraît que le registre énonçant une fourniture faite à un particulier, non marchand, pourrait autoriser le juge à déférer le serment. V. art. 1329 et 1367.

806. Les livres des marchands font preuve contre eux en faveur de toute personne; seulement, la bonne foi ne permet pas à celui qui n'établit sa prétention que par ces livres, de s'emparer de ce qui lui est favorable, en rejetant ce qui lui est contraire. Il ne peut donc les diviser. V. art. 1330, et à ce sujet, art. 1356.

807. Les registres que les particuliers non marchands tiennent, s'ils le jugent convenable, pour se rendre compte, et généralement les papiers domestiques, n'offrent pas la même présomption d'exactitude que les livres des marchands. Aussi, ne font-ils jamais titre en faveur de celui qui les a écrits, et ne font-ils pas même toujours foi contre lui; il faut distinguer, à cet égard, si c'est un paiement reçu ou une obligation qu'ils énon-

cent. L'énonciation du paiement suppose nécessairement qu'il a été fait, elle suffit donc, pourvu qu'elle soit formelle, pour établir l'extinction de la créance. Au contraire, l'énonciation d'une obligation, suppose bien que cette obligation a été contractée ; mais, comme elle pourrait avoir été éteinte sans que la note eût été supprimée, l'existence de cette note ne fait preuve, qu'autant qu'elle était destinée à tenir lieu de titre, et qu'il a été fait mention expresse de cette circonstance. Dans ce cas, en effet, le débiteur n'aurait pu, sans négligence, laissé subsister la note, s'il avait payé depuis qu'il l'a écrite. V. art. 1331.

808. Si l'énonciation d'un paiement sur les registres du créancier, suffit pour établir la libération du débiteur, à plus forte raison doit-on accorder le même effet à la mention que le créancier aura faite sur le titre même de la créance, quoiqu'il n'ait ni daté ni signé cette mention. Mais pour qu'on doive supposer que l'écriture mise sur le titre émane du créancier, il faut que ce titre soit toujours resté en sa possession. Voy. art. 1332, al. 1.

Lorsque le titre est resté en la possession du créancier, l'écriture devrait-elle être vérifiée, si elle était déniée ou méconnue ?

809. Nous voyons que dans les cas ci-dessus, le défaut de signature n'empêche pas l'écrit demeuré en la possession de son auteur, de faire foi contre lui. Il y a un motif de plus, pour que l'écriture, mise par le créancier, sur une pièce formant titre pour le débiteur (par

exemple, sur le double d'un bail ou sur une quittance précédente), établisse suffisamment la libération.

Toutefois, la loi exige pour cela, que cette pièce se trouve entre les mains du débiteur. Car, autrement, on pourrait supposer que le débiteur a remis au créancier son double ou sa quittance précédente, en vue d'un paiement annoncé, pour faire préparer la quittance, et que celui-ci n'a retenu la pièce que parce que le paiement n'a pas été effectué. V. art. 1332, al. dern., et remarquez qu'ici l'écriture déniée ou méconnue devrait nécessairement être vérifiée en justice.

§ III.

Des tailles.

810. Certaines personnes sont dans l'usage de constater par *tailles*, des fournitures en détail. La corrélation de la taille du fournisseur avec l'échantillon, qui reste entre les mains du consommateur, doit naturellement faire la même foi que la reconnaissance de celui-ci. V. art. 1333.

Quid si l'échantillon n'est pas représenté, soit que les fournitures soient niées, soit qu'on prétende qu'elles ont eu lieu au comptant, ou qu'on allègue que l'échantillon est perdu?

§ IV.

Des copies des titres.

811. Une copie tirant toute sa force de son original, il est tout simple que les copies de titres ne fassent pas, en général, foi par elles-mêmes, et que pour s'assurer

de leur exactitude, on puisse toujours, tant que le titre subsiste, en exiger la représentation. V. art. 1334.

812. Mais lorsque ce titre n'existe plus, on doit accorder aux copies une foi plus ou moins pleine, suivant que les circonstances dans lesquelles elles sont tirées, sont plus ou moins propres à en garantir la fidélité. A cet égard, il convient d'abord de poser quelques principes, dont la combinaison servira à expliquer les différens degrés de force que la loi accorde aux copies.

Et d'abord, il est facile de concevoir que la copie, tirée sur la minute, par l'officier public que la loi en rendait dépositaire, doit généralement faire plus de foi que celle qui serait tirée, également sur la minute, par toute autre personne, fût-ce même un officier public; plus de foi surtout que celle qui, par quelque personne que ce fût, serait tirée sur une copie.

Cela posé, il ne faut pas perdre de vue que le témoignage de l'officier public ne doit être irréfragable que pour tout ce que cet officier était légalement requis d'attester, et qu'il a attesté *ex propriis sensibus*, au moment où il en était requis.

Mais, d'un autre côté, il faut aussi reconnaître que tout ce qui est inséré dans un acte, du consentement des parties intéressées, fait nécessairement foi à leur égard, et qu'elles doivent tenir pour vrai ce qui a été écrit, même sur la foi d'autrui, lorsqu'ayant été à même de le vérifier, elles ne l'ont pas contredit.

Enfin, il faut remarquer que l'officier public qui délivre une copie, atteste bien *ex propriis sensibus* la conformité de la copie à l'original, mais non la vérité de cet original.

813. D'après cela, on conçoit que la loi accorde aux grosses, et en général aux premières expéditions, la même foi qu'à l'original. Car la délivrance, qui en est faite à chaque partie pour lui servir de titre, a toujours lieu en vertu d'une convention expresse ou tacite, et n'est d'ailleurs qu'une suite directe du ministère de l'officier qui a reçu l'acte. On s'explique aussi pourquoi la loi met sur la même ligne, et les copies tirées de l'autorité du magistrat, *parties présentes ou appelées*, et celles qui, sans ordre même du magistrat, auraient été tirées *en présence et du consentement des parties*. Voy. art. 1335 1°; V. aussi C. pr., art. 844-852; L. 25 vent. an XI (1), art. 26. Remarquons ici que les copies qui réunissent ces caractères, font toujours la même foi, lors même qu'elles ne seraient pas délivrées par le dépositaire ordinaire, dans les cas où la loi l'autorise (V., à ce sujet, C. pr., art. 245 et 849).

814. Quant aux autres copies tirées sur la minute par l'officier qui en était dépositaire, comme elles peuvent, d'après nos principes, laisser subsister des doutes, non sur leur conformité à l'original (art. 1317), mais sur la vérité de cet original, elles font toujours un commencement de preuve. Mais pour qu'elles fassent preuve complète, il faut que leur ancienneté écarte tout soupçon de fraude; et pour cela, il faut qu'elles datent de

---

(1) III, B. 258, n° 2440.

trente ans au moins. V. art. 1335 2°; V., pourtant, art. 45.

815. La loi accorde moins de force encore aux copies délivrées par tout autre que le dépositaire de la minute; car celui-ci a seul qualité pour faire cette délivrance, et conséquemment pour certifier la conformité à l'original. Elles ne peuvent donc jamais servir que de commencement de preuve. V. art. 1335 3°; mais n'appliquez pas cette disposition au cas prévu par le Code de procédure, art. 245.

816. Enfin la copie de copie, offrant toujours une double incertitude, ne peut servir que de renseignement. V. art. 1335 4°; V., pourtant, C. pr., art. 203.

817. La transcription d'un acte sur les registres publics (V. art. 939, 1069 et 2181), n'étant qu'une copie faite par un autre que le dépositaire des minutes, ne peut évidemment servir que de commencement de preuve. Bien plus, la nature particulière de cette espèce de copie, et la facilité de commettre des fraudes, en faisant transcrire un acte faux, que l'on supprimerait ensuite, ne permettent de lui accorder cette force que sous deux conditions propres à s'assurer, qu'il a existé un acte notarié à la date indiquée par la transcription, et qu'il a été perdu. A ces conditions, la preuve testimoniale peut être admise (V. art. 1347), mais l'audition des témoins instrumentaires, s'ils existent, est nécessaire. V. art. 1336.

L'enregistrement pourrait-il, sous ce rapport, être assimilé à la transcription?

§ V.

Des actes récognitifs et confirmatifs.

818. Les actes ou titres dont il s'agit ici, ont cela de commun, qu'ils ne tendent pas à constater actuellement la convention ou le fait quelconque qui produit un droit; ils supposent, au contraire, le droit établi, et tendent seulement à prouver, soit la reconnaissance qu'en font les parties intéressées (Voy., à ce sujet, art. 695 et 2263), soit leur volonté de lui donner la force qui pouvait lui manquer, en raison des vices qui avaient infecté son origine.

819. Le titre récognitif, étant un aveu écrit, semblerait devoir faire preuve complète (V. art. 1316, 1355). Toutefois, dans la crainte, apparemment, qu'une simple reconnaissance sans explication des causes qui ont produit la dette, ne fût surprise à l'ignorance, ou arrachée à la faiblesse; peut-être aussi parce que l'absence du titre primordial permet de supposer que la dette reconnue a été éteinte, sans qu'on ait songé à faire supprimer toutes les reconnaissances, la loi ne veut pas que l'acte récognitif dispense de rapporter le titre primordial. Il en est autrement, quand l'acte récognitif relatant spécialement la teneur du titre primordial, ne laisse aucun doute sur l'origine de la dette, et paraît, par là même, avoir été destiné à tenir lieu, au besoin, du titre primitif. V. art. 1337, al. 1.

Dans tous les cas, l'acte récognitif n'étant pas censé fait dans l'intention d'innover, ne peut évidemment prévaloir sur le titre primordial, pour ce qu'il contiendrait de plus ou de différent. V. art. 1337, al. 2.

Quid si la différence qui se trouve dans l'acte récognitif est à l'avantage du débiteur; *V. gr.*, s'il porte une somme moindre?

820. Quoiqu'une reconnaissance isolée, qui ne relate pas le teneur du titre primordial, ne dispense pas de le représenter, la loi accorde cet effet à plusieurs reconnaissances successives; mais pour cela, il faut qu'elles soient conformes, qu'elles soient soutenues de la possession, enfin que l'une d'elles, au moins, soit ancienne, c'est-à-dire, ait 30 ans de date. V. art. 1337, al. dernier.

Exigerait-on toutes ces conditions dans le titre récognitif d'une servitude? V. art. 695.

821. L'acte confirmatif s'applique à une obligation contre laquelle la loi admet l'action en nullité ou en rescision. La ratification, qui rend cette action non recevable, étant, comme on voit, l'abandon d'un droit, abandon qui ne doit pas facilement se présumer, la loi assujettit l'acte postérieur qui la consacre, à des conditions tendant : 1° à constater l'identité de l'obligation qu'on entend confirmer; 2° à s'assurer que la confirmation a eu lieu en connaissance de cause, c'est-à-dire, que la partie connaissait le vice qui donnait naissance à son action, et qu'elle faisait l'acte dans l'intention de le réparer. V. art. 1338, al. 1.

Ces conditions seraient-elles également requises, s'il s'agissait de réparer, non les vices de l'obligation, mais les vices de forme de l'acte qui en a été dressé? Voy., à ce sujet, C. pr., art. 173.

En l'absence des conditions requises, l'acte postérieur n'est-il pas un commencement de preuve de la ratification? Voy. article 1347.

822. Au reste, la ratification n'a pas toujours besoin d'être prouvée par un acte confirmatif; elle peut même avoir lieu tacitement (V. art. 1115), et l'on ne peut s'empêcher de voir une approbation tacite dans l'exécution volontaire. V. art. 1338, al. 2.

823. L'effet de la ratification, donnée valablement et en temps utile, est de rendre non recevable à proposer, soit par voie d'action, soit par voie d'exception, la cause qui pouvait faire annuler l'obligation. Cette obligation n'acquiert point ainsi une existence qu'elle avait déjà, mais elle devient inattaquable de la part de celui qui l'a approuvée, *sans préjudice du droit des tiers.* Voy. art. 1338, al. dern.

Les créanciers pourront-ils faire annuler la ratification, sans prouver qu'elle est faite en fraude de leurs droits? Voy. articles 1166, 1167; Voy. aussi art. 2225.

824. L'obligation qui n'a aucune existence légale n'est pas susceptible d'être ratifiée, mais elle peut être contractée de nouveau avec les conditions requises. La loi applique ce principe à la donation nulle en la forme. V. art. 1339.

Quid si le donateur a exécuté volontairement?

825. Mais la rigueur des formes, et en général des

conditions, auxquelles est assujettie la validité d'une donation, n'ayant son fondement que dans la faveur due aux héritiers légitimes, la nullité qu'entraîne leur omission n'est vraiment établie que dans l'intérêt de ceux-ci, et la donation nulle pouvant leur imposer une obligation naturelle, la loi la déclare susceptible d'être ratifiée par eux. V. art. 1340.

N'en peut-on pas conclure que les héritiers devront agir en nullité dans les 10 ans, à partir du décès?

L'art. 1340 s'applique-t-il aux donations testamentaires?

SECTION II.

De la preuve testimoniale.

826. On aperçoit facilement à quels dangers on s'exposerait en faisant dépendre les plus grands intérêts du témoignage de personnes privées, dont la mémoire peut toujours être infidèle, et dont la bonne foi même pourrait souvent être suspecte. De là, la préférence accordée par notre législateur, à la preuve littérale sur la preuve testimoniale qui, lorsqu'elle est seule, n'est admise que subsidiairement à défaut d'écrit, et dans les cas où les parties étaient dans l'impossibilité, ou n'étaient pas dans l'obligation de s'en procurer un.

827. D'après ces vues, la loi oblige d'abord les parties à constater par écrit les faits qui les intéressent, pourvu, toutefois, que leur intérêt excède cent-cinquante francs; car, s'il est moindre, la subornation est moins à craindre; et il serait d'ailleurs trop rigoureux

d'assujettir les parties, qui peuvent ne pas savoir écrire, aux frais d'un acte notarié.

Cette obligation (qui, au surplus, ne constitue pas une condition de validité, et dont la sanction consiste uniquement dans l'exclusion de la preuve testimoniale) s'applique à tout fait obligatoire ou libératoire; elle comprend même le dépôt; mais seulement le dépôt volontaire (V. art. 1348 2°).

En outre, quelle que soit la valeur, s'il existe un écrit, les parties ont dû y retracer fidèlement et exactement le fait qui les intéresse. La loi le suppose, et refuse, en conséquence, la preuve testimoniale contre et outre le contenu en cet écrit.

Au reste, la simplicité et la célérité essentielles aux opérations de commerce n'ont pas permis de leur appliquer la rigueur de ces règles (V., à ce sujet, C. comm., art. 109). V. art. 1341.

La preuve testimoniale peut-elle être admise au dessus de cent cinquante francs, quand la partie adverse y consent?

Peut-on prouver par témoins le paiement d'une dette commerciale, lorsque la dette résulte de jugemens définitifs?

Peut-on prouver par témoins le paiement ou la remise d'une obligation de moins de cent cinquante francs constatée par écrit?

828. La modicité de la somme due pouvant seule dispenser de l'obligation de faire dresser un acte, cette obligation commence au moment où la somme, d'abord inférieure à cent cinquante francs, vient à excéder cette valeur; ce qui arrive notamment par l'accroissement des intérêts. V. art. 1342.

Quid si les intérêts ne sont échus qu'après la demande formée?

829. Mais il n'en faut pas conclure à l'inverse, que la diminution de la somme, qui, par remise ou paiement, deviendrait inférieure à cent cinquante francs, permettrait d'admettre la preuve testimoniale. Il suffit qu'il y ait eu originairement contravention à l'obligation de passer acte, pour qu'aucune partie de l'obligation ne soit susceptible de cette preuve.

Cette règle s'applique au cas de restriction à cent cinquante francs, d'une demande primitivement formée pour une somme supérieure. V. art. 1343.

Elle s'applique encore si la somme est déclarée faire partie d'une créance plus forte, ou en être le restant. V. art. 1344.

Quid si la demande ayant été formée pour cent cinquante francs seulement, les témoins déposent d'une obligation plus forte?

Lorsque le capital n'excède pas cent cinquante francs, mais qu'il est échu des intérêts qui, réunis au capital, excéderaient cette somme, le créancier pourrait-il, s'il était payé des intérêts, ou s'il déclarait y renoncer, se faire admettre à la preuve testimoniale, nonobstant art. 1343 et 1344?

830. L'obligation de passer un acte commençant à l'instant où la dette d'une personne envers une autre, se trouve dépasser la somme de cent cinquante francs, il n'importe que l'augmentation provienne de nouveaux engagemens successivement formés pour diverses causes: il suffit qu'en masse, ces engagemens excèdent la limite,

pour qu'on n'admette point la preuve testimoniale. La loi, toutefois, excepte avec raison le cas où les dettes ou créances procèdent de personnes différentes; car alors, il n'y a eu, à aucune époque, contravention à l'obligation de passer acte. V. art. 1345.

Au cas prévu de réunion dans la même instance de plusieurs demandes qui, jointes ensemble, excèdent la somme de cent cinquante francs, ne pourrait-on pas admettre à prouver par témoins la dette ou les dettes, contractées avant que la limite fût dépassée?

L'exception pour les créances procédant de personnes différentes, s'appliquerait-elle au cas où une personne, étant déjà devenue créancière ou débitrice du chef d'une autre, le deviendrait ensuite pour son propre compte?

831. La règle qui refuse la preuve par témoins, au dessus de cent cinquante francs, serait facilement éludée, s'il était loisible au créancier d'introduire pour chaque créance une instance séparée. De là l'obligation de réunir dans une seule demande toutes celles qui ne seraient pas *entièrement justifiées par écrit*, sous peine d'être déclaré non recevable. V. art. 1346.

Cette règle ne s'appliquerait-elle pas au cas même où les créances procéderaient de différentes personnes, pourvu qu'elles existassent réunies dans la même personne au moment où la première action est intentée?

La règle comprend-elle, même les créances non exigibles au moment où la première action est intentée?

832. On conçoit que la loi puisse permettre de corroborer par la preuve testimoniale ce qu'elle ne permet pas d'établir de cette manière. Ainsi les règles ci-dessus,

n'ayant leur principe que dans les dangers et l'incertitude de ce genre de preuve, reçoivent exception, quand il existe un commencement de preuve par écrit. Voy. art. 1347, al. 1.

L'exception de l'art. 1347 s'applique-t-elle à la disposition de l'art. 1346?

Au reste, pour qu'un écrit fasse commencement de preuve, la loi exige, en général, deux conditions : 1° que cet écrit, signé ou non, émane du défendeur ou des personnes qu'il représente (Voyez, pourtant, art. 1335 2° et 3°; Voy. aussi art. 324); 2° qu'il rende vraisemblable le fait allégué. V. art. 1347, al. 2.

833. En outre, l'exclusion de la preuve testimoniale reposant, comme nous l'avons vu, sur la possibilité, et même sur l'obligation dans laquelle étaient les parties de s'en procurer une plus certaine, cette exclusion doit cesser, lorsqu'il a été impossible de se procurer une preuve littérale, ajoutons, ou ce qui revient au même, lorsque sans aucun fait imputable à la partie intéressée, il ne lui est plus possible de faire valoir celle qu'elle s'était procurée. V. art. 1348, al. 1 ; V., à ce sujet, art. 46.

834. Le motif d'impossibilité originaire s'applique aux engagemens formés sans convention, par quasi-contrat, délit ou quasi-délit. V. art. 1348 1°.

Pourrait-on prouver par témoins le paiement indû d'une somme supérieure à cent cinquante francs?

Pourrait-on prouver ainsi un délit consistant dans la violation d'un contrat qui devait être, et n'est pas effectivement prouvé par écrit?

Le dol, lors même qu'il ne constituerait, à proprement parler, ni crime, ni délit, ne pourrait-il pas toujours être prouvé par témoins? V. art. 1353. *Quid* s'il s'agissait d'une fraude à la loi, alléguée par la partie qui l'aurait elle-même commise à son préjudice?

835. Le même motif d'impossibilité comprend le cas de *dépôt nécessaire*, proprement dit (V. art. 1949); il s'applique également au *dépôt d'hôtellerie*, qui est aussi une sorte de dépôt nécessaire (V. art. 1952). Seulement, la loi avertit spécialement les juges d'avoir égard ici à la qualité des personnes et aux circonstances du fait. V. art. 1348 2°, 1950.

Peut-on prouver par témoins la remise d'effets à un voiturier? V. art. 1782.

La faculté, laissée aux juges, d'apprécier la qualité des personnes et les circonstances du fait, doit-elle se restreindre aux cas ici prévus?

836. Pareillement, toute obligation contractée au cas d'accidens imprévus, qui n'ont point permis de faire un écrit, jouit de la même faveur que le dépôt nécessaire. V. art. 1348 3°.

837. Enfin, le motif d'impossibilité survenue s'applique au cas de perte du titre, pourvu que cette perte provienne d'un cas fortuit, imprévu et résultant d'une force majeure; pourvu, par conséquent, qu'elle ne puisse être aucunement imputée à la faute de la partie. V. art. 1348 4°.

SECTION III.

Des présomptions.

838. La présomption est une conséquence tirée d'un fait connu à un fait inconnu. Sous ce rapport, toutes les preuves judiciaires ne sont, à le bien prendre, que des présomptions; car c'est toujours par les conséquences tirées d'un fait qui est sous leurs yeux, que les juges arrivent à reconnaître celui qui s'est passé en leur absence. Mais la présomption, dans le langage du droit, diffère de la preuve, en ce qu'elle est la conséquence tirée d'un fait, qui n'avait pas spécialement pour objet d'établir la vérité de l'autre fait qu'elle sert à reconnaître.

La présomption est légale, ou abandonnée à la prudence du juge. Voy. art. 1349.

§ 1.

Des présomptions établies par la loi.

839. Il n'y a de présomptions légales que celles qui sont établies par une loi spéciale. Celles qui sont citées ici par forme d'exemple, sont relatives :

A la nullité de certains actes, comme faits en fraude des dispositions de la loi. V. art. 1350 1°; et à ce sujet, art. 911, 1100; C. comm., art. 443-446.

A l'acquisition de la propriété ou à la libération. V. art. 1350 2°, et à ce sujet, art. 653, 654, 1282, 1283; V. aussi art. 2219.

A l'autorité de la chose jugée. V. art. 1350 3º.

A l'aveu de la partie et au serment. V. art. 1350 4º.

840. La présomption de vérité, qui s'attache à la chose jugée, introduite par la nécessité de mettre un terme aux procès, doit naturellement se renfermer dans son objet. Ainsi le jugement ne peut régler que la contestation sur laquelle il est intervenu. Il faut donc, pour qu'on puisse invoquer l'autorité de la chose jugée :

1º Que la chose demandée soit la même ;

2º Que la demande soit fondée sur la même cause ;

Il faut de plus, 3º que la demande soit formée entre les mêmes parties, les seules qui soient censées s'en être remises à la décision du juge, et qui aient été à même de faire valoir leurs moyens ;

4º Il ne suffit pas que les parties soient les mêmes, si elles ne procèdent dans les mêmes qualités. V. art. 1351.

Enfin, une cinquième condition que la loi n'a pas besoin de rappeler, c'est que le jugement soit valablement rendu, qu'il ne soit point attaquable, ou au moins, qu'il ne soit pas attaqué par les voies légales.

841. L'effet commun à toutes les présomptions légales, est de dispenser du fardeau de la preuve la partie en faveur de laquelle elles existent. V. art. 1352, al. 1.

Du reste, il est de la nature des présomptions qu'elles cèdent à la preuve contraire. Toutefois, cette preuve n'est pas même admise, à moins d'une réserve expresse, *lorsque sur le fondement de la présomption, la loi annule certains actes, ou dénie l'action en justice* (V., à ce sujet, art. 911, 1100, 2219). V. art. 1352, et remarquez ces derniers mots : *sauf ce qui sera dit sur le serment et l'aveu judiciaires.*

Faut-il en conclure que la présomption légale pourrait toujours être détruite par l'aveu ou par le serment?

§ II.

Des présomptions qui ne sont pas établies par la loi.

842. En abandonnant aux lumières et à la prudence du magistrat toutes les présomptions qu'elle n'a pas établies, la loi ne l'autorise à les prendre pour règle de sa décision, qu'autant qu'elles sont graves, précises et concordantes. Encore ne permet-elle pas d'ajouter foi à ces témoins muets dans les cas où la preuve testimoniale n'est pas admise. Mais elle ne peut les repousser, lorsqu'il s'agit d'établir le dol ou la fraude, qui, le plus souvent, ne sont pas susceptibles d'être autrement prouvés. V. art. 1353.

SECTION IV.

De l'aveu de la partie.

843. On n'entend point, en général, par aveu, la reconnaissance consignée dans un acte dressé exprès; c'est alors une preuve littérale. L'aveu dont il s'agit ici est la reconnaissance qui a pu échapper à l'une des parties, verbalement ou par écrit, en jugement ou hors jugement. V. art. 1354.

844. L'aveu extrajudiciaire purement verbal ayant lui-même besoin d'être prouvé, on conçoit qu'il est inutile

si la matière ne permet pas d'admettre la preuve testimoniale. V. art. 1355.

Quelle est la force de l'aveu extrajudiciaire, écrit ou prouvé par témoins?

845. Quant à l'aveu fait en justice, il ne peut être facilement attribué à la légèreté ou à la surprise; pourvu donc qu'il émane de la partie (ajoutons *capable*), ou de son fondé de pouvoir spécial, il fait pleine foi contre elle. V. art. 1356, al. 1 et 2.

Quid si l'aveu a été fait par l'avoué de la partie sans pouvoir spécial? V. C. pr., art. 352 et suiv.
Quid s'il est fait à l'audience par l'avocat?

846. Au reste, il a paru juste que la partie qui n'acquiert la preuve d'un fait que par la déclaration de son adversaire, prît cette déclaration telle qu'elle est, et ne pût la diviser. V. art. 1356, al. 3; et à ce sujet, art. 1330.

847. L'aveu de la partie faisant pleine foi, son effet ne peut évidemment être détruit par la simple rétractation. Mais il ne fait foi que jusqu'à la preuve contraire, qui, alors, tendra nécessairement à établir que l'aveu est le résultat d'une erreur; mais d'une erreur de fait; car, comme il ne s'agit que de la vérité du fait avoué, on ne peut avoir égard à l'erreur de droit qui aurait empêché l'auteur de l'aveu d'en apercevoir les conséquences. V. art. 1356, al. dernier.

SECTION V.

Du serment.

848. Le serment d'une partie ne fait point par lui-même preuve du fait affirmé; néanmoins, il produit cet effet :

1° Lorsqu'il est déféré par la partie adverse qui consent à faire dépendre de sa prestation ou de son refus, la décision de la cause;

2° Lorsque le juge, dans les cas autorisés par la loi, croit devoir soumettre l'une ou l'autre partie à cette épreuve. V. art. 1357; et remarquez que ces deux espèces de sermens sont appelés par la loi, *judiciaires*, parce qu'ils ont lieu en jugement.

§ I.

Du serment décisoire.

849. Une demande, même dénuée de preuves, pouvant néanmoins être réellement bien fondée; et d'un autre côté, celle qui est étayée des preuves les plus imposantes pouvant n'avoir aucun fondement véritable, on n'a pas dû refuser à la partie, demanderesse ou défenderesse, le droit de constituer son adversaire juge dans sa propre cause, en lui demandant un serment, qu'il prêtera facilement s'il est sûr de son droit, et qu'il ne saurait refuser sans avouer par là même l'injustice de sa prétention.

Ainsi, quelle que soit la nature de la contestation, pourvu toutefois qu'il s'agisse d'un fait personnel à la partie adverse, on peut, en tout état de cause et sans aucun commencement de preuve, lui déférer le serment sur le fait qui sert de base à la demande ou à l'exception proposée. V. art. 1358, 1359, 1360.

Le serment peut-il être déféré sur une contestation qui intéresse l'ordre public?

Peut-il l'être sur la vérité d'un fait légalement prouvé?

Le peut-il notamment sur les assertions contenues dans un titre authentique?

Peut-il l'être pour la première fois en cause d'appel?

850. La partie à laquelle le serment a été valablement déféré, et qui le refuse, doit perdre sa cause; elle peut, cependant, se dispenser impunément de le prêter, en le référant à son adversaire, qui n'a nullement à se plaindre d'être placé lui-même dans la position dans laquelle il avait placé l'autre partie. V. art. 1361.

Mais, bien entendu, qu'il faut pour cela que le fait soit également personnel à celui auquel on réfère le serment. V. art. 1362.

851. La partie qui a déféré ou référé le serment ayant volontairement consenti à faire dépendre de cette épreuve la décision de la cause, il s'ensuit qu'elle ne peut, lorsqu'il a été fait, être recevable à en prouver la fausseté. V. art. 1363; V., cependant, C. pén., art. 366.

Quid si le serment a été déféré par une partie incapable?

Dans ce cas, la partie à laquelle on le défère est-elle tenue de le prêter?

Quid si la délation du serment à eu lieu par dol ou violence?

Ne pourrait-on pas toujours, avant le jugement, revenir

contre le serment prêté, si l'on a recouvré des pièces décisives, retenues par le fait de l'adversaire? V. art. 2057.

Ne pourrait-on pas dans le même cas, attaquer par appel ou requête civile le jugement intervenu sur la foi du serment? V. C. pr., art. 448, 480 1°, 9°, 10°, et 488.

852. Il n'est pas même nécessaire que le serment soit prêté, pour que le contrat soit formé, et que la partie soit liée par sa délation; il suffit que l'autre partie ait déclaré qu'elle était prête à faire ce serment. V. art. 1364.

853. Le serment tirant sa force probante de l'espèce de convention qui le précède, ne peut, en général, avoir d'effet qu'entre les parties contractantes et leurs représentans. V. art. 1134, 1165.

Ainsi le cocréancier solidaire ne peut pas plus nuire à son cocréancier, en déférant le serment, qu'il ne le pourrait en faisant remise de la dette (V. art. 1198, al. dern.).

Quid si on le lui défère?

Mais, comme la remise faite au débiteur profite à ses cautions ou à ses codébiteurs solidaires, il en est de même du serment. Bien plus, le serment déféré à la caution sur l'existence de la dette profite au débiteur principal.

Quid si le serment est déféré au demandeur par le codébiteur solidaire, par le débiteur principal ou par la caution?

Du reste, il est évident que le serment qui n'est déféré à l'un des débiteurs ou à la caution que sur son engagement personnel, ne peut libérer le débiteur principal ou les codébiteurs. V. art. 1365.

§ II.

Du serment déféré d'office.

854. Le juge, sans en être requis, peut déférer le serment à l'une des parties, soit sur la vérité du fait qui sert de base à la demande ou à l'exception, auquel cas il est dit *en faire dépendre la décision de la cause,* soit lorsque le fait, qui motive la condamnation, étant établi, il ne s'agit que de déterminer le montant de cette condamnation. V. art. 1366.

855. Mais c'est improprement, qu'on dit que le juge fait dépendre du serment la décision de la cause. Il ne peut, lorsqu'il y a preuve complète en faveur d'une partie, exiger d'elle surabondamment qu'elle prête le serment, encore moins la forcer de s'en rapporter à celui de son adversaire. Il doit purement et simplement lui donner gain de cause; comme aussi, il ne peut que rejeter la demande ou l'exception qui est totalement dénuée de preuve. C'est seulement en cas de preuve incomplète qu'il défère le serment appelé, pour cette raison, *supplétoire.* V. art. 1367; V., pourtant, art. 1716, 1781.

Les présomptions dans le cas où la preuve testimoniale n'est pas admise pourraient-elles autoriser le juge à déférer le serment?

856. Le juge peut, en général, déférer le serment supplétoire à l'une ou à l'autre des parties à son choix; on sent bien, au reste, que le motif qui autorise à référer

le serment décisoire, ne pouvant ici recevoir d'application, cette faculté n'existe pas. V. art. 1348.

857. Quant au serment sur le montant des condamnations, la loi ne le permet qu'à défaut absolu d'autres preuves; il peut alors être déféré au demandeur, mais le Code exige que le juge fixe une limite au delà de laquelle il ne sera pas cru. V. art. 1369.

Peut-on prouver la fausseté du serment déféré par le juge?

TITRE QUATRIÈME.

DES ENGAGEMENS QUI SE FORMENT SANS CONVENTION.

858. Les conventions sont, comme nous l'avons dit, la principale, mais non l'unique source des obligations ou engagemens. Il en est qui résultent immédiatement de la loi, sans aucun fait personnel à l'obligé ou à la partie envers laquelle il est obligé. La loi range dans cette classe les obligations qu'elle appelle ailleurs servitudes légales (art. 651), et les obligations réciproques qui naissent d'une administration forcée, comme la tutelle. Ailleurs elle établit encore d'autres engagemens involontaires (V. art. 203-211, 371).

Il est aussi des obligations qui naissent également sans convention, mais d'un fait personnel à l'une des parties entre lesquelles elles s'établissent. Si le fait est licite, c'est un quasi-contrat; s'il est illicite, c'est un délit ou un quasi-délit. Voy. art. 1370.

CHAPITRE I.

DES QUASI-CONTRATS.

859. Le mot *quasi-contrat*, imaginé par les interprètes du droit romain pour désigner la source de certaines obligations qui, formées sans convention, et ne provenant pas d'un fait illicite, étaient dites naître *quasi ex contractu* (1), n'était guère susceptible d'une définition précise. Car cette classe comprenait également des obligations nées du fait personnel de l'une des parties, et d'autres qui, sans aucun fait personnel, tiraient nécessairement leur origine directe de la loi. Mais, suivant la théorie du Code, qui sépare d'abord en deux classes les engagemens formés sans convention, il n'y a aucune difficulté à désigner sous le nom de *quasi-contrat* le fait personnel licite, dont la loi fait naître des engagemens. Ce fait, au reste, est nécessairement volontaire; car, s'il était commandé par la loi, les obligations qui pourraient s'ensuivre appartiendraient à une autre classe d'engagemens. Quant aux engagemens qu'il produit dans les cas

---

(1) Voy. *Gaius*, L. 1 et 5, ff. *de obl. et act.; Just., Inst.,* TIT. *de oblig. quæ quas. ex contr.;* Voy. aussi M. Du Caurroy, *Inst. expl.,* n°s 1086 et 1087.

déterminés par la loi, ils peuvent, non seulement lier l'auteur du fait envers un tiers, mais même lier réciproquement le tiers envers l'auteur du fait. V. art. 1371.

Les règles sur la capacité de contracter ne sont-elles pas, sous certains rapports, applicables aux quasi-contrats?

Ainsi, pour que l'auteur du fait soit valablement obligé, ne faut-il pas qu'il soit capable de contracter?

Si le fait de l'incapable était de nature à produire engagement réciproque, appliquerait-on l'art. 1125?

Quid si l'auteur du fait est capable, et que le tiers soit incapable?

860. Les principaux *quasi-contrats*, les seuls dont la loi s'occupe ici, sont la gestion d'affaires, et le paiement de l'indû.

§. 1.
De la gestion d'affaires.

861. Ce quasi-contrat se forme par la gestion volontaire qu'une personne fait de l'affaire d'autrui; bien entendu que cette gestion doit avoir lieu sans ordre du propriétaire, autrement, il y a contrat; mais, suivant notre Code, il n'est pas besoin qu'elle ait lieu à son insu (art. 1372).

Quid si c'était malgré lui?

Faut-il que le gérant ait agi en considération de celui que l'affaire concernait, et dans l'intention de répéter contre lui les frais de la gestion?

862. Le quasi-contrat de gestion d'affaires produit entre le gérant et celui dont l'affaire est gérée, des

obligations réciproques assez semblables à celles qui naissent du contrat de mandat.

863. Les obligations du gérant sont relatives à la continuation et à l'achèvement de l'affaire commencée (art. 1372, 1373), et aux soins qu'il doit y apporter (art. 1374).

864. Il serait injuste que le gérant pût, à sa volonté, abandonner la gestion, après qu'il aurait peut-être, en s'en chargeant, empêché un autre de l'entreprendre, ou le maître d'y pourvoir. L'engagement qu'il contracte ainsi tacitement, est naturellement borné, quant à sa durée, à tout le temps où le maître se trouve hors d'état d'agir par lui-même. Il l'est, quant à son étendue, à l'affaire qui a été entreprise, mais il en comprend toutes les dépendances. Au surplus, cet engagement est le même que celui qui résulterait d'un mandat exprès, contracté dans ces limites. V. art. 1372, et à ce sujet, art. 1991; V., pourtant, art. 2007. V., au surplus, art. 1993-1996.

Quoique la considération de la personne doive être ordinairement le motif déterminant de l'engagement pris par le gérant, la loi cependant l'oblige, *ex æquitate*, à continuer la gestion après la mort du maître, tant que l'héritier ne peut en prendre la direction. V. art. 1373, et à ce sujet, art. 1991, al. dernier.

Quid si c'est le gérant qui vient à mourir avant que l'affaire soit consommée? V. art. 2010.

865. Quant aux soins que le gérant doit donner à

l'affaire, ce sont, en général, ceux d'un bon père de famille; mais son obligation, à cet égard, doit être appliquée avec plus ou moins de rigueur, suivant les circonstances qui l'ont conduit à se charger de l'affaire. V. art. 1374.

866. Les obligations du maître sont entièrement subordonnées à l'utilité de la gestion, ajoutons, ou à la ratification qui dispenserait d'entrer dans l'examen de cette utilité. Dans les deux cas, il doit tenir les engagemens contractés en son nom, et indemniser le gérant. On sent, au reste, que l'obligation d'indemniser comprend la garantie des engagemens personnels que le gérant aurait pris, et le remboursement des dépenses, mais seulement des dépenses utiles ou nécessaires. V. art. 1375.

Suffit-il que l'utilité ait existé dans le principe, ou faut-il qu'elle dure encore au moment où l'action est intentée ?

Le gérant a-t-il droit aux intérêts de ses avances? Voy. art. 1153 et 2001.

Le gérant qui ne s'est engagé qu'au nom du maître, peut-il être poursuivi personnellement, soit que le maître ratifie ou non? V. art. 1997.

§ II.

Du paiement de l'indû.

867. Nul ne devant s'enrichir aux dépens d'autrui, il est naturel que celui qui reçoit ce qui ne lui est pas dû, soit obligé, par ce seul fait, à restitution. Du moins, son obligation, à cet égard, ne doit-elle pas dépendre pour son existence, comme elle dépendrait pour son

étendue, de la circonstance qu'il a reçu ou non par erreur. V. art. 1376.

868. Notre principe s'applique au cas même où il existe une dette, si celui qui paie n'est pas débiteur (V. *Pomp.*, L. 19, § 1, ff. *de cond. ind.*; V., pourtant, *Paul*, L. 44, *eod.*). Mais, comme on peut toujours valablement payer pour autrui, quand on a cette intention, il est clair ici que la répétition ne peut-être accordée qu'à celui qui a payé par erreur; et dans ce cas même, il est juste de la refuser, si le créancier, sur la foi du paiement qu'il regardait comme irrévocable, se trouve, par la suppression de son titre, privé du moyen de poursuivre efficacement le véritable débiteur. Sauf, bien entendu, le recours contre celui-ci. V. art. 1377.

869. Remarquons ici que l'erreur chez celui qui paie est exigée par les termes mêmes de la loi, comme condition de la répétition, lorsqu'il existait une dette, et qu'un tiers l'a acquittée (art. 1377). Mais la loi ne s'explique pas sur la nécessité de cette condition, pour le cas où celui qui a reçu n'était pas créancier (V. art. 1235, 1376). Toutefois, il paraît difficile de voir dans le silence du législateur l'intention de déroger absolument aux anciens principes, qui n'admettaient jamais à répétition celui qui avait payé sciemment. V. *Ulp.*, L. 1, § 1; *Pomp.*, L. 50, ff.; *Diocl. et Max.*, L. 9, *Cod., de cond. ind.*; V. aussi *Paul*, L. 53, ff. *de reg. jur.*

Ne faudrait-il pas distinguer si le paiement a été fait dans l'intention de donner, ou s'il l'a été dans l'intention de répéter? Dans le doute, ne faudrait-il pas, au reste, supposer plutôt l'intention de donner?

Quid si le paiement a été fait par erreur de droit, soit qu'il ait été fait par un tiers à celui qui était vraiment créancier, soit qu'il n'existât aucune dette? V. *Diocl. et Max.*, L. 10, Cod., *de jur. et fact. ignor.*; V., pourtant, *Papin.*, LL. 7 et 8, ff. *eod.*

L'existence d'une dette naturelle, quoique acquittée par erreur de fait, n'exclurait-elle pas la répétition? V. art. 1235, al. dernier.

Faut-il conclure de l'art. 1235, al. 1, que c'est toujours celui qui a payé qui doit prouver qu'il ne devait pas? V. *Paul*, L. 25, *ppio*, ff. *de prob.*

Quand le demandeur a prouvé qu'il n'était pas débiteur, doit-il, en outre, prouver que c'est par erreur qu'il a payé, soit qu'il y eût dette d'un tiers, soit qu'il n'y en eût pas du tout?

870. L'obligation de celui qui a reçu indûment est, comme on l'a dit, plus ou moins étendue, suivant qu'il y a eu de sa part bonne ou mauvaise foi. Dans le premier cas, il doit suffire, en général, qu'il ne s'enrichisse pas aux dépens d'autrui; dans le second, il est traité comme un débiteur en demeure, et il doit indemniser celui qui a payé, de tout le tort que lui a fait éprouver le paiement indû.

871. Cette différence s'applique aux intérêts ou fruits de la chose; celui qui a reçu de mauvaise foi, les doit du jour du paiement, ajoutons, soit qu'il ait effectivement perçu des fruits, soit qu'il ait manqué par sa faute de les percevoir; et quant aux intérêts, soit qu'il ait ou non placé le capital reçu. V. art. 1378.

Celui qui a reçu de bonne foi ne doit-il pas, au moins, les fruits ou intérêts qu'il a effectivement perçus? V. *Paul*, L. 15, *h. t.*

872. Elle s'applique à la chose elle-même, quand c'est un corps certain; non que la chose, si elle existe en nature, ou sa valeur, si elle est perdue ou détériorée par la faute du possesseur, ne doive, dans tous les cas, être restituée. Mais celui qui a reçu de mauvaise foi, répond même du cas fortuit. V. art. 1379.

De quelque manière que soit arrivée la perte ou détérioration, celui qui a reçu de bonne foi n'est-il pas exempt de responsabilité, pourvu que sa bonne foi dure encore au moment de l'événement?

Celui qui a reçu de mauvaise foi est-il tenu du cas fortuit, si la perte ou détérioration eût dû arriver également chez le demandeur?

873. La différence s'applique encore au cas d'aliénation: celui qui a reçu de bonne foi, eût-il vendu à un prix inférieur à la juste valeur, n'est tenu de rendre que ce prix. V. art. 1380.

Si la chose indûment payée a été aliénée par celui qui l'a reçue, de bonne ou de mauvaise foi, peut-elle être revendiquée contre le tiers acquéreur?

874. Au reste, le principe même sur lequel est fondée la répétition, oblige celui qui l'exerce à tenir compte au défendeur des dépenses utiles et nécessaires faites *pour la conservation de la chose*. V. art. 1381.

N'y a-t-il à cet égard aucune différence à faire, suivant qu'il y a bonne ou mauvaise foi du possesseur?

N'en doit-on mettre aucune entre les dépenses nécessaires, et celles qui sont simplement utiles?

Quid à l'égard des améliorations?

Quid à l'égard des dépenses voluptuaires.

CHAPITRE II.

DES DÉLITS ET DES QUASI-DÉLITS.

875. L'art. 1382 nous donne une juste idée du délit ou quasi-délit : c'est un fait illicite, puisqu'on ne peut le commettre sans *faute*, et un fait qui *cause à autrui un dommage*. Le dol ou l'intention de nuire, est ce qui distingue le délit du quasi-délit (1). Ils ont cela de commun, qu'ils obligent à la réparation du tort causé. V. art. 1382; et remarquez que le mot *délit* a un autre sens en droit criminel (C. pén., art. 1).

876. Il n'est pas nécessaire pour constituer, au moins, un quasi-délit, qu'il y ait un fait positif; il suffit qu'il y ait tort causé par imprudence ou négligence. Voy. art. 1383.

---

(1) L'expression *quasi-délit* est, comme celle de *quasi-contrat*, empruntée aux interprètes du droit romain. Ils ont désigné, sous ce nom, la source de certaines obligations, qui, ne naissant ni d'un contrat, ni à proprement parler, d'un délit, étaient dites naître *quasi ex delicto*. Du reste, il ne paraît nullement certain qu'à Rome le caractère du délit proprement dit, résidât, comme on l'a long-temps enseigné, dans l'intention de nuire. V. M. Du Caurroy, *Inst. expl.*, n° 1147.

Jusqu'à quel point les causes d'incapacité pour contracter sont-elles applicables aux délits ou quasi-délits? V. art. 1310.

L'ivresse serait-elle une excuse?

877. La simple négligence obligeant à réparation, la loi rend certaines personnes responsables du fait des personnes qu'elles doivent surveiller, ou des choses qu'elles ont sous leur garde.

Ce principe s'applique:

1° Aux pères et mères à l'égard de leurs enfans mineurs, pourvu qu'ils habitent avec eux;

2° Aux maîtres et commettans, mais seulement relativement au tort causé dans les fonctions auxquelles ils ont employé leurs domestiques et préposés;

3° Aux instituteurs et artisans, à l'égard de leurs élèves et apprentis, tant qu'ils sont confiés à leur surveillance.

Le mari serait-il responsable du fait de sa femme?

Cependant il serait injuste d'assujettir les parens, instituteurs, ou artisans, à répondre d'un fait qu'ils n'auraient pu empêcher (V. *Paul*, LL. 50 et 109, ff. *de reg. jur.*). Mais c'est à eux à fournir la preuve de leur excuse. V. art. 1384; V. aussi art. 1953, 1954.

Quid si le fait que l'on n'a pu actuellement empêcher peut être attribué au relâchement de la discipline domestique?

Les maîtres et les commettans répondraient-ils des faits qu'ils n'auraient pu empêcher?

878. Notre principe s'applique encore à l'égard des

animaux même égarés ou échappés. La responsabilité pèse, soit sur le propriétaire, soit sur tout autre qui en aurait l'usage actuel. V. art. 1385.

879. Enfin le propriétaire d'un bâtiment, ayant à s'imputer, soit le défaut d'entretien, soit même le vice de la construction qu'il aurait dû prévenir, ou au moins connaître, répond du dommage causé par la ruine du bâtiment. V. art. 1386; et à ce sujet, art. 1792 et 2270.

FIN DU TOME DEUXIÈME.

TABLE DES MATIÈRES

CONTENUES DANS CE VOLUME.

LIVRE TROISIÈME.

Pages.

Des différentes manières dont on acquiert la propriété... 1
Dispositions générales........................... ibid.

TITRE PREMIER.

Des successions................................. 5
CHAPITRE I. De l'ouverture des successions, et de la saisine des héritiers........................ 7
CHAP. II. Des qualités requises pour succéder........ 9
   § 1. De la capacité............................ 10
   § 2. De l'indignité............................ 13
CHAP. III. Des divers ordres de succession, *ajoutons* régulière............................... 16
  Section 1. Dispositions générales................ ibid.
  Sect. ii. De la représentation................... 20
  Sect. iii. Des successions déférées aux descendans... 22
  Sect. iv. Des successions déférées aux ascendans.... 23
    § 1. De la succession des ascendans aux choses par eux données.................................. ibid.
    § 2. De la succession ordinaire des ascendans..... 25
  Sect. v. Des successions collatérales............. 26
CHAP. IV. Des successions irrégulières............. 28
  Sect. 1. Des droits des enfans naturels sur les biens de leur père ou mère, et de la succession aux enfans naturels décédés sans postérité............... 29
    § 1. Droits des enfans naturels................. ibid.
    § 2. Succession aux enfans naturels............. 33

Pages.

Sect. ii. Des droits du conjoint survivant, et de l'état, et, généralement, des obligations imposées aux successeurs irréguliers, appelés à défaut de parens... 35

CHAP. V. De l'acceptation et de la répudiation des successions.................................. 38

Sect. i. De l'acceptation....................... 39

Sect. ii. De la renonciation aux successions 44

Sect. iii. Du bénéfice d'inventaire, de ses effets, et des obligations de l'héritier bénéficiaire...... 49

Sect. iv. Des successions vacantes................ 58

CHAP. VI. Du partage et des rapports............. 60

Sect. i. De l'action en partage, et de sa forme..... 61

§ 1. Quand a lieu l'action en partage........... ibid.

§ 2. De la capacité requise pour procéder au partage. 62

§ 3. Forme du partage...................... 66

§ 4. Du droit appelé par quelques auteurs *retrait successoral*............................... 74

§ 5. De l'exécution du partage................ 75

Sect. ii. Des rapports........................ 76

§ 1. Du rapport en général, et quand il est dû.... ibid.

§ 2. Par qui est dû le rapport, et à quelle succesion. 79

§ 3. De quoi est dû le rapport................ 81

§ 4. A qui est dû le rapport.................. 85

§ 5. En quoi consiste l'obligation du rapport. — Comment s'opère le rapport. — Quels sont ses effets................................ 86

Sect. iii. Du paiement des dettes................ 93

Sect. iv. Des effets du partage, et de la garantie des lots................................... 104

Sect. v. De la rescision en matière de partage....... 107

TITRE DEUXIÈME.

Des donations entre-vifs et des testamens........... 110

CHAP. I. Dispositions générales.................. 111

Pages.

CHAP. II. De la capacité de disposer ou de recevoir par donation entre-vifs ou par testament. 116

CHAP. III. De la portion de biens disponible, et de la réduction. 125
   Sect. I. De la portion de biens disponible. 127
   Sect. II. De la réduction des donations et legs..... 133

CHAP. IV. Des donations entre-vifs. 140
   Sect. I. De la forme des donations entre-vifs ...... ibid.
   Sect. II. Des exceptions à la règle de l'irrévocabilité des donations entre-vifs 154

CHAP. V. Des dispositions testamentaires............ 162
   Sect. I. Des règles générales sur la forme des testamens. .... Ibid.
   Sect. II. Des règles particulières sur la forme de certains testamens 170
   Sect. III. Des institutions d'héritier, et des legs en général 177
   Sect. IV. Du legs universel..................... 179
   Sect. V. Du legs à titre universel................. 182
   Sect. VI. Des legs particuliers................... 184
   Sect. VII. Des exécuteurs testamentaires........... 190
   Sect. VIII. De la révocation des testamens, et de leur caducité. 194
      § 1. De la révocation des dispositions testamentaires. ibid.
      § 2. De la caducité des dispositions testamentaires, et du droit d'accroissement. 197
      § 3. De la révocation judiciaire par le fait du légataire. 204

CHAP. VI. Des dispositions permises *par le Code civil* en faveur des petits-enfans du donateur ou testateur, ou des enfans de ses frères et sœurs; (*et des substitutions aujourd'hui permises au profit des enfans d'un donataire quelconque*. 205

CHAP. VII. Des partages faits par père, mère, ou au-

TABLE DES MATIÈRES. 413

Pages.

tres ascendans, entre leurs descendans......... 220
CHAP. VIII. Des donations faites par contrat de mariage aux époux, et aux enfans à naître du mariage. 225
CHAP. IX. Des dispositions entre époux, soit par contrat de mariage, soit pendant le mariage....... 236

TITRE TROISIÈME.

Des contrats et des obligations conventionnelles en général... 246
CHAP. I. Dispositions préliminaires............... ibid.
CHAP. II. Des conditions essentielles pour la validité des conventions 252
  Sect. i. Du consentement...................... ibid.
  Sect. ii. De la capacité des parties contractantes.... 261
  Sect. iii. De l'objet et de la matière des contrats.... 264
  Sect. iv. De la cause......................... 267
CHAP. III. De l'effet des obligations, *ou plus exactement*, de l'effet des conventions et des obligations qu'elles produisent....................... 269
  Sect. i. Dispositions générales.................. ibid.
  Sect. ii. De l'obligation de donner............... 270
  Sect. iii. De l'obligation de faire ou de ne pas faire.. 273
  Sect. iv. Des dommages et intérêts résultant de l'inexécution de l'obligation..................... 274
  Sect. v. De l'interprétation des conventions........ 279
  Sect. vi. De l'effet des conventions à l'égard des tiers. 282
CHAP. IV. Des diverses espèces d'obligations........ 285
  Sect. i. Des obligations conditionnelles........... ibid.
    § 1. De la condition en général, et de ses diverses espèces .... ibid.
    § 2. De la condition suspensive................ 291
    § 3. De la condition résolutoire................ 293
  Sect. ii. Des obligations à terme................ 295
  Sect. iii. Des obligations alternatives............. 299

	Pages.
Sect. IV. Des obligations solidaires	304
§ 1. De la solidarité entre les créanciers	305
§ 2. De la solidarité de la part des débiteurs	306
Sect. V. Des obligations divisibles et indivisibles	313
§ 1. Des effets de l'obligation divisible	316
§ 2. Des effets de l'obligation indivisible	318
Sect. VI. Des obligations avec clauses pénales	320
CHAP. V. De l'extinction des obligations	324
Sect. I. Du paiement	ibid.
§ 1. Du paiement en général	325
§ 2. Du paiement avec subrogation	330
§ 3. De l'imputation des paiemens	335
§ 4. Des offres de paiement, et de la consignation	337
§ 5. De la cession de biens	341
Sect. II. De la novation	343
Sect. III. De la remise de la dette	347
Sect. IV. De la compensation	350
Sect. V. De la confusion	355
Sect. VI. De la perte de la chose due	357
Sect. VII. De l'action en nullité ou en rescision des conventions	359
CHAP. VII. De la preuve des obligations, et de celle du paiement	368
Sect. I. De la preuve littérale	ibid.
§ 1. Du titre authentique	369
§ 2. De l'acte sous seing-privé, *ou plus exactement*, des écrits privés	371
§ 3. Des tailles	378
§ 4. Des copies des titres	ibid.
§ 5. Des actes récognitifs et confirmatifs	382
Sect. II. De la preuve testimoniale	385
Sect. III. Des présomptions	391
§ 1. Des présomptions établies par la loi	ibid.
§ 2. Des présomptions qui ne sont pas établies par	

	Pages.
la loi	393
Sect. iv. De l'aveu de la partie.	ibid.
Sect. v. Du serment.	395
§ 1. Du serment décisoire	ibid.
§ 2. Du serment déféré d'office.	398

TITRE QUATRIÈME.

Des engagemens qui se forment sans conventions	399
CHAP. I. Des quasi-contrats.	400
§ 1. De la gestion d'affaires.	401
§ 2. Du paiement de l'indû.	403
CHAP. II. Des délits et des quasi-délits.	407

FIN DE LA TABLE DU TOME DEUXIÈME.

ERRATA.

Pag. 2, lig. 20, *au lieu de* L. 23, *lisez* L. 3.
Pag. 13, avant-dernière lig., *au lieu de meutre, lisez* meurtre.
Pag. 38, lig. 1, *au lieu de* Chapitre IV, *lisez* Chapitre V.
Pag. 39, lig. 6, *au lieu de la soumettre, lisez* le soumettre.
Pag. 40, lig. 14, *au lieu de l'on sait, lisez* l'on seut.
Pag. 82, lig. 6, *au lieu de* 846, *lisez* 843.
Pag. 116, lig. 16, *au lieu de* 1174, *lisez* 1172.
Pag. 155, lig. 14, *au lieu de* 965, *lisez* 935.
Pag. *ibid.*, lig. 20, *au lieu de* 1666, *lisez* 1656.
Pag. 193, lig. 23, *au lieu de* 2005, *lisez* 2010.
Pag. 220, lig. 1, *au lieu de* 259, *lisez* 219.
Pag. 229, lig. 10, *au lieu de* 1082, *lisez* 1083.

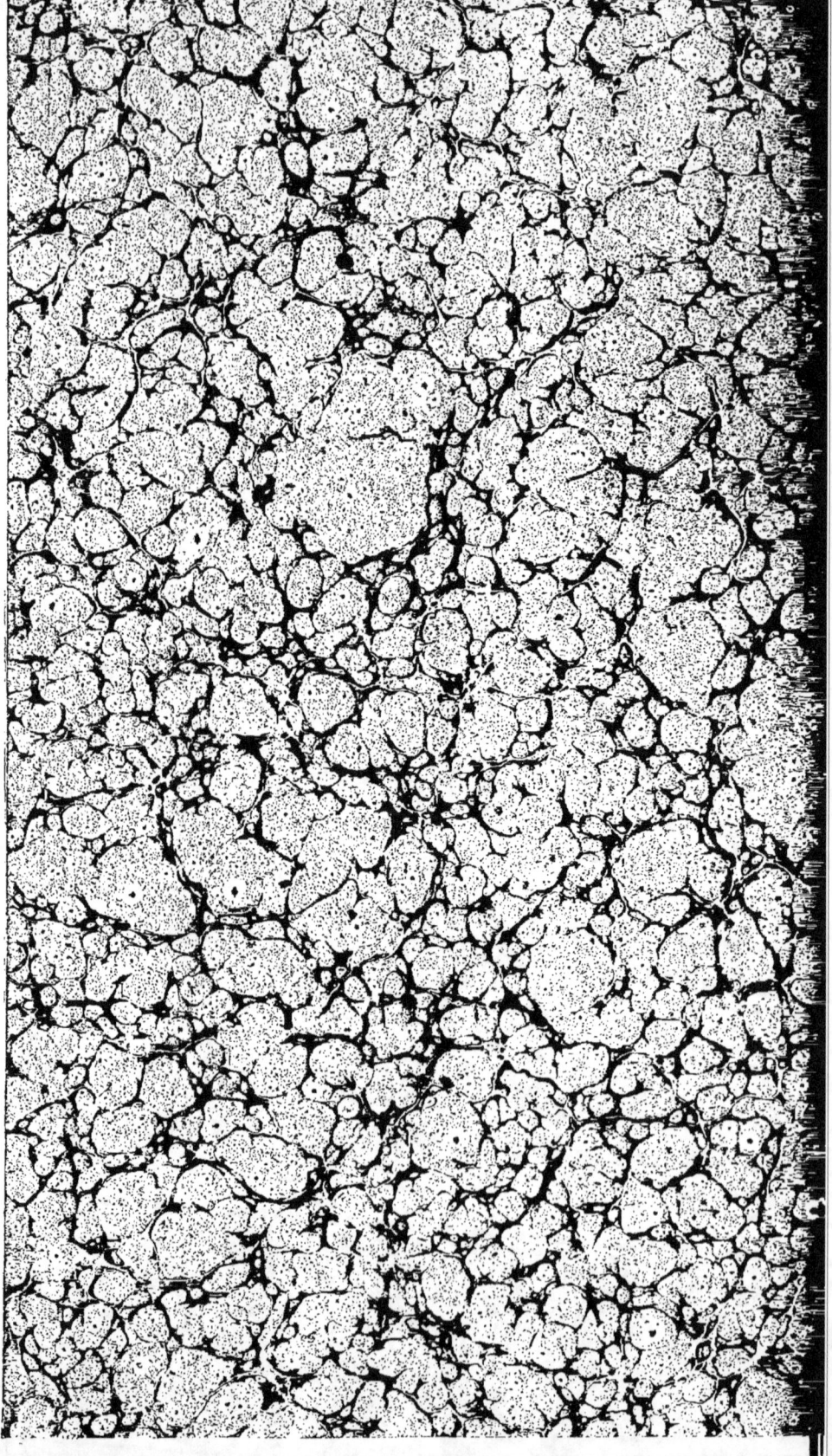

www.ingramcontent.com/pod-product-compliance
Lightning Source LLC
Chambersburg PA
CBHW060541230426
43670CB00011B/1648